図録
新資料で
みる

森田思軒とその交友

龍溪・蘇峰・鷗外・天心・涙香

監修
白石静子

編著
川戸道昭・榊原貴教
谷口靖彦・中林良雄

松柏社

森田思軒とその交友

目次

監修者のことば

女三代の守り手

白石　静子
（故男也氏夫人）

この度、私どもが、百年余り、三代にわたり、保存してまいりました森田思軒《もりたしけん》資料が、四人の方々の編集により、図録集として出版される運びとなりましたことは、白石家にとりまして、たいへん嬉しく存じます。

当方では、思軒居士の孫にあたる私の夫男也《おなり》の父の白石實三《しらいしじつぞう》（小説家、明治19・11・11〜昭和12・12・2）が、大正の始めより、ただ今では東京の副都心になっております新宿の近く、初台《はつだい》に居住しておりました。私が結婚いたしましたのは昭和十八年春のことでしたので、その時には義父《ちち》はすでに亡くなっておられました。

この前の戦争が激しくなりましてからは、初台の敷地内に防空壕を掘り、思軒と實三関係のものをその中に運び入れたのでしたが、今のようにビニール等がございませんでしたので、紙類は皆、湿気で変質して処分せざるをえなくなり、残念ながら、燃やしてしまったものもたくさんございました。

思軒の妻豊《とよ》（本名、登與。通常は豊、とよ）は、白紙は粗末にしてもよいが、一字でも書いてある紙は大切に扱ってほしい、と常づね申しておられました。が、どうすることも出来ませんでした。

その内、（昭和二十年）三月十日の東京大空襲で不安になり、義父《ちち》實三の郷里の群馬県安中《あんなか》市にあります旧家に、三月十八日、疎開することに致しました。丁度その折、ご近所に築地の日の出寿司の今里様が住んでおられ、私どもと一緒に疎開したいとのことで、「貨車を借りることが出来たから、大切なものだけでもご一緒に」と言って下さいました。おかげで、思軒・實三の遺品が散逸をまぬがれましたことは、有難いことでございました。

義祖母《そぼ》豊の甥、藤太郎《とうたろう》は、一所不在の方で生涯独身でしたが、時々豊を訪ねて来ておりました。それが三月十日の下町の空襲を境に姿を見せなくなりましたので、「被災したのでは……」と義祖母は思っていられたようでした。

義祖母豊は、一言《ひとこと》で申しますと、聡明な方でした。とても博識で、書《しょ》もよくなされ、英語も単語はお分かりのようでした。坂東流の踊りもなさったとかで、立居振舞の美しい方でした。戦後（昭和二十二年五月四日）、疎開先の安中の地で八十歳の生涯を終えられました。私は、約四年間、お側にてつかえておりましたので、日々、思軒の当時のくらしのこと、また交友関係のことを伺うことが出来ました。また、今から考えますと、『女大學』式の教えでございましたが、いろいろ教えて頂きました。

黒岩涙香《くろいわるいこう》様宅には、涙香小父《おじ》さま後添いのご夫人、すが小母《おば》さまがおられましたが、小父さまより、何かと教えて欲しい、と頼まれたとかで、よくお宅に伺っていたと聞いております。

豊の父は、元は水戸藩士で、江戸に参りましてからは川船御用達とかの仕事に従事していたようです。また、両国橋付近で船宿を開いていたとのことでした。原田藤五郎《とうごろう》と申され、ガラス板の写真が現存しております。豊には姉が一人おられたとのことでした。甥の藤太郎はこの姉の子になります。

義祖母の豊は、思軒の一人娘下子《しもこ》とは、すべてがまるで双子の姉妹に、私からは、思えるくらいに、仲の良い親子《おふたり》でございました。

昭和十八年春に私が夫の男也と結婚しました頃の初台の家の茶の間では、涙香未亡人のすが小母さまを交えて、三人で、ほとんど毎日、長火鉢を囲んで、昔話を楽しそうにしておいででした。

まだ、戦争のはげしくなる前のことでした。義祖母は根岸《ねぎし》の世尊寺《せそんじ》に思軒居士の月参りをしておられ、私は、いつも、お供を致しておりました。ある夏の暑い日のことでしたが、急に昔住んだことのある大森や両国へ行きたいとのことで、大森海岸や隅田川のほとりなど、方々を二人で歩きましたが、「すっかり変ってしまって……」とお淋しそうに見廻しておいででした。今でもその時のご様子が思い出されます。

岡倉天心さんのお宅とは、根岸の頃はお近くだったとかで、車夫が思軒居士の文箱《ふみばこ》（遺品として現存）をもって伺い、またお返事を頂いては帰って来たとか。また、その頃でしょうか、電話を引かれ、たしか番号は東京四六番だったと思います。当時の電話帳（『東京・横浜電話交換加入者名簿』逓信省電話局、明治23年刊）が残っているはずです。他に新聞記者で加入されていたのは矢野龍溪さんで、一番違いの四五番でしたかしら。根岸の頃の生活の様子は義父實三の「根岸派の人々」（『明治文學篇』日本文學講座11、改造社、昭和９・１）の中に詳しく書かれております。

黒岩家とは、思軒居士の逝去後も、深い交際がありました。なにしろ、思軒居士が涙香宅に（花札引きに）お招き頂いて――その時に食《しょく》されたもので、思軒が平素、朝から痛飲されていられたためか、体力が極度に落ちていられたようで――お一人《ひとり》だけが腸チフスにかかり、一週間で、（明治三十年十一月十四日に）逝去されました。黒岩の小父さまは、責任を感じられ、一人娘下子が成人するまでは面倒を見る、と約束されたとのことでした。また、病床中は、いつも、森鷗外さんと弟さんの篤次郎医師（演劇評論家三木竹二）がつきそって治療にあたって下さったとのことです。

（思軒居士が）亡くなられました直後、小川一眞といわれる方に、デスマスクではなく、寝姿を撮って頂いた写真が二枚残っております。また、枕元の屏風は、備前の漢詩人武元《たけもと》登《と》々《と》庵《あん》の書を仕立てたもので、二枚ずつ奉書紙が張られている一双屏風です。現在は切り取った書が四枚、巻かれたままで残っております。闘病の様子は「病床日誌」（看護人による記録）に書かれております。

葬儀は根岸（坂本）の世尊寺でいとなまれました。葬列の先鋒がお寺についても、自宅の方にはまだまだ多くの方々が集まっておられたとか聞いております。今の根岸小学校（豆腐料理店「笹の雪」付近）から日暮里方向に向って左側の、ＪＲの線路に近い所に思軒宅はあったようです。

今残っております葬儀の時の「葬列図」は、岡倉天心さんが十分間ほど列を止めさせて、日本画家の寺崎廣業《てらさきこうぎょう》に近くの家の二階より写生させたよし。柩の後ろの人力車の上は七歳の時の義母《はは》下子。そのまた後ろのお髭の方が岡倉天心さんと聞きました。

義母下子は、面影が思軒によく似ておられたうえ、大変お話も上手で、またお好きのようで、私には、伝え聞きました思軒の演説もかくやと想像されるくらい、「立て板に水」のように感じられたものでした。お話のほとんどは、三人でお過ごしになられた根岸のことでしたが……。

義母《はは》が明治四十四年九月に青年文筆家の義父白石實三と結婚されたときは、（黒岩）涙香と（田山）花袋が（一方は）後見人として、（他方は）仲人として大変喜んで下さったと伺っております。

私が思軒の名を目にしましたのは女学校三年の国語副読本でのことで、「運命」と云う翻訳です。一人の青年が昼寝をしている間に起こるいろいろの出来事が書かれていました。今、考えますと、ホーソーンの訳文ではないかと思いますが、その翻訳者の孫の所へ嫁ぐとは、夢にも思いませんでした。その頃は、義父上《ちちうえ》の實三はすでに（昭和十二年十二月に）死去されておられましたので、お目にはかかれませんでしたが、客間に思軒の木炭による肖像画の額がかかっていて、「ああ、文士のお家《うち》に御縁を頂いたのだ」と痛感いたしました。

戦争も終わり、疎開も終わり、ホッとしたのも束の間で、ある日、大きな音とともに、二百年余り前に建てられた安中の白石家の蔵は、屋根が真中より割れて、つぶれてしまいました。中のものはなにもかも土埃《つちぼこり》だらけ。取り出して整理するのが、それはもう大変でした。なんとか片付け、東京に運び、夫白石が会社の仕事の合間に少しずつ整理しておりましたが、義母上が昭和四十六年二月に安中の地で逝去されましたので、安中に残っておりましたものも東久留米の家まで運び、退社後に何年もかけて整理したものをまた分類し直し、だいたい整理し終えた頃の平成五年十月に、夫も死去いたしました。それからは、私が、義祖母豊の「一字でも書いてあるものは大切に」の言葉を守り、花袋・實三研究家の宇田川昭子氏に助けて頂きながら、今日までどうにか引き継いでまいりました。

この何十年もの長い間には、いろいろな方に資料を、たとえば中西梅花、天心居士、鏡花、露伴等のものなど、お貸ししたこともありましたが、どなたからもお返し頂けませんでしたので、故男也が残念がって、「これ以上散逸するのは忍びない。なんとかしなくては……」と思案して居りましたところ、笠岡市の故小林好夫氏とご縁が出来ました。小林氏はたびたび東京までお越し下さいました。また笠岡市でも顕彰会を作られて、広島銀行の笠岡支店の脇に、「思軒森田文蔵生誕之地」と刻まれた碑（画家小野竹喬書）を建てて下さることになり、義母は除幕式に伺うことが出来ました。義母はよほど嬉しかったようで、お供して参りました私の長男（昌也）が、「祖母《おばあ》さんがあんなに涙を流したのを見たのは初めてだ」と驚いて私に話してくれました。

小林氏が逝去されてからは、谷口靖彦氏（思軒研究家）、安藤伸吾氏（現・笠岡市教育委員会委員長）、栗原正宏氏（現・事務局長）にお会いしました。「思軒の郷里の笠岡市に寄託するのが一番よいのでは……」と、二人の息子とも相談いたしまして、二〇〇〇年四月に、昌也・孝と同道で、寄託させて頂き、（笠岡）市立図書館の二階の常設展示室で展示して頂くことになり、今日に到っております。ホッとすると同時に一抹の侘しさも感じております。

笠岡市では、思軒の命日にあたる十一月には、毎年、いろいろ偲ぶ会を開いて下さり、代々の市長様はじめ課長様、それから森田家の遠戚にあたる妹尾さくら子さんには、いつも暖かく迎えて頂けますことは、なにより嬉しいことでございます。

今回、四人の方々が編者となって「図録」を作って下さることになり、それぞれの方がそれぞれの専門を生かされて、明治の文化の中で思軒が果たしました役割、また果たしえなかった事どもを明らかにして下さるとのこと伺いまして、今日まで女三代で守ってまいりました資料がなにかのお役に立つとすれば、これに勝る喜びはございません。今日まで、たくさんの方々に協力して頂きましたこと、ただただ嬉しく、衷心より感謝申し上げます。また、故白石に代わりまして、厚く御礼申し上げます。ありがとうございます。〔談〕

根岸派の人々（抄）

白石　實三

《呉竹の根岸の里は、要垣、建仁寺の垣根々々に包まれた植込みからは、鶯の初音が漏れる。梅は早く、椿は紅く、ほとゝぎす鳴くところ、水鶏の戸を叩くところ、小路は細く長く入り込んでゐて、文人、墨客、通人の風流な閑棲の土地だつた。『鶯に二度寝の枕もたけにけり』これは幸堂得知が、根岸草庵をよんだ句で、根岸派の機関雑誌『狂言綺語』に寄せたものだが、さうした長閑な情景だつたのだらう。》

《天心岡倉覺三から、思軒にあてた手紙が、数十通残つてゐる。封皮を見ると、『岡倉三太夫から森田御前へ』といふふうに洒落れのめしてゐるが、用件は、実に真面目なものが多い。ドストエフスキイの『罪と罰』の英訳本が手に入つたとか、狩野芳崖が死んだが曠世の天才を失つて哀しみに堪へないといふやうな内容である。根岸派の中でも、天心と思軒とは、特に親交があつたらしい。

魯庵が『罪と罰』を訳するに際しての手紙もあるが、前述天心の手紙と対照して面白い。二葉亭のオブローモフの翻訳も、思軒遺族の反古籠から出て来たのである。》

現在の笠岡市

第一部　森田思軒とは…

川戸道昭・榊原貴教　編

SHIKEN　MORITA

文久元（1861）年～明治30（1897）年

当代きっての人気作家

明治二十年代の半ば、森田思軒は、森鷗外や二葉亭四迷と並び称される当代きっての人気作家としてもてはやされた。それは今に残る数多くの資料が証明している。たとえば、坪内逍遙は、創刊間もない『早稲田文学』（三号）において思軒を「英文如来」とたたえ、二葉亭四迷は『国民之友』の愛読書アンケートに答えて、「思軒先生訳探偵ユーベル」と書き送っている。あるいは、正宗白鳥は思軒の『懐旧』をとおしてはじめて西洋文学の面白さを知ったと述懐する。翻訳文学が、創作文学にも劣らない重要な使命を担っていたこの時代にあって、彼が次々に世に送りだすジュール・ヴェルヌやヴィクトル・ユゴーの翻訳に人々の心は釘づけにされた。白鳥のいうように、それによって文学というものに備わる真の「力」に目覚めた読者は少なくなかった。

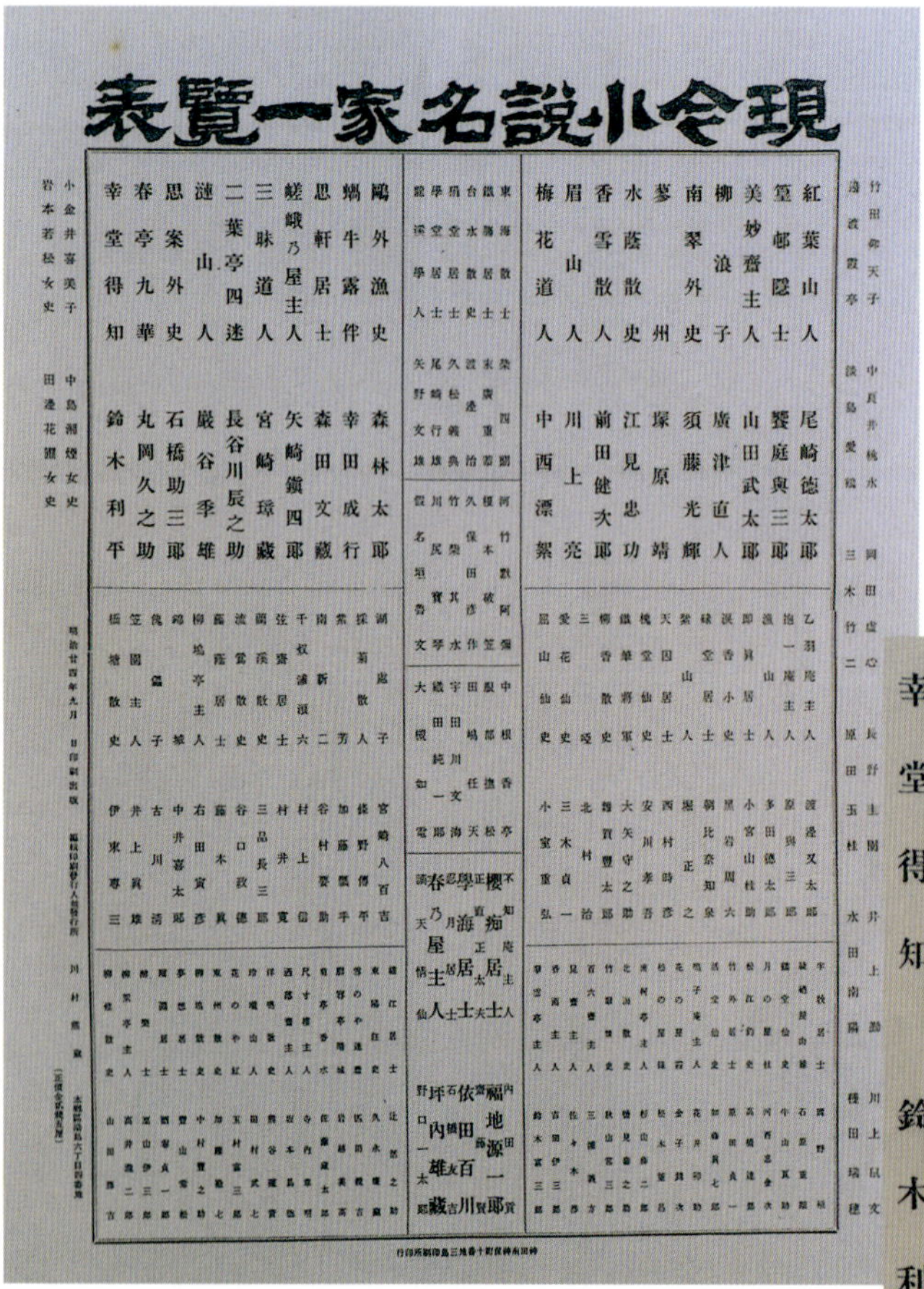

現今小説名家一覧表

鷗外漁史	森林太郎
蝸牛露伴	幸田成行
思軒居士	森田文蔵
嵯峨乃屋主人	矢崎鎮四郎
三昧道人	宮崎璋蔵
二葉亭四迷	長谷川辰之助
漣山人	巌谷季雄
思案外史	石橋助三郎
春亭九華	丸岡久之助
幸堂得知	鈴木利平
紅葉山人	尾崎徳太郎
篁邨隠士	饗庭與三郎
美妙斎主人	山田武太郎
柳浪子	廣津直人
南翠外史	須藤光暉
蓼州	塚原靖
水蔭散史	江見忠功
香雪散人	前田健次郎
眉山人	川上亮
梅花道人	中西漂架

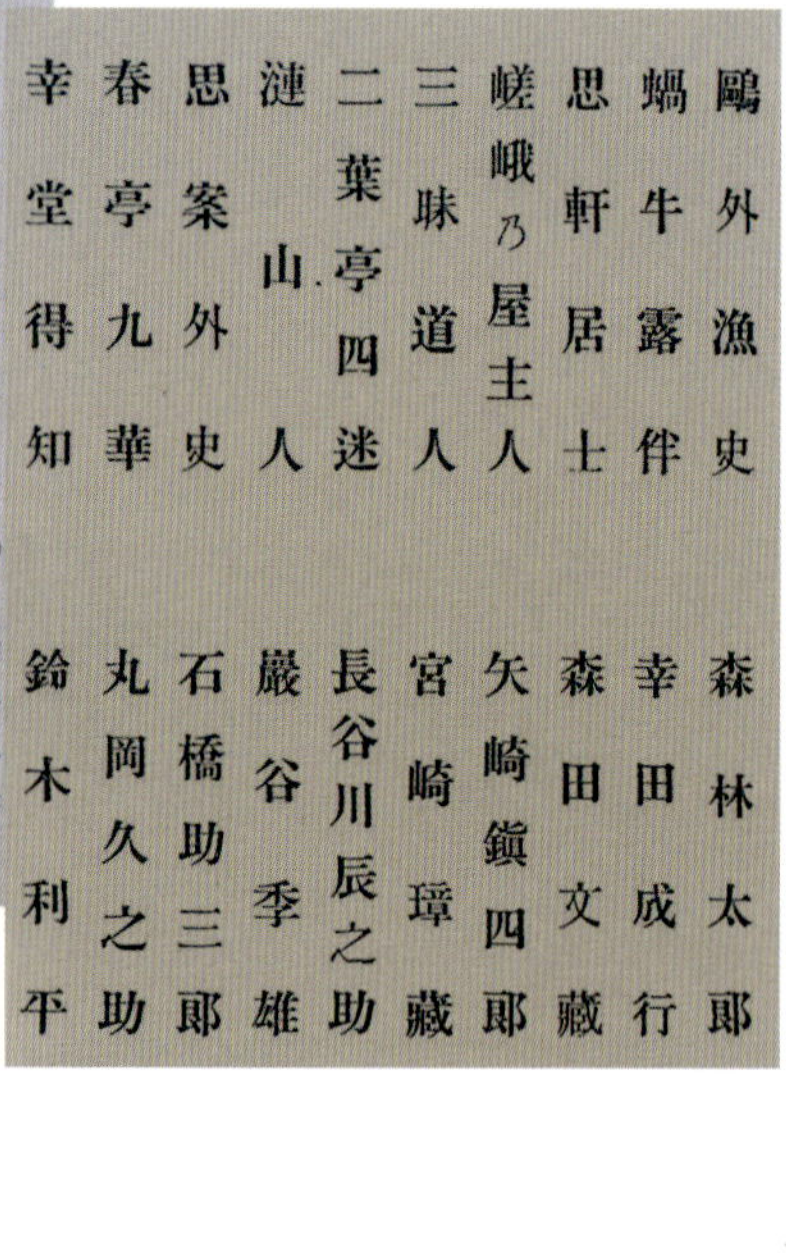

鷗外漁史	森林太郎
蝸牛露伴	幸田成行
思軒居士	森田文蔵
嵯峨乃屋主人	矢崎鎮四郎
三昧道人	宮崎璋蔵
二葉亭四迷	長谷川辰之助
漣山人	巌谷季雄
思案外史	石橋助三郎
春亭九華	丸岡久之助
幸堂得知	鈴木利平

「現今小説名家一覧表」（明治 24〔1891〕年 9 月、編集・印刷・発行人　川村熊蔵）
思軒の名前は、鷗外、露伴に続いて、番付の東 3 番目にあげられている。

『早稲田文学』３号（明治 24〔1891〕年 11 月）と坪内逍遙

《美文を翻訳して原作者の現はれ来れるかと思はしむる訳者は吾人之を如来と名づくべし。明治文壇幸ひにしてに已に三如来を得たり。英文如来を森田思軒氏とし、独文如来を森鷗外氏とし、魯文如来を長谷川四迷氏とす。輓近内田不知庵、原抱一庵等の諸氏また大に翻訳に力を尽せり。文界遠からずして二三の新如来を加ふべし》（坪内逍遙「外国美文学の輸入」『早稲田文学』三号）

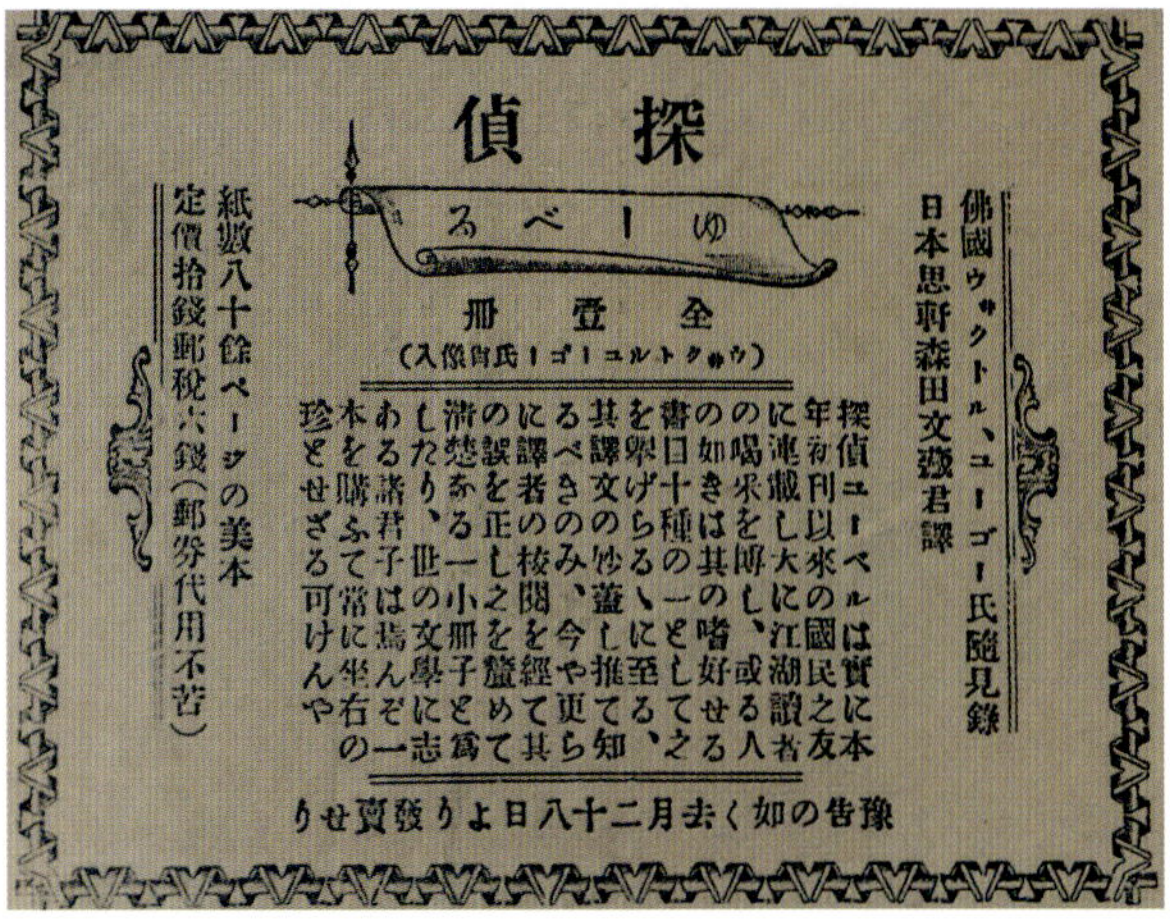
探偵
ゆーべる
全壹冊
（ウヰクトル、ユーゴー氏肖像入）
佛國ウヰクトル、ユーゴー氏隨見錄
日本思軒森田文藏君譯
探偵ユーベルは實に本年初刊以來の國民之友に連載し大に江湖讀者の喝采を博し、或る人の如きは其の嗜好せる書目十種の一として之を擧げらるゝに至る、其譯文の妙、蓋し推て知るべきのみ、今や更らに譯者の校閲を經て其の誤を正し之を纏めて瀟洒たる一小冊子と爲したり、世の文學に志ある諸君子は焉んぞ一本を購ふて常に坐右の珍とせざる可けんや
紙數八十餘ページの美本
定價拾錢郵税六錢（郵券代用不苦）
豫告の如く去月二十八日より發賣せり

『探偵ユーベル』広告（『国民之友』59 号［明治 22 年８月］）。「或る人の如きは其の嗜好せる書目十種の一として之を挙げらるゝに至る」と二葉亭が『国民之友』48 号〔明治 22 年４月〕に寄せた「愛読書調査」への回答に言及。

二葉亭四迷

《自然主義前の日本の文壇で最も西洋文学の味ひを伝へて、あの時代の青年の心を魅惑し、或ひは作中の人物に共鳴を覚えさせた翻訳は、二葉亭の『浮草』、小金井きみ子の『浴泉記』、森鷗外の『即興詩人』である。西鶴の影響を受けたといふ紅葉、露伴などの小説によつて得られないものをそれ等の翻訳小説から得た。自国の小説よりも、それ等の外国小説に於いて、我々は自己の影を見た。自己の夢を見た。或ひは自己の心に潜んでゐるものを引き出される感じがした。従つて文学といふものは、いかに大なる力を有つてゐるかを、我々は痛切に感じさせられた。……かういふ傑れた外国文学の影響を受けて、出藍の褒まれのある文学が日本に現れたかと回顧すると、失望の外はないのであつた。》（正宗白鳥「日本文学に及ぼしたる西洋文学の影響」）

正宗白鳥

郵便報知新聞

明治十九年九月十六日　木曜日　第四千八十二號

『郵便報知新聞』（明治19年9月16日）と原抱一庵

思軒とヴェルヌ

思軒は、『郵便報知新聞』の「嘉坡《シンガポール》通信　報知叢談」欄に掲載されたジュール・ヴェルヌの「仏、曼、二学士の譚《はなし》」（のち『鉄世界』と改題）の翻訳によって世に認められて以来、合計十数点のヴェルヌの翻訳を世に送っている。当時、札幌農学校の学生であった原抱一庵は、そうしたヴェルヌの翻訳が「面白くて、く堪《こた》へられぬ、新聞の来るのが待ち遠しくて堪らぬ、一日の新聞を二遍も三遍も五遍も六遍も繰返して読んだ」（「吾の昔」）と述懐している。

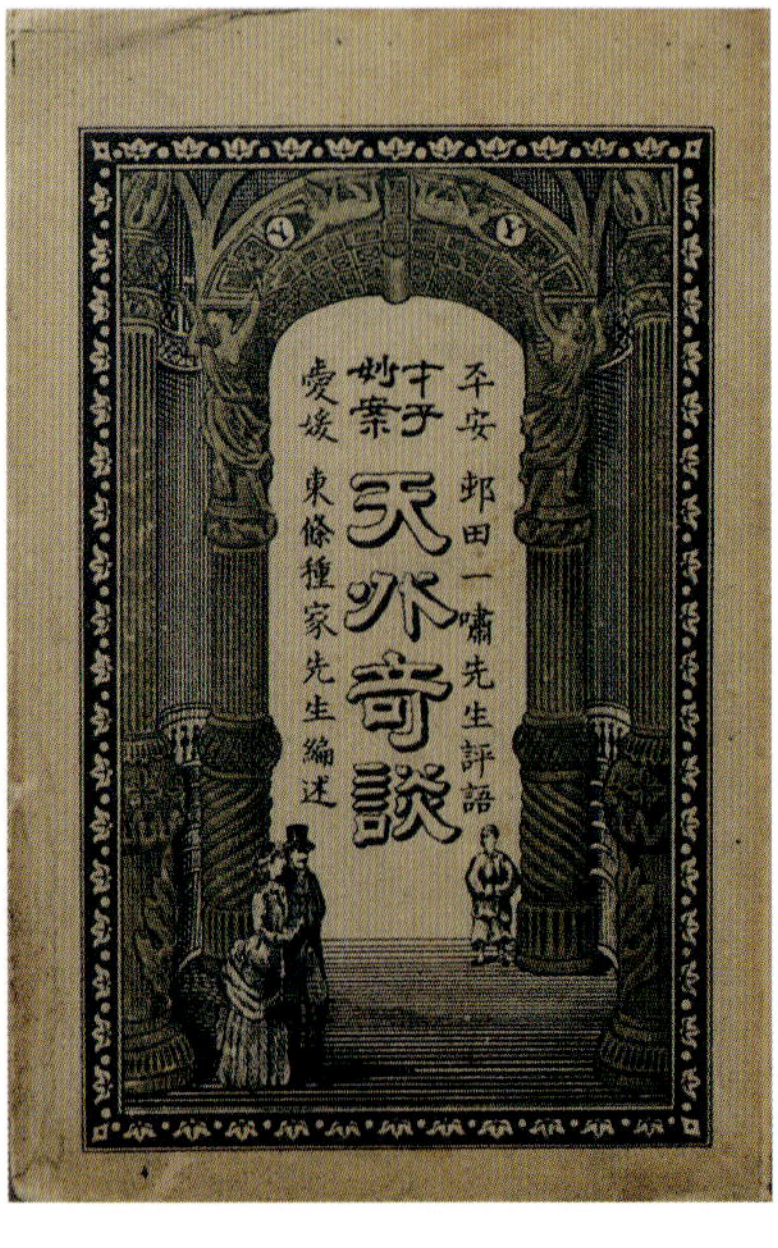

（右）『才子妙案天外奇談』（大庭和助、明治20年10月）「仏、曼、二学士の譚」「金驢譚」ほか所収

（左）『鉄世界』（明治20年9月、集成社）　原作名*Les Cinq Cents Millions de la Bégum*

『瞽使者』後篇（報知社、明治 24 年 11 月）

『瞽使者』前篇（報知社、明治 21 年 5 月）
原作名 *Michel Strogoff*

『無名氏』（春陽堂、明治 31 年 9 月）
原作名 *Une Famille sans Nom*

『新小説　大叛魁』（春陽堂、明治 23 年 9 月）　原作名 *La Maison à Vapeur*

『国民之友』25号（明治21年7月）
思軒の「随見録」とともに二葉亭の「あいびき」を掲載。

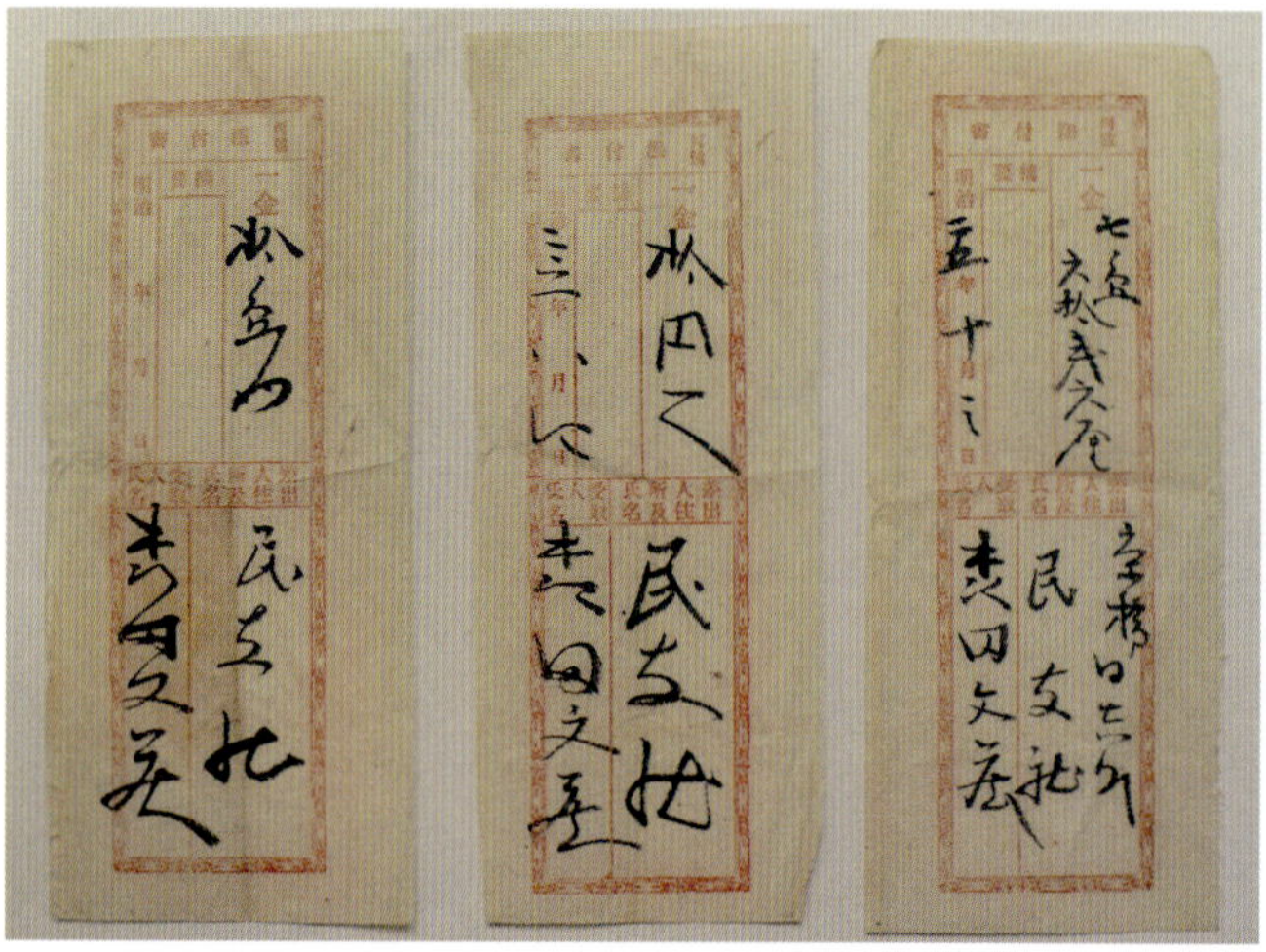

民友社が思軒に送った原稿料の送付書

チョッケ著『破茶碗』（同好会、明治22年）
『新小説』に4回にわたり連載された作品を合綴したもの。「明治二十二年　月　日出版」とあるだけで刊行月日は空欄になっている。

『新小説』1巻（同好会、明治22年1月）
思軒の「破茶碗」第1回を掲載。「新小説」の誌名は思軒が決定したといわれる。

『都の花』54号（明治24年1月）表紙と附録（スーヴェストル著、思軒訳「歳尽」）表紙

思軒とポー

思軒はエドガー・アラン・ポーの作品を二編翻訳している。とくに、「盗まれた手紙」を翻訳した「秘密書類」は、饗庭篁村の「ルーモルグの人殺し」（読売新聞、明治20年12月）に次いで、日本で二番目の、名探偵デュパンの登場する作品の紹介となった。

『間一髪』（明治30年1月、博文館）
ポーの「陥穽と振り子」の訳。

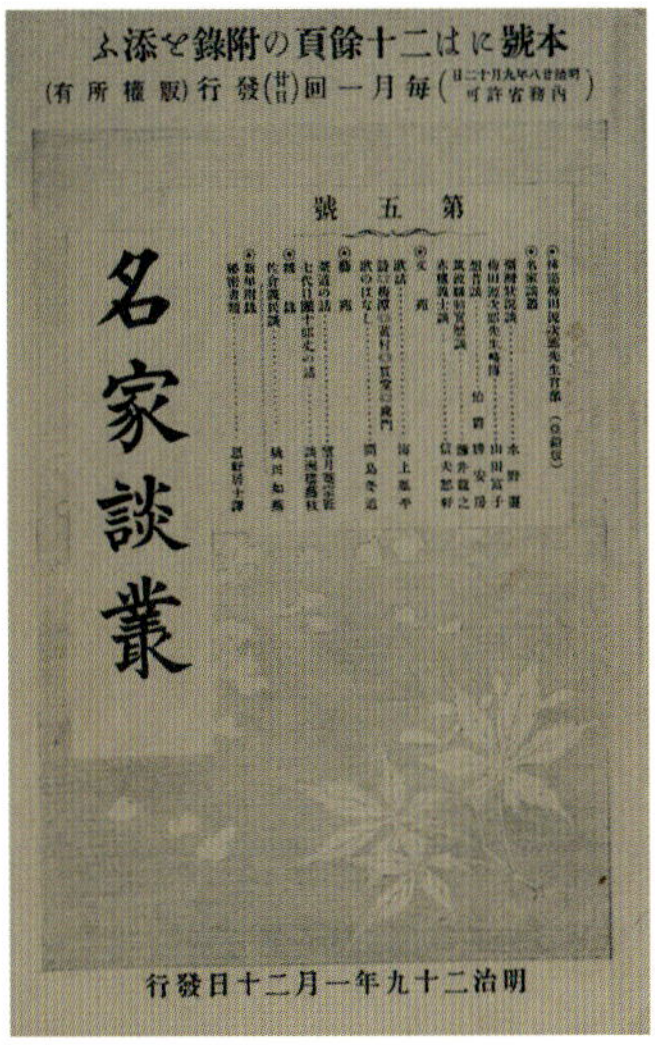

『名家談叢』5号（明治29年1月）
付録として思軒の「秘密書類」を掲載。

フランス人道主義の紹介者

思軒の功績の一つは、明治二十年代というきわめて早い時期に、日本の読者にフランスの人道主義の核心ともいうべきユゴーの思想を紹介したことにある。英米においても、この時代に死刑廃止というユゴーの社会的立場を明確にした作品が翻訳されるのは、かなり稀なことであった。思軒は、その稀な英訳書の中から、「探偵ユーベル」「死刑囚最後の日」「クロード・グー」と、ユゴーの人道主義的主張を色濃く反映させた作品を選んで日本の読者に紹介した。思軒の作品を選び抜く眼識の確かさは、一九九二年オックスフォード大学出版の「ワールド・クラシックス」シリーズにユゴーの作品が取り上げられた際にそこに収められた作品が「死刑囚最後の日」「クロード・グー」、『見聞録』中の一部と、思軒が百数十年前に日本に紹介したものと全く同じ内容であったということによっても証明される。

徳富蘇峰がフランス土産に思軒に贈ったゴブラン織りのユゴーの肖像。

新発見の『レ・ミゼラブル』の訳稿

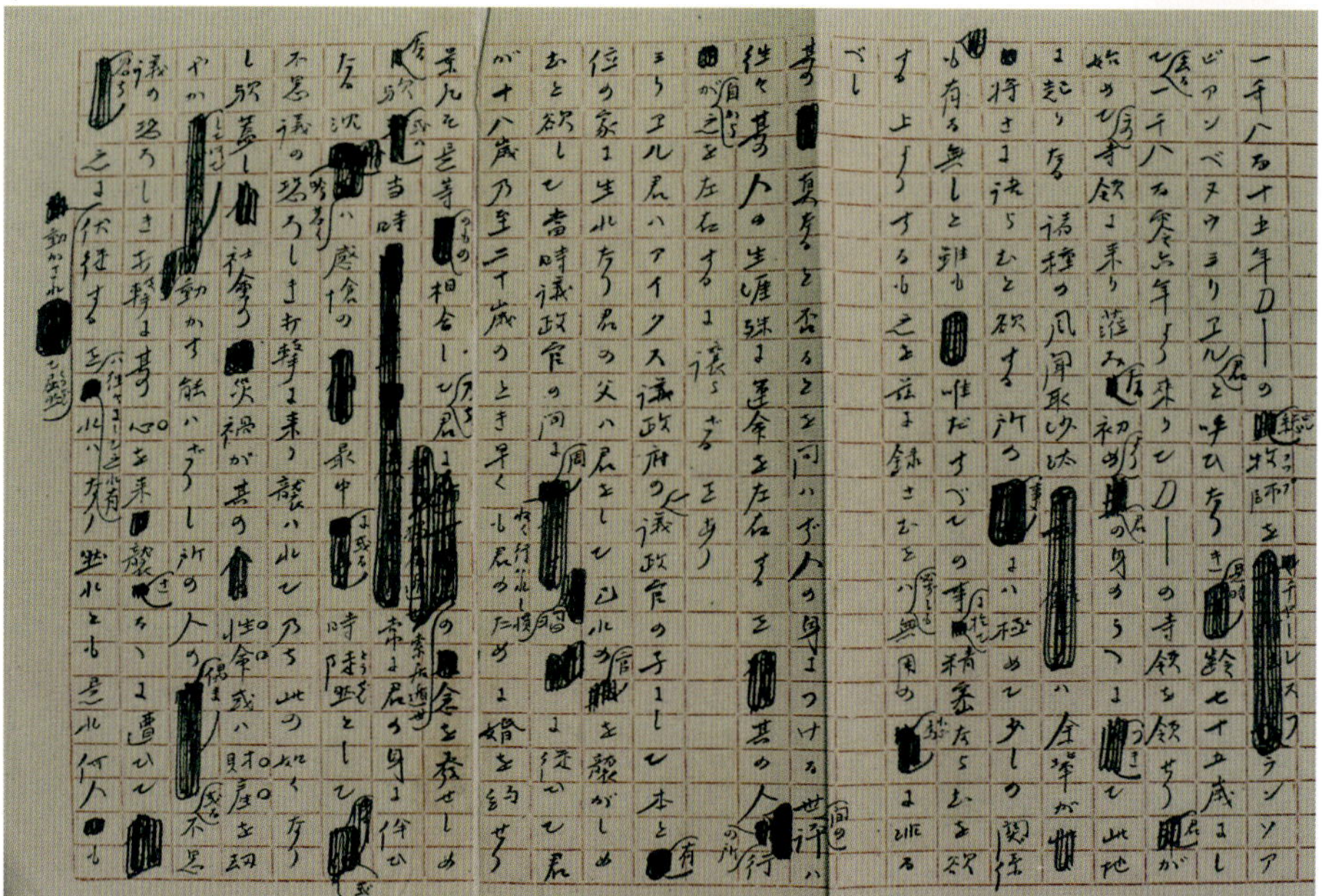

思軒は、ユゴーの『レ・ミゼラブル』（1862 年）に早くから関心を寄せて、40 歳になったら翻訳に手をつけたいと周囲にもらしていたが、それを果たさぬまま病をえて、36 歳という若さで逝った。今回、白石家に残された原稿類を詳しく調査した結果、新たにこの『レ・ミゼラブル』の冒頭部分の訳稿が見つかった。

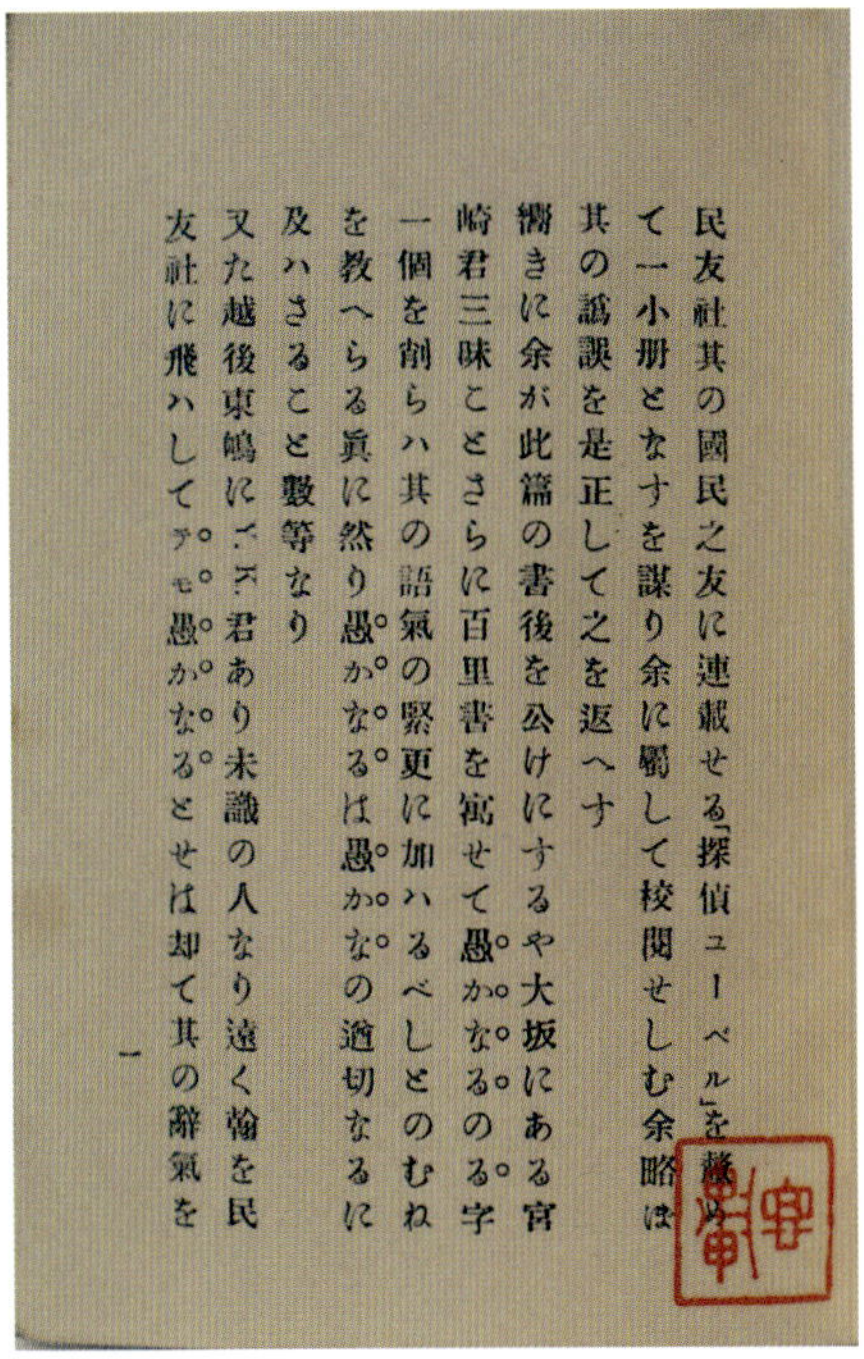
民友社其の國民之友に連載せる「探偵ユーベル」を[illegible]て一小册となすを謀り余に囑して校閲せしむ余略ぼ其の謬誤を是正して之を返へす
嚮きに余が此篇の書後を公けにするや大坂にある宮崎君三昧ことさらに百里書を寄せて愚か。な。る。の。字一個を削らハ其の語氣の緊更に加ハるべしとのむねを教へらる眞に然り愚か。な。る。は愚か。な。の適切なるに及ハさること數等なり
又た越後東嶋に[illegible]君あり未識の人なり遠く翰を民友社に飛ハして[illegible]愚かなるとせは却て其の辭氣を
一

思軒の蔵書印のある『探偵ユーベル』（民友社、明治22年6月）。

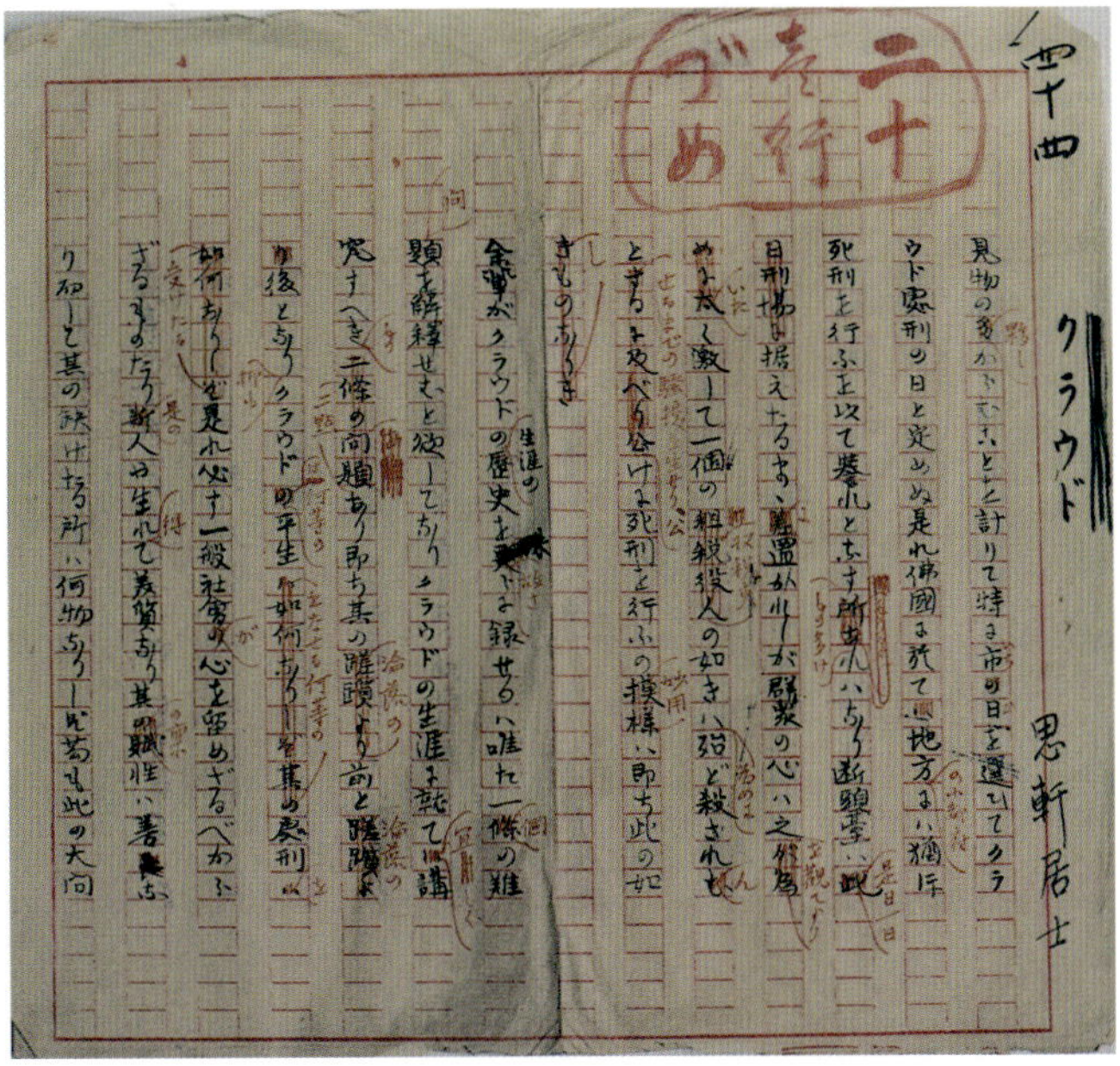

「クラウド」の原稿。主人公のクロード・グーは、『レ・ミゼラブル』の主人公ジャン・ヴァルジャンの原型といわれる人物。人の罪とは何かという問題を強く社会に問いかけている作品。

「クラウド」が上記『探偵ユーベル』に併録されてその「増補三版」として出版されたもの（民友社、明治24年10月）。

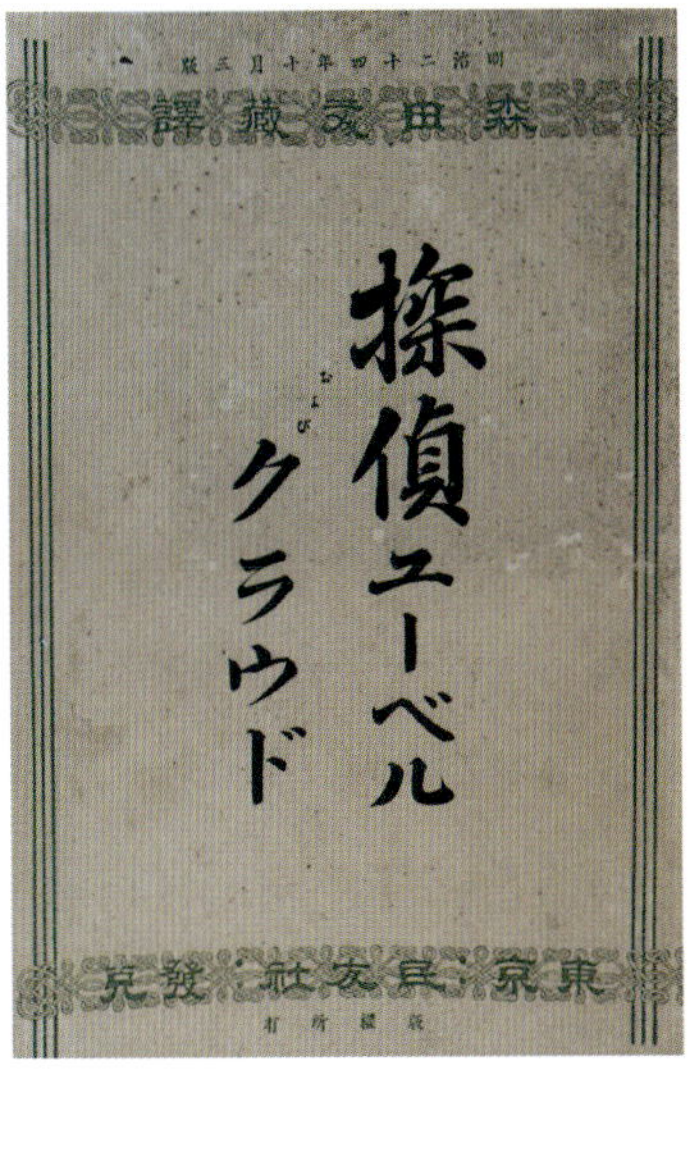

児童文学のパイオニア

西洋児童文学の紹介は、『郵便報知新聞』に掲載された「新貞羅《シンデレラ》」（明治19年12月）の翻訳を皮切りに、矢野龍渓配下の慶應義塾出身者の手で行われていく。思軒もその流れを受けて明治二十年一月から二月にかけて、「金驢《きんろ》譚《ものがたり》」（アプレイアス著『黄金の驢馬』の翻訳）を同紙に発表。その後もジュール・ヴェルヌ等の作品数編を少年少女向けの雑誌に掲載して、人々の注目を集めた。なかでも忘れられないのは、明治二十九年三月に連載が開始される「冒険奇談　十五少年」（ヴェルヌ著『二年間の学校休暇』の翻訳）であった。同年末に刊行されたその単行書は、明治、大正、昭和と読み継がれる一大ロングセラーとなっていった。訳文は思軒独特の生硬なものであったが、これが、若松賤子の『小公子』とともに、日本の少年少女を西洋の児童文学へと誘う大きな原動力となったことは世の文学史などの伝えるとおりである。

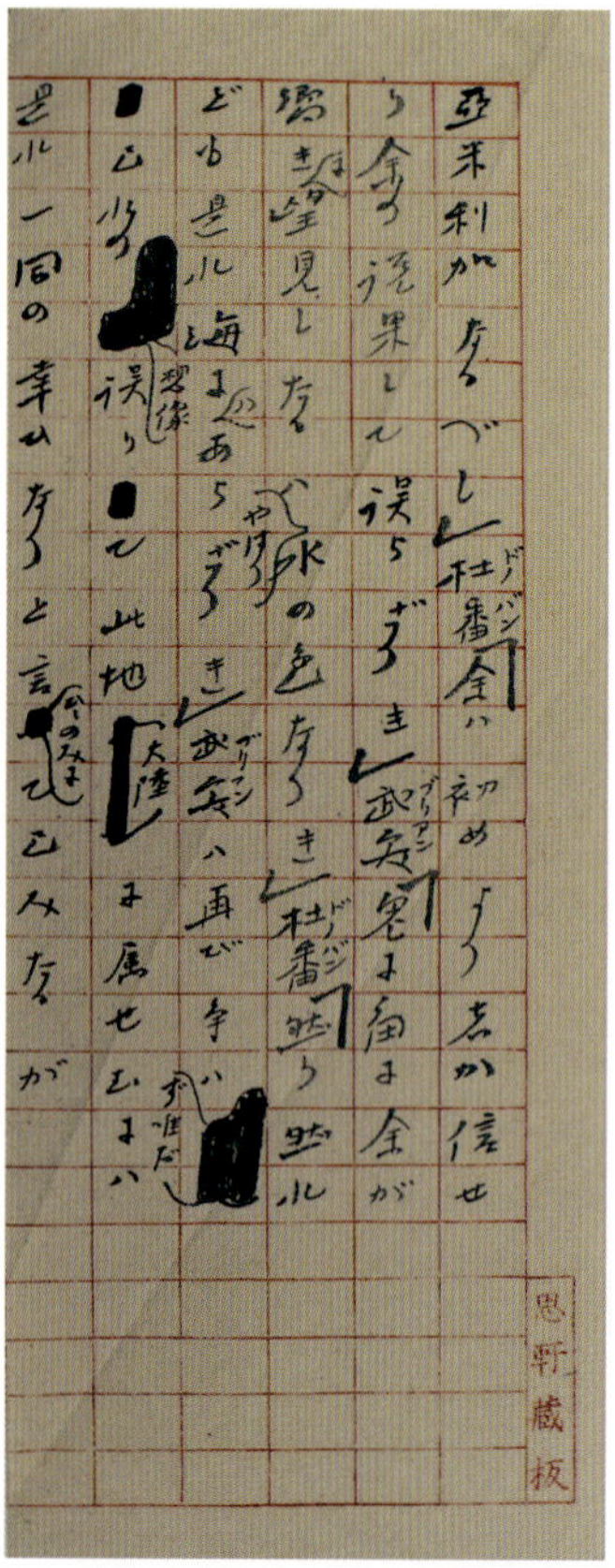

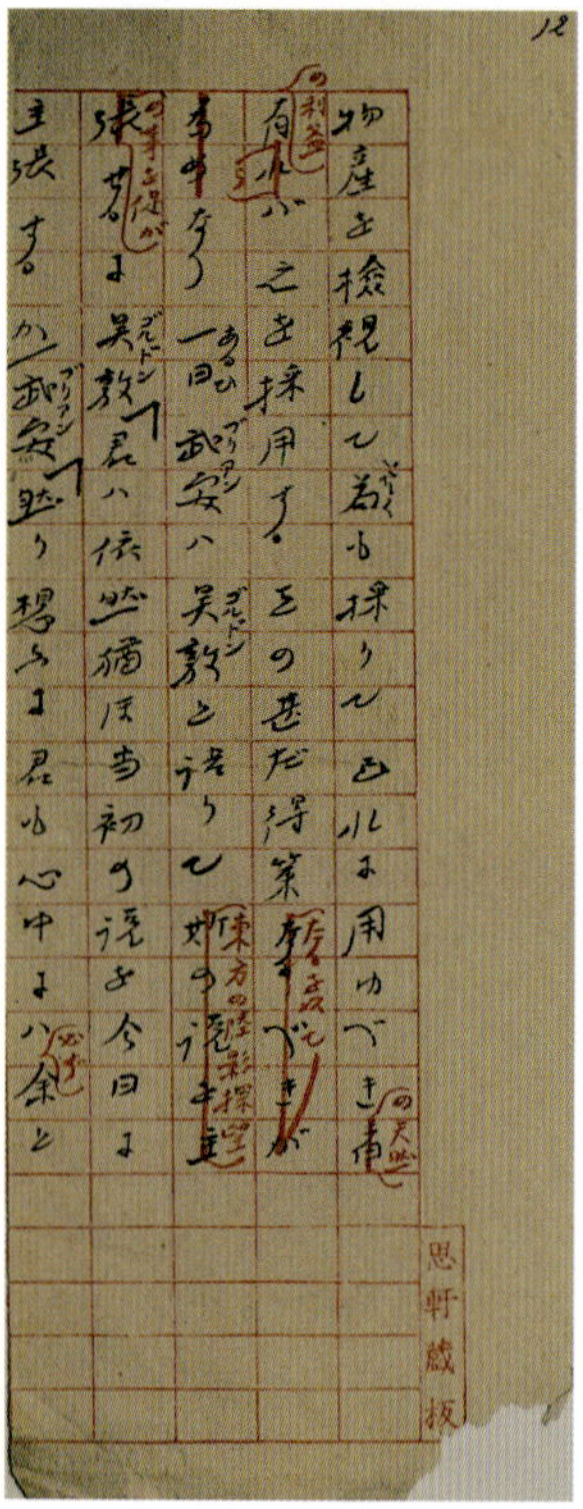

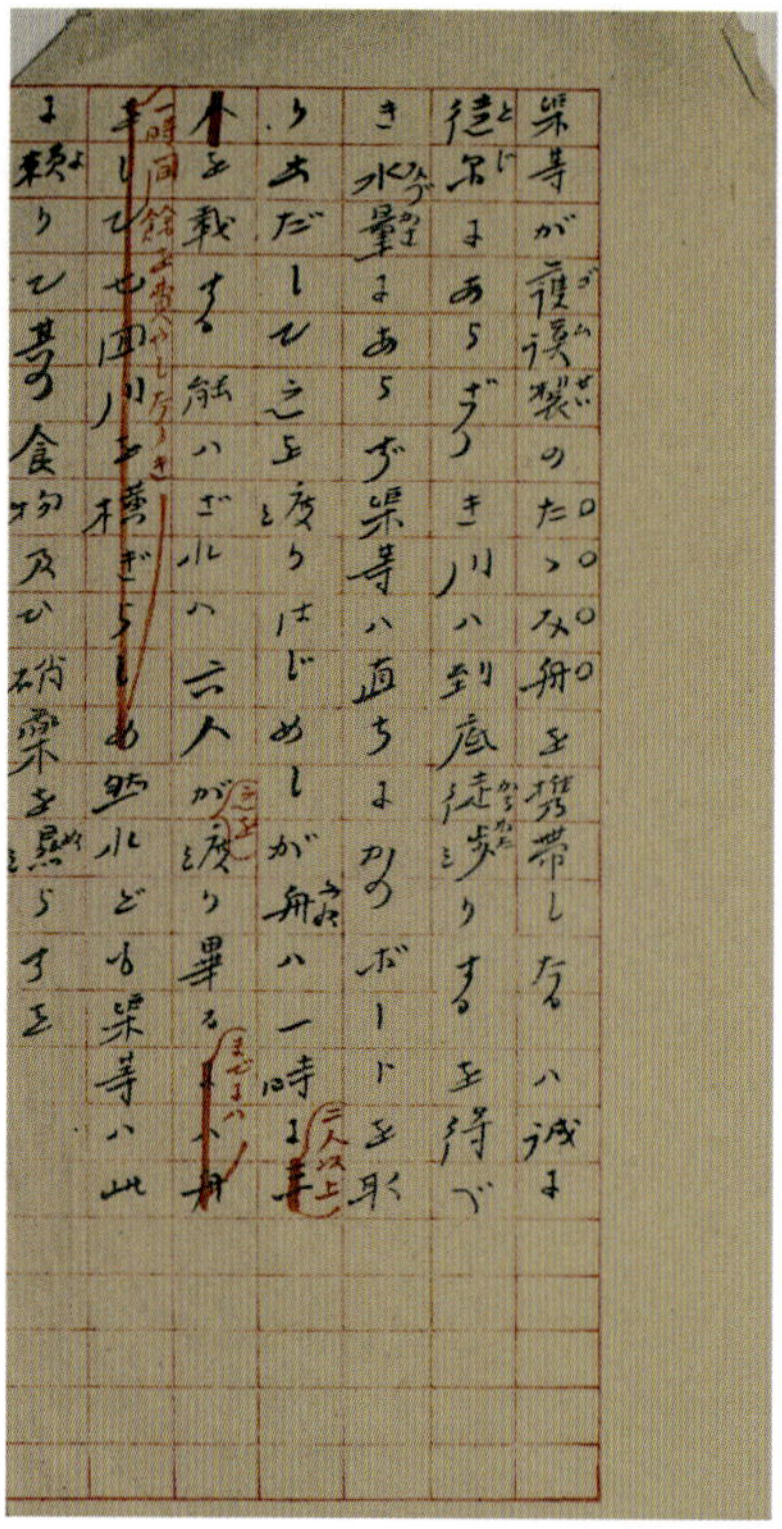

新たに見つかった訳稿

「冒険奇談　十五少年」（第10回）を掲載した『少年世界』（2巻14号、明治29年7月）と、新たに見つかった訳稿の断片。

『十五少年』３版（博文館、明治 32 年３月）

白石家に残されていた『十五少年』初版
（博文館、明治 29 年 12 月）

『日本之少年』13 号（明治 26 年７月）。思軒の「入雲異譚」（ヴェルヌ著『不思議の島』）の第１回を掲載。

（右）『魔術』（日吉堂、明治 24 年９月）。明治 20 年１月から２月にかけて『郵便報知新聞』に連載された、「金驢譚」（アプレイアス著『黄金の驢馬』の翻訳）の単行書。この作品は、『一読／一驚　世界一大奇聞』（三谷平助刊、明治 20 年５月）に収録されて以来、６、７種の書物に復録された。
（左）『金満家』（日吉堂、明治 25 年 12 月）。「金驢譚」を含む思軒の作品３編を収録。

気鋭の批評家

思軒の活躍は単に翻訳文学の領域にかぎられるものではなかった。それ以外にも、漢文の第一級の遣い手として、新聞記者・新聞編集者として、文芸評論家・劇評家として、ありあまる才能を発揮した。人々は、彼の書く漢詩・漢文に、山陽道の窮状を訴える新聞記事に、板垣退助を襲った襲撃者の自死の意味を問う「社会の罪」に関する講演に、拍手喝采を送った。それまで無名であった村上浪六を世に送り出す編集者としての手腕にも、驚嘆の眼差しを向けた。そうした各方面での活躍が高く評価されて、明治二十年代の半ばともなると、森鷗外が自作原稿の批評を依頼し、巌本善治がその妻若松賤子の『小公子』の翻訳評を頼み、川上音二郎が彼の劇評を求めて接近をはかるなど、文壇や演劇界の新人、大家が、こぞって思軒の批評を求めるようになった。その批評には、若松賤子の『小公子』評のように、今日なお研究者の間でしばしば引用される重要な批評も少くない。

森鷗外の依頼した『文づかひ』の批評

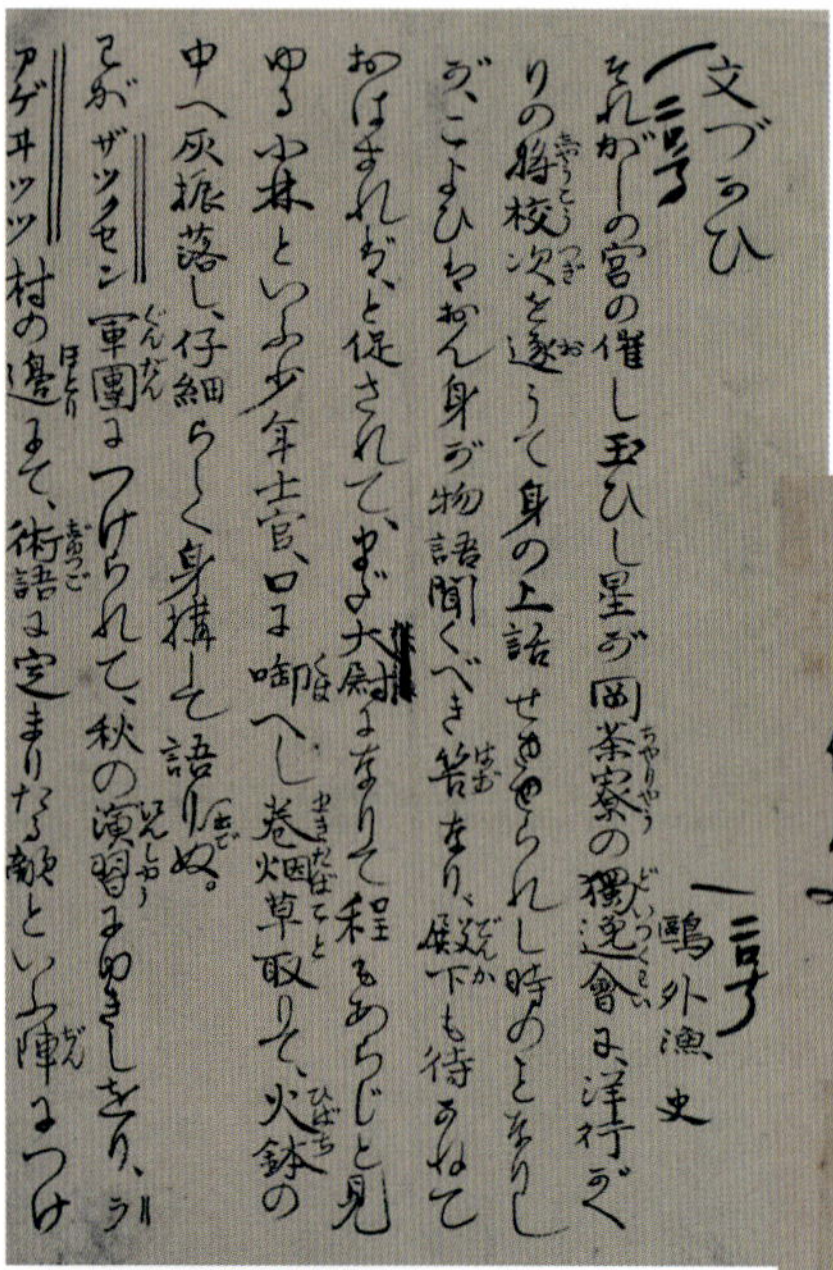

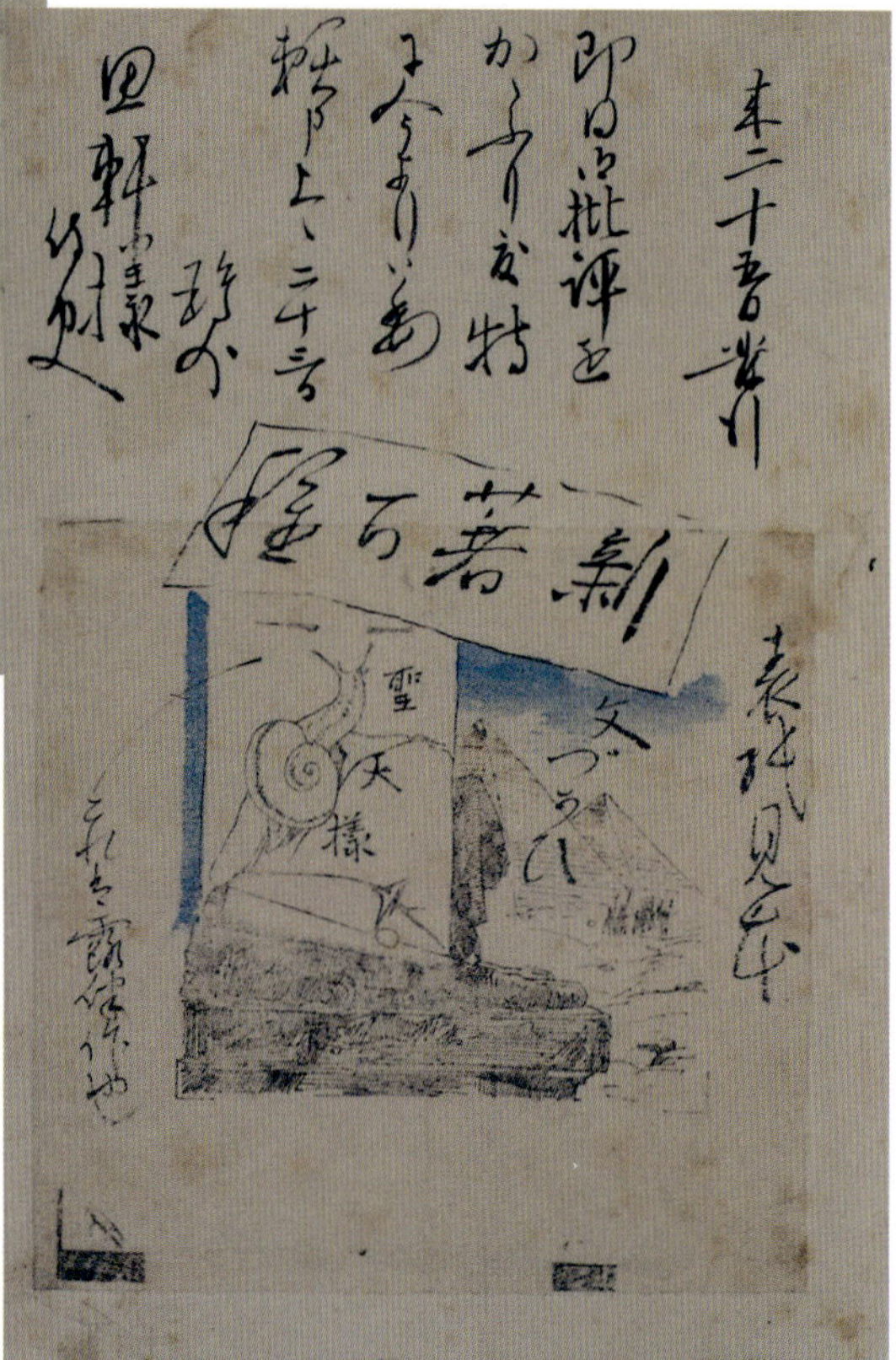

明治 24 年 1 月 24 日、鷗外は出版予定の『文づかひ』の批評を依頼するため思軒宅を訪れた。しかし、不在であったため、批評の依頼文と原稿をおいて帰る。これは白石家に残されていたその依頼文と『文づかひ』の原稿（現在は大阪樟蔭女子大学が所蔵）。

（『「文づかひ」森鷗外自筆原稿』〔大阪樟蔭女子大学、1989 年 3 月〕による）

森鷗外

若松賤子訳『小公子』の批評

明治二十四年十一月、『女学雑誌』に連載された『小公子』の前半部分が一冊の本にまとめられ刊行された際に、賤子《しずこ》の夫・巌本善治（『女学雑誌』編集者）は、報知社の思軒に手紙を添えて一本を献呈する。それを読んだ思軒は、早速『郵便報知新聞』に「偶書　『小公子』を読む」を掲げて、「世間の謂ゆる言文一致体に由る者にして余が心より服せるもの唯だ『浮雲』ありしのみ。今日此書を獲て二となれり」と絶賛した。白石家にはそのとき巌本が送った書状が現在も残されている。

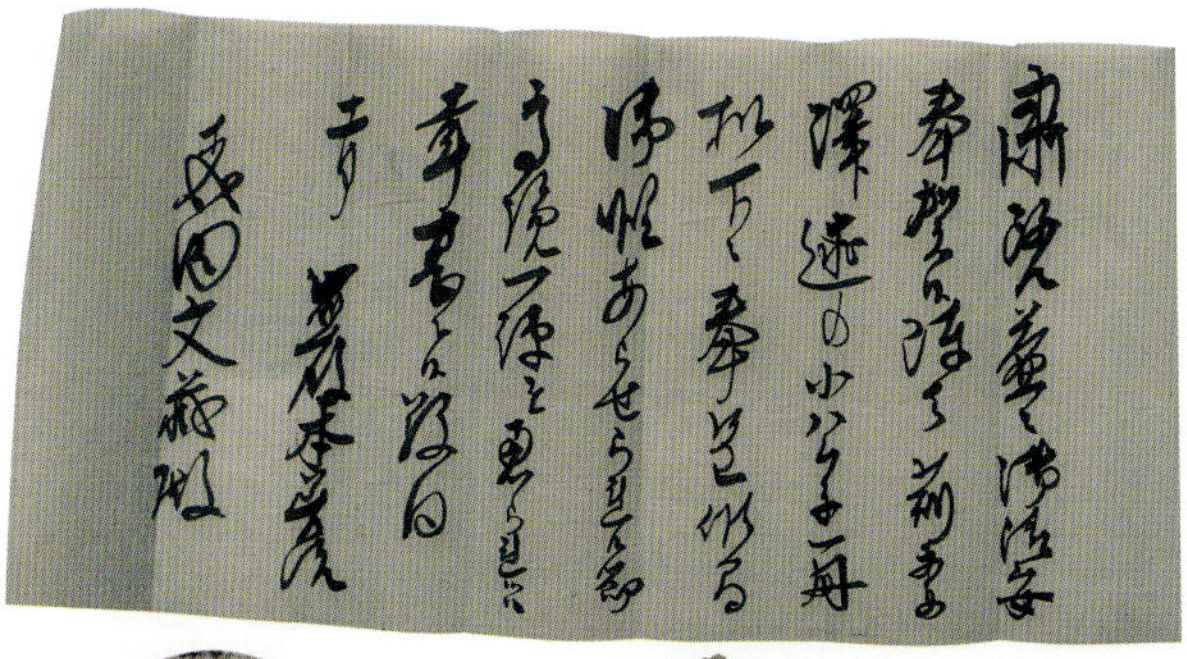

若松賤子

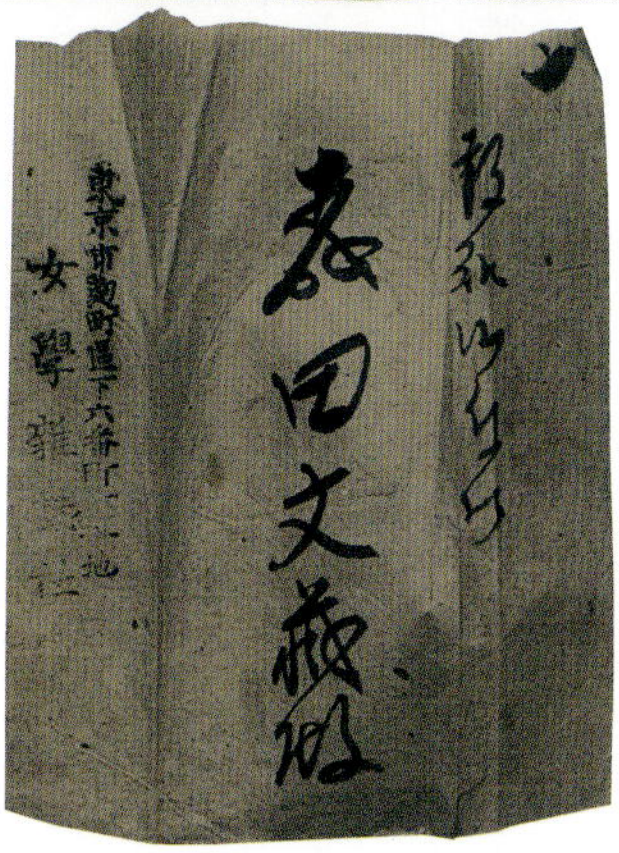

巌本善治が思軒に宛てた『小公子』の送り状。日付は 11 日となっており、思軒は4日後の 15 日に『郵便報知新聞』に長文の批評を掲げた。思軒の文才を裏づける貴重な資料。

坪内逍遙『牧の方』の書評

坪内逍遙

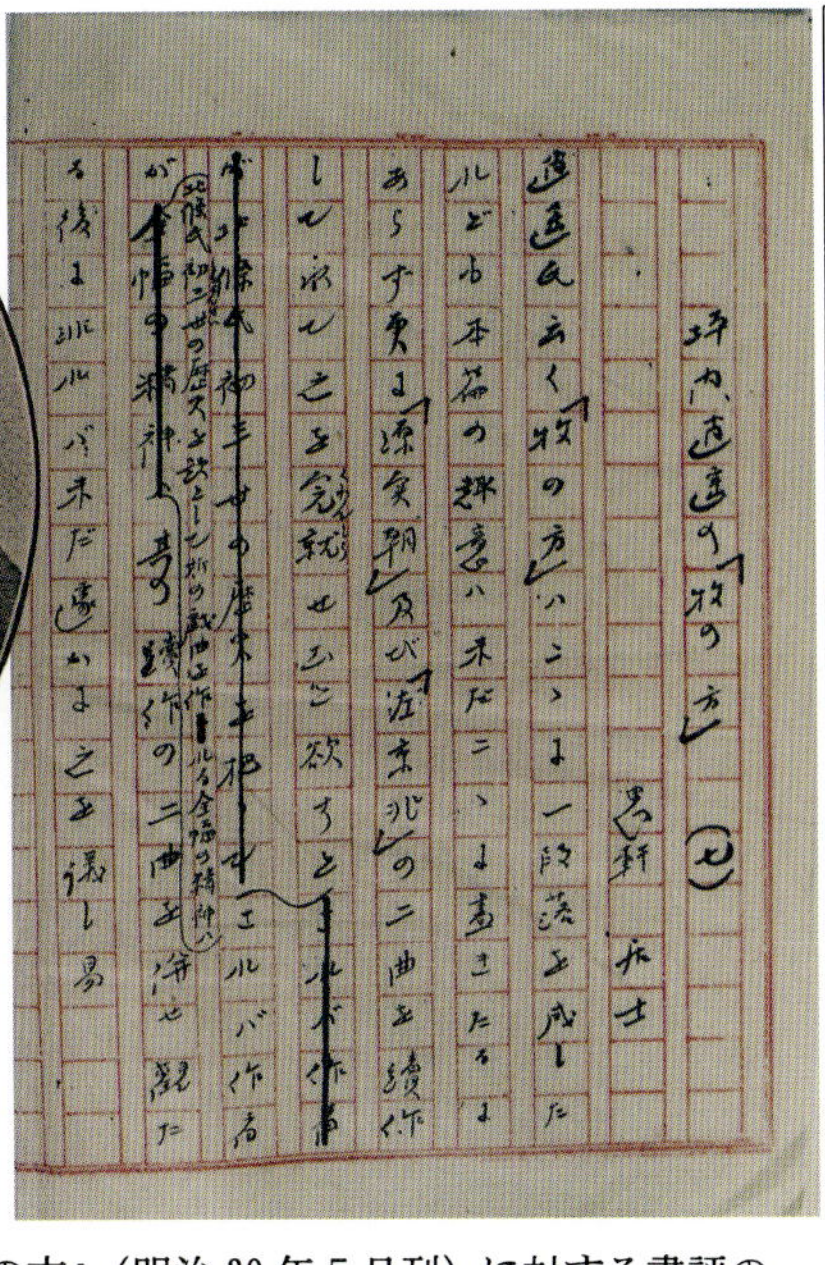

坪内逍遙の史劇『牧の方』（明治 30 年５月刊）に対する書評の原稿。この書評は明治 30 年５月から７月にかけて『萬朝報』に連載された。

若松賤子『小公子』前篇（女学雑誌社、明治 24 年 10 月）。撮影　名雲純一氏。

明治文化の創造者

人々の教養の基盤が漢学から洋学へと大きく変化していったこの時代にあって、思軒の身につけた「漢七欧三」（漢学七割、洋学三割）の素養は、良い意味でも悪い意味でも当時の知識人たちの好みや教養を代表するものであった。正宗白鳥が証言するように、そのころの青年は「思軒独特の生硬な漢文調で記された」翻訳作品に、「云ひ知れぬ異国情趣を感じて陶然とした」。仮にそれを原文で読んだのであったならば、あれほどの感動は得られなかっただろうというのが白鳥の感想であった。それは単に文章だけの問題ではない。文学や演劇の趣味そのものに関わる問題でもあった。江戸以来の旧文学により文学上の洗礼を受けた人々にとって、思軒の「漢七欧三」の教養が紡ぎ出す作品はかぎりなく魅力的なものと映った。そのことをいち早く察知した、矢野龍渓や徳富蘇峰、森鷗外、黒岩涙香、川上音二郎ら、当代を代表する作家や知識人たちは、好んで彼とのコラボレーションを求めていった。その協働作業から、明治中期を代表する文学や文化が産まれた。思軒という人物はこの時代の文学や文化の創造に深く関わった重要な人物であった。

思軒の主な協働者

矢野龍渓

矢野龍渓著『経国美談』前篇（明治16年3月）

思軒は、慶應義塾の恩師である矢野のこの一大ベストセラーにギリシャ史の漢文訳を載せ、文壇デビューを果たした。

森鷗外

『しがらみ草紙』31号（明治25年4月）

思軒は、鷗外主宰のこの雑誌に、露伴の「風流魔に引す」などの文章を掲載。同じ鷗外の手になる『めざまし草』の文芸時評にも加わった。鷗外は思軒と親交を結び、その臨終にも立ち会っている。

徳富蘇峰

『国民之友』第14号（明治21年1月）

徳富蘇峰の主宰する明治20年代を代表する『国民之友』に思軒はユゴーの翻訳や「社会の罪」など、重要な作品を数多く寄稿した。

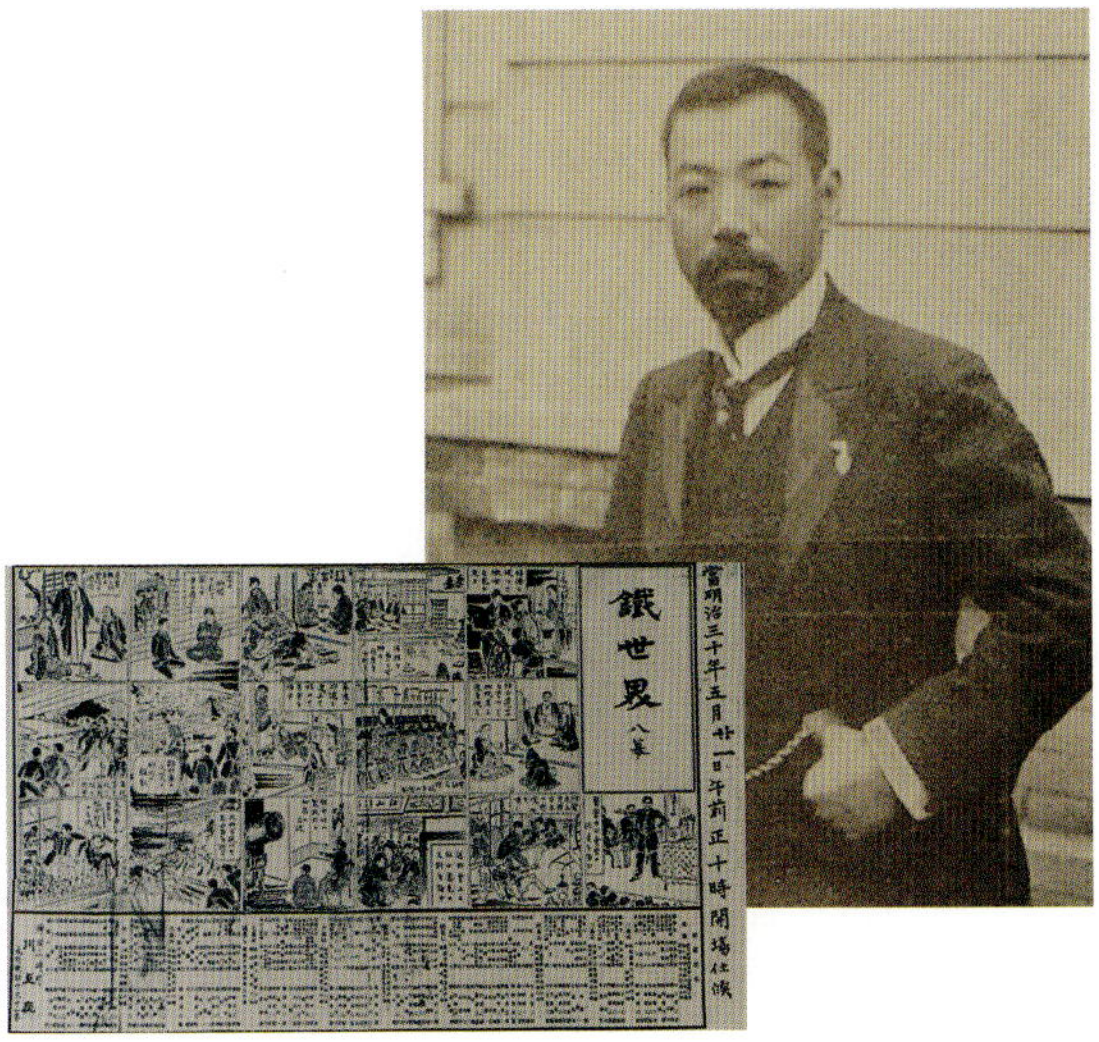

川上音二郎

川上一座が上演した「鉄世界」の辻番付（明治 30 年 5 月）。川上は、劇評界に重きをなしていた思軒の劇評を求めて接近。それ以来、親交を結んで、思軒の作品を何度か舞台にのせている。

黒岩涙香

黒岩涙香訳『噫無情』前篇（明治 38 年 1 月）に掲載されたジャン・ヴァルジャンの口絵。涙香は思軒の遺志を継いでユゴーの『レ・ミゼラブル』を翻訳。一世を風靡した。翻訳にあたって涙香が使用したのは、思軒が所有していた英訳本であったという。

思軒葬儀の葬列図（寺崎広業画）

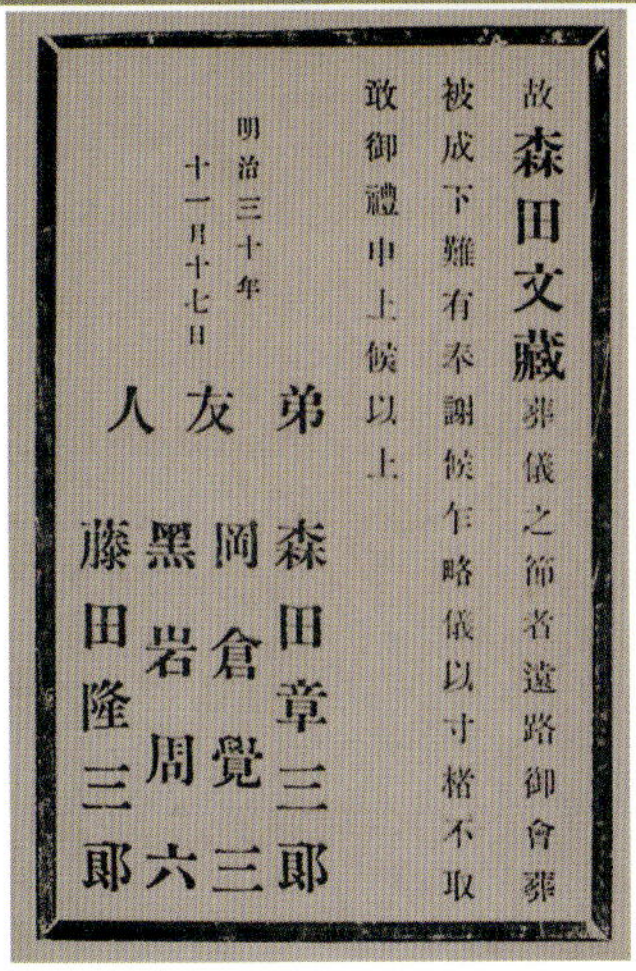

故森田文蔵葬儀之節者遠路御會葬
被成下難有奉謝候乍略儀以寸楮不取
敢御禮申上候以上

明治三十年
十一月十七日

弟 森田章三郎
友人 岡倉覚三
黒岩周六
藤田隆三郎

思軒葬儀の会葬礼状。岡倉天心、黒岩涙香、藤田隆三郎が友人として名を連ねている。

趣味の人・思軒

思軒は大変な着道楽・食道楽であったといわれる。現在白石家に伝わる遺品の品々にも趣味の人・思軒の片鱗がかいま見える。

思軒愛用の煙草入れと懐紙入れ

文箱

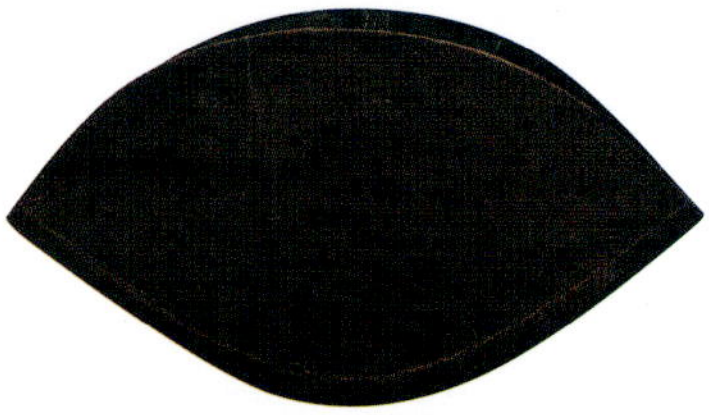

旅行用酒杯

思軒の使用した硯盆、水差し、墨置き

硯（裏面に思軒の名が刻されている）

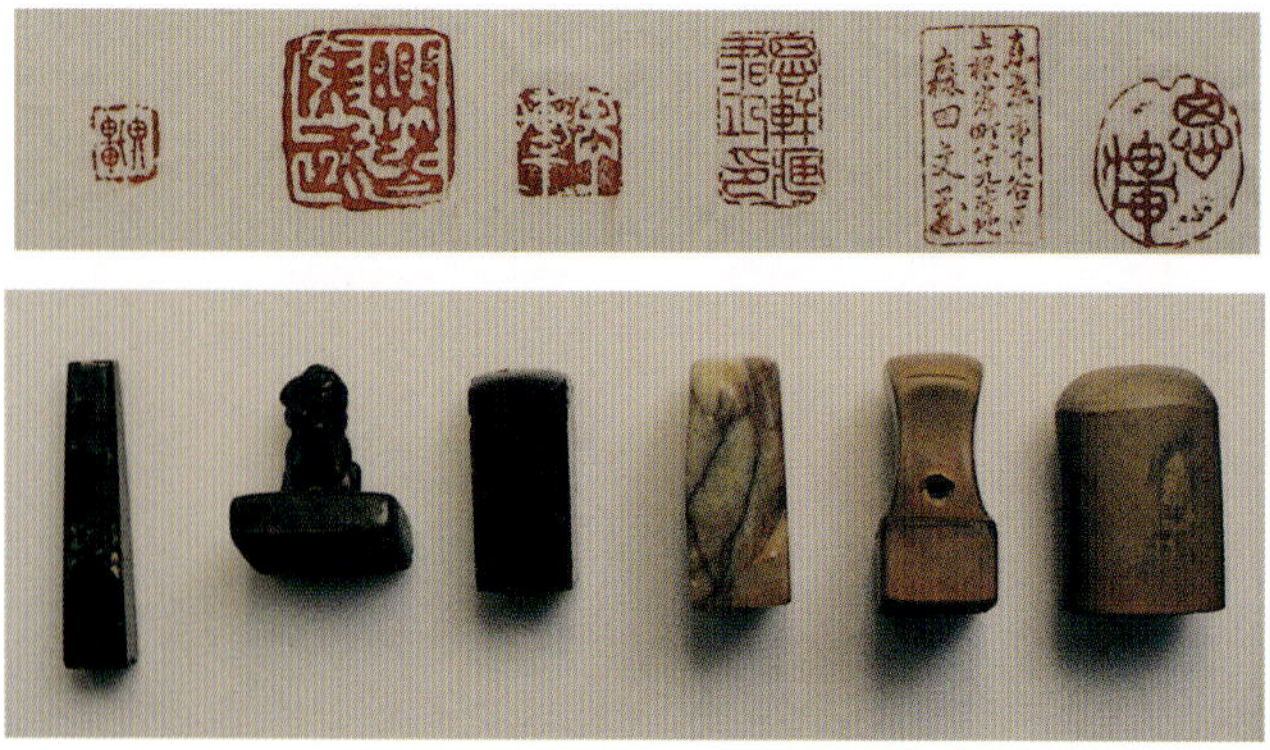

思軒の用いた落款とその印鑑

Shiken Morita and his Circle

第二部 森田思軒
その生涯・業績・交友

川戸道昭・榊原貴教 編

森鷗外　徳富蘇峰　矢野龍渓
黒岩涙香　岡倉天心
森田思軒

誕生（笠岡）

思軒生誕の地に建てられた石碑

思軒・森田文蔵は、一八六一（文久元年）七月二〇日、備中国小田郡笠岡村一九二番邸に、父・佐平、母・直の長男として生まれた。

生家は鞆屋《ともや》という屋号の質屋（のち本屋に転ずる）を営んでいたが、代々学問を好む家系で、祖父・政蔵は頼山陽ら江戸後期の文人らと親交があった。

父の佐平も暇さえあれば書物に読みふける根っからの読書好きであった。そのような環境のなかで、文蔵の書物や学問を愛する性向が育まれていった。

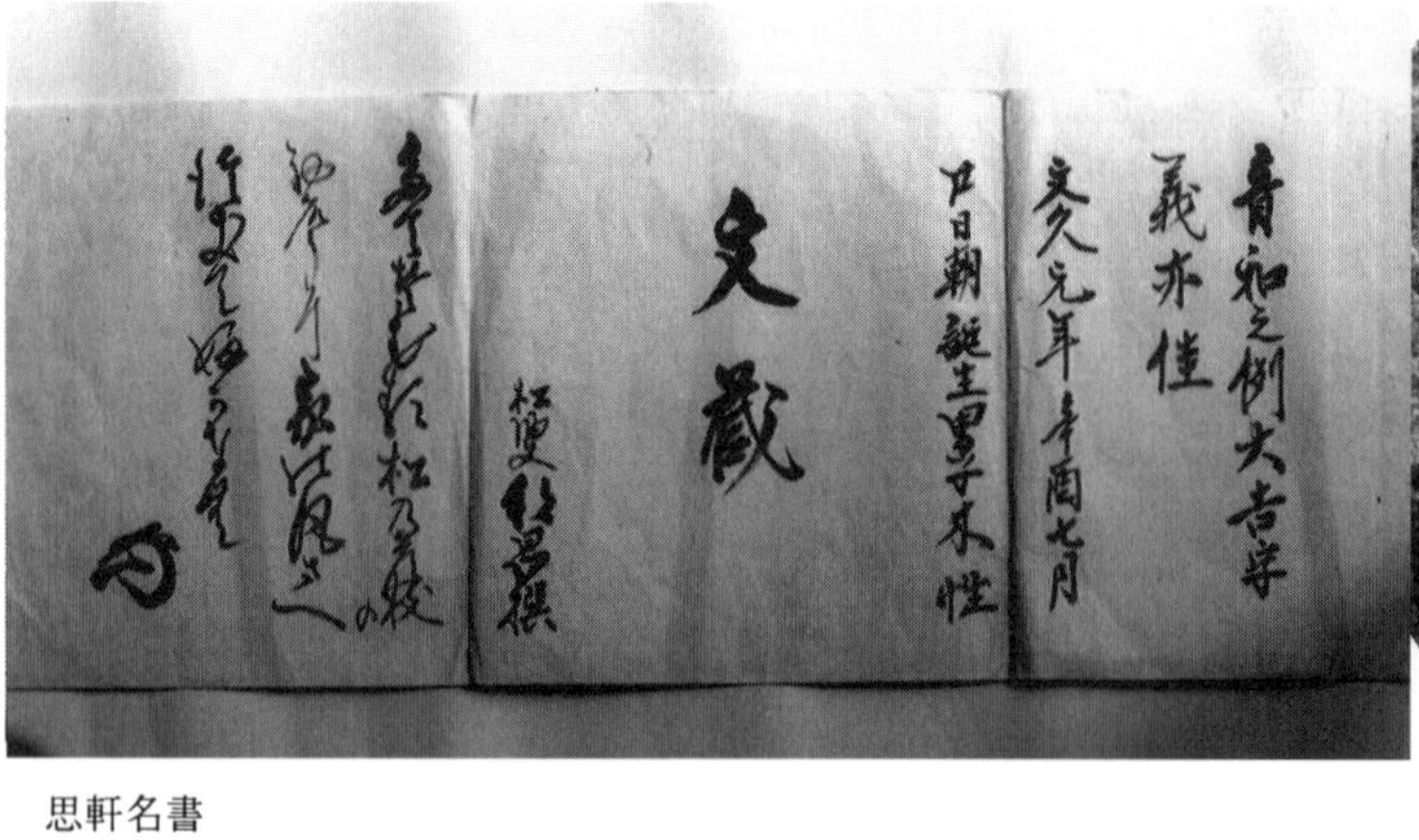

思軒名書

父・佐平

1835（天保６）年笠岡に生まれ、号を三逕と称し、読書を好んだ。小田郡役所の主席書記などを務めた後、岡山県会議員に選出され、議長を努めた。1893（明治 26）年没。

少年期

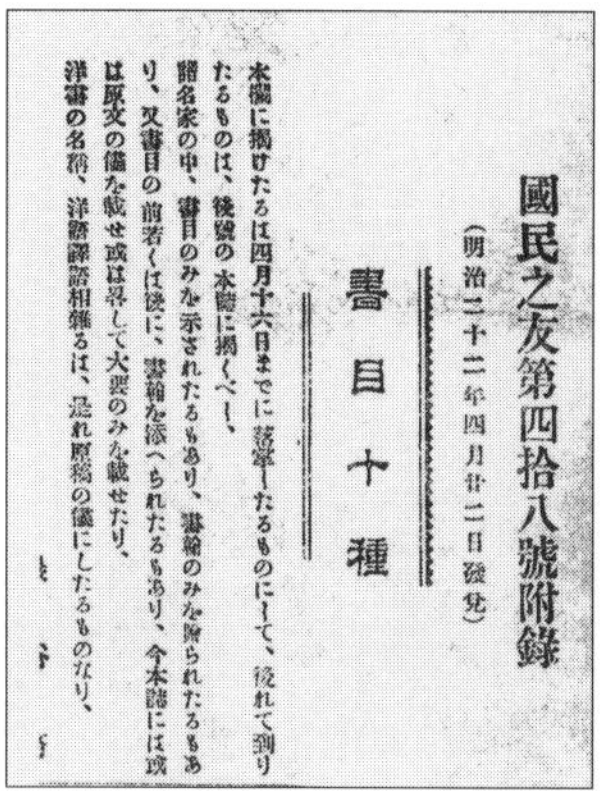
國民之友第四拾八號附錄
（明治二十二年四月廿二日發兌）
書目十種
本欄に掲けたるは四月十六日までに寄送したるものにして、後れて到りたるものは、後號の本欄に掲ぐべし、
諸名家の中、書目のみを示されたるもあり、書籍のみを擧られたるもあり、又書目の前若くは後に、書籍を添へられたるもあり、今本誌には或は原文の儘を載せ或は畧して大要のみを載せたり、
洋書の名稱、洋語譯語相雜るは、是れ原稿の儘にしたるものなり、

「書目十種」『国民之友』
（明治22年4月）

大の地震嫌い

思軒は些細な地震にもびくびくする繊細な少年であった。

《世の人の畏れきらふ天変にもさま〴〵あり。余は尤も地震を心わろしとす。凡そ人は己が悪くむ所に向て神経特に鋭敏となる。余は如何なる場合にあり、如何なる細微の地震に遇ふも、先づ之を感ぜざること希れなり。》（「尤憶記《ゆうおくき》」）

馬琴の小説に心酔する

ひとたびある書物に興味を示すと、徹底的にそれにのめり込まずにはいられない思軒、そんな思軒が最初に夢中になった読み物は滝沢馬琴の小説であった。

《小生が書に対してFirst loveを刻めるハ、曲亭氏の小説なりき。然れども是ハ、猶ほ父母の膝下を離れざる穉《いとけな》きをりの事にして、学校に登り、大学、中庸などの句読を受けそめてよりハ、復た小説を手にするをゆるされず。》（「書目十種」）

旧小田県庁門

大叔父の感化

小さな地震でも起ころうものなら、すぐに笠岡の北方・大久保に隠居を構えていた大叔父・吉蔵のところに逃げ込んだ。吉蔵は、思軒の祖父・政蔵の弟で、学問をたしなむ「傲《ごう》岸《がん》快濶」な老人であった。思軒は、この吉蔵の隠宅に泊まり込んでは三国志や水滸伝などの話を聞いた。（「尤憶記《ゆうおくき》」）

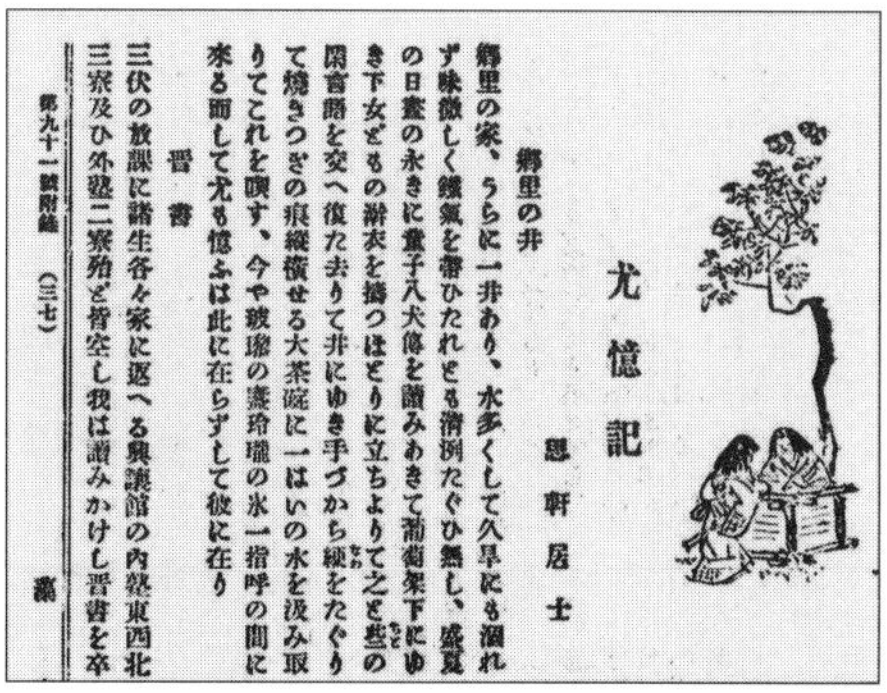
尤憶記
思軒居士
鄕里の井
鄕里の家、うらに一井あり、水多くして久旱にも涸れず味微しく鐵氣を帶びたれども清冽たぐひ無し、盛夏の日晝の永きに童子八犬傳を讀みあきて葡萄架下にゆき下女どもの澣衣を擣つほとりに立ちよりて之と些《ちと》の閑言語を交へ復たまりて井にゆき手づから綆《なわ》をたぐりて幾きつぎの痕縱横せる大茶碗に一はいの水を汲み取りてこれを喫す、今や玻璃の盞玲瓏の氷一指呼の間に來る而して尤も憶ふは此に在らずして彼に在り
習書
三伏の放課に諸生各々家に返へる興譲館の内塾東西北三寮及ひ外塾二寮殆ど皆空し我は讀みかけし習書を卒
第九十一號附錄　（三七）

「尤憶記」『国民之友』（明治23年8月）

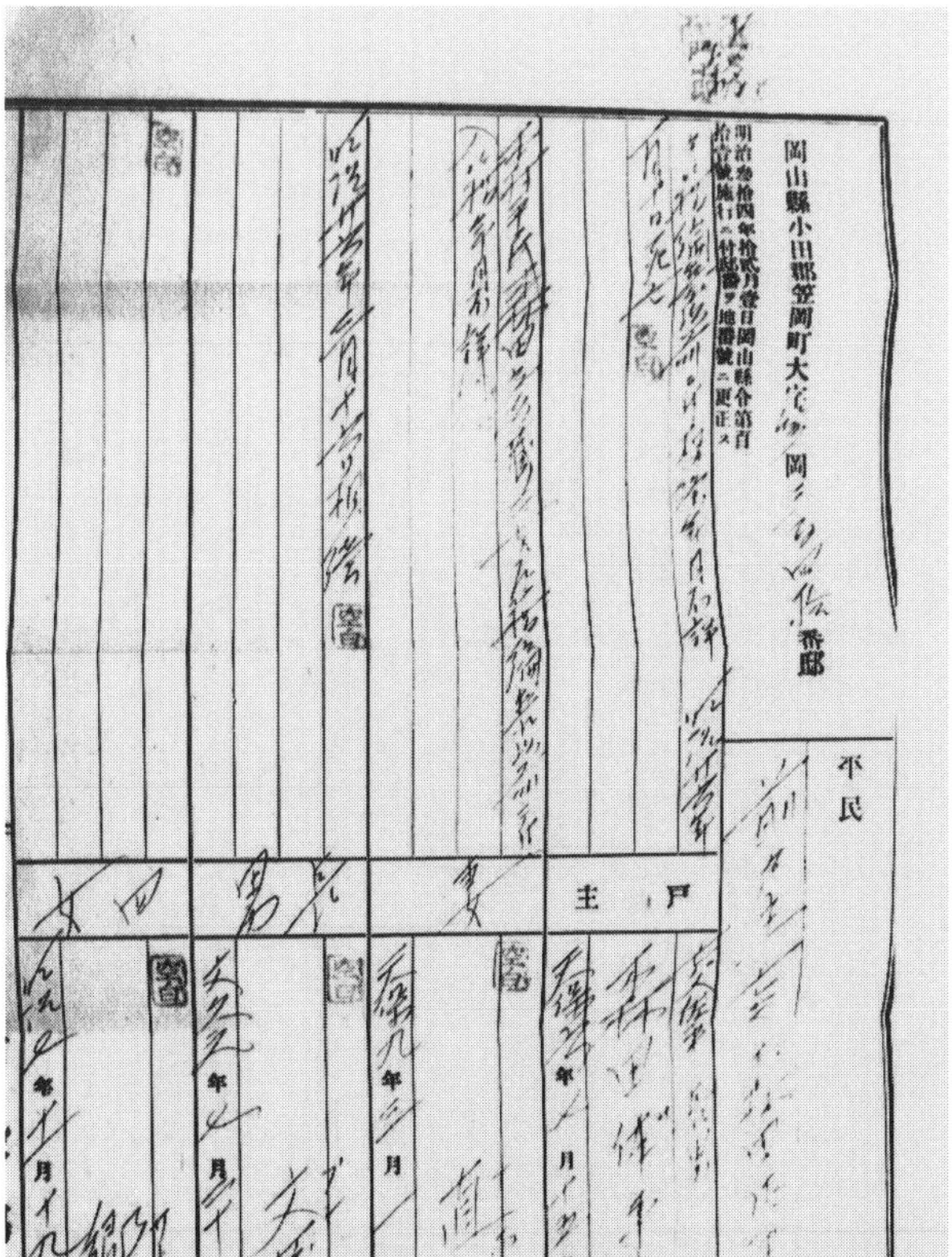
岡山縣小田郡笠岡町大字笠岡　番邸
平民
戸主
年　月　日生

思軒の戸籍謄本

啓蒙所

一八七二（明治五）年、笠岡の遍照寺内に設けられた啓蒙所に入学する。啓蒙所は、最初民間の私塾としてスタートしたが、一八七二年の五月以降小学校となる。この啓蒙所で思軒は二年ほど学んだ。

啓蒙所のあった遍照寺の跡。多宝塔としだれいちょうがいまも残る。このいちょうは、遍照寺の多宝塔の建立記念に植えられたものといわれ、樹齢は推定400年。

算術好き

商家の生まれということもあって、思軒は幼時から「数」に対する大いなる関心を懐いていた。それは慶應義塾の成績表からも裏づけられる。同義塾における思軒の算術の成績は、「本科第一等」（最上級クラス）において十六人中四番の成績であった。

《深く冬の日に火達《こたつ》に腹ばひて算盤を弄ぶは、余が童時の遊嬉の一なりし。後ち西洋算術の吾村に入り来るに及ても、余の嗜好は少しも衰へず、黒板に掲げられし問題を解くは、奈曾くなど解くやうの心ちして楽みなりき。今日は大抵忘れ尽して何事も得なさゞれど、尚ほ数学雑誌などの目に触るゝ有れば、必ずいたづらに翻閲するなり。》（「雑説」）

雑説　思軒居士

大森の題目堂を半ば分借して避暑の處となし土曜日の夜より月曜日の朝までは輙ち此に眠食す毎晨四時ころ八幡に魚の市あり沿岸諸州の漁船悉く此に聚り四方十里の村邑皆な給を此に取る魚皆な潑剌盤に躍る盤畯始て終り帆を手にし往て自ら鮮蔫のもの一二枚を購ひ歸る旭光方さに海を射り快風習々として軒を襲ふ既にして厨事全く畢り膳具乃ち備はる箸を擧くるに飯香魚味常に非す饱啖一遍徐ろに几を浄め携る所のベーコン全集を謝閲し又た墨を磨して隨意の言を書す此時東京を思むの念殺す假なり若し團十郎菊五郎の芝居さへ到處にあらは吾か履は復た城中の土を踏まざるも可なるに

辛卯七月廿日午後溽熱殊に甚し紫陌紅塵の境想見して倘ほ懊惱に堪ず

第百二十七號附錄　（二一）

「雑説」『国民之友』（明治24年8月）

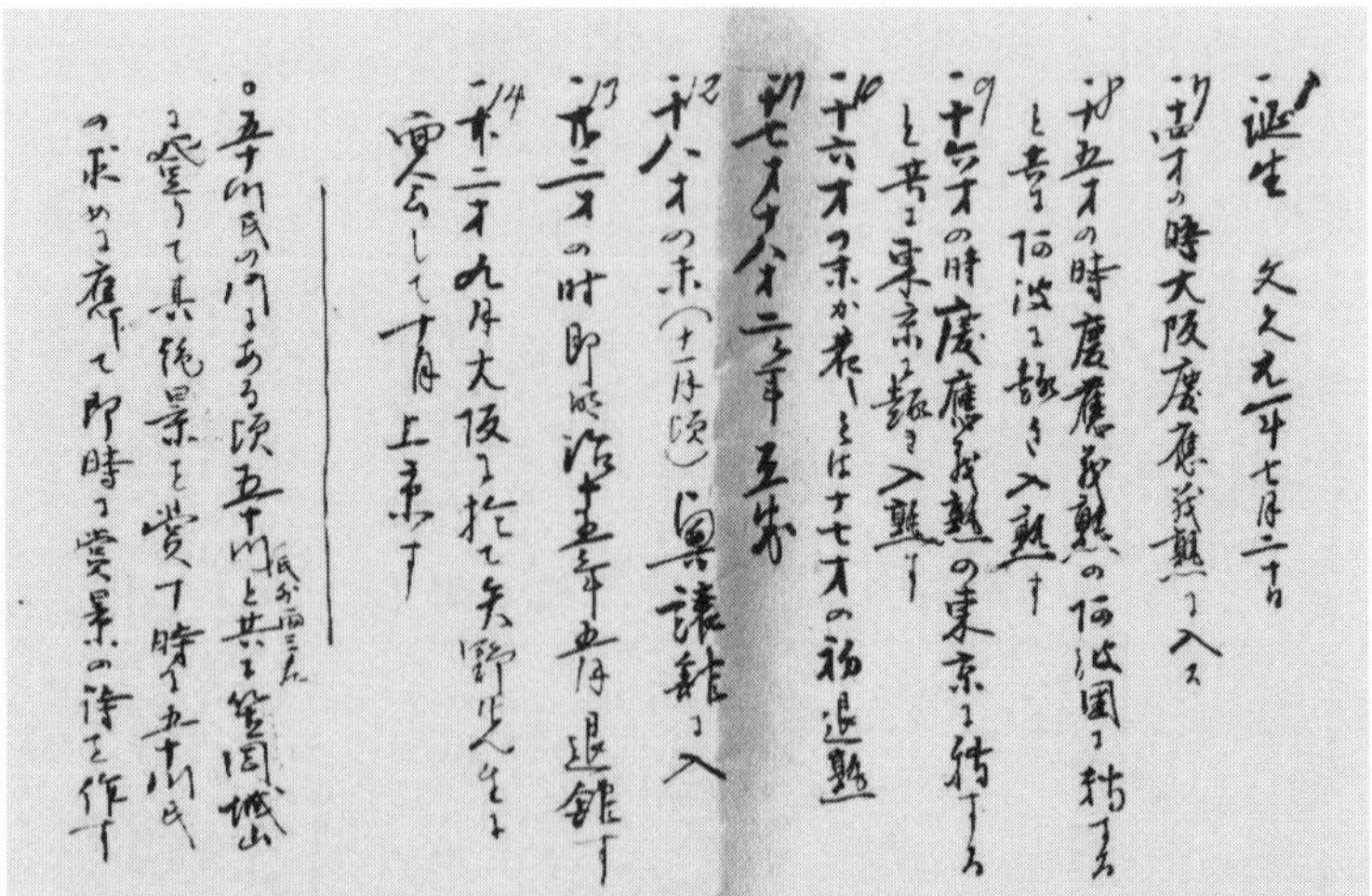

思軒の自筆年譜

漢詩を詠む　《五十川氏の門にある頃、五十川氏外三名と共に笠岡城山に登りて其絶景を賞す。時に、五十川氏の求めに応じて、即時に賞景の詩を作す。》

姉の病の全快を祈願

十一歳の頃、姉が篤い病にかかったおり、近くの稲荷明神（陣屋稲荷）に詣でて、これから三十七日間毎日祠にお参りするので、どうか病を癒してください。もし病が癒えた折りには、お百度を踏んでその願をときます、と祈る。その甲斐あって姉の病は平癒し、思軒は母や姉とともに、願ほどきのお百度を踏む。その祠《ほこら》は、笠岡市役所分庁舎北側の丘にいまも残る。

《時は方《ま》さに小春の好天気、余は姉と共に、母上、叔母上に従ひ、稲荷の祠にゆきて、願ほどきのお百度を踏めり。嗚乎、一昇、一降、石段の上。相顧みる人は悉く是れ満面の笑、満身の快。爾後、世に名有る廟閣、チャーチを過ぎれることも少からず。然れども、尤《もっと》も憶ふは、彼の楮丘《しゃきゅう》の上、緑樹の間、さび果てたる古荒祠を遶《めぐ》れる黄昏の色に在り。》（「尤憶記」）

思軒がお百度を踏んだ百度石

陣屋稲荷の鳥居と祠

慶應義塾（大阪・徳島・東京三田）

一八七四（明治七）年五月、思軒は、十三歳で、大阪の慶應義塾に入学する。父親の佐平が笠岡村の戸長を勤めていた関係から、当時小田県権令であった矢野光儀《みつよし》とあい知り、その子息文雄（龍渓）が教師を勤めていた慶應義塾に入学する。大阪の慶應義塾は、その後、学生数の伸び悩みなどから、明治八年六月に閉校し、翌月、阿波の徳島に移転するが、思軒も龍渓にしたがって徳島にわたる。さらに、明治九年春、龍渓が報知社に招かれ帰京すると、思軒も矢野とともに上京。彼を保証人に東京の慶應義塾に転校する。思軒にとって、慶應義塾に学び、そこで矢野龍渓とあい知ったことは、その後の人生を大きく変える重要な出来事となった。

慶應義塾教員時代の矢野龍渓

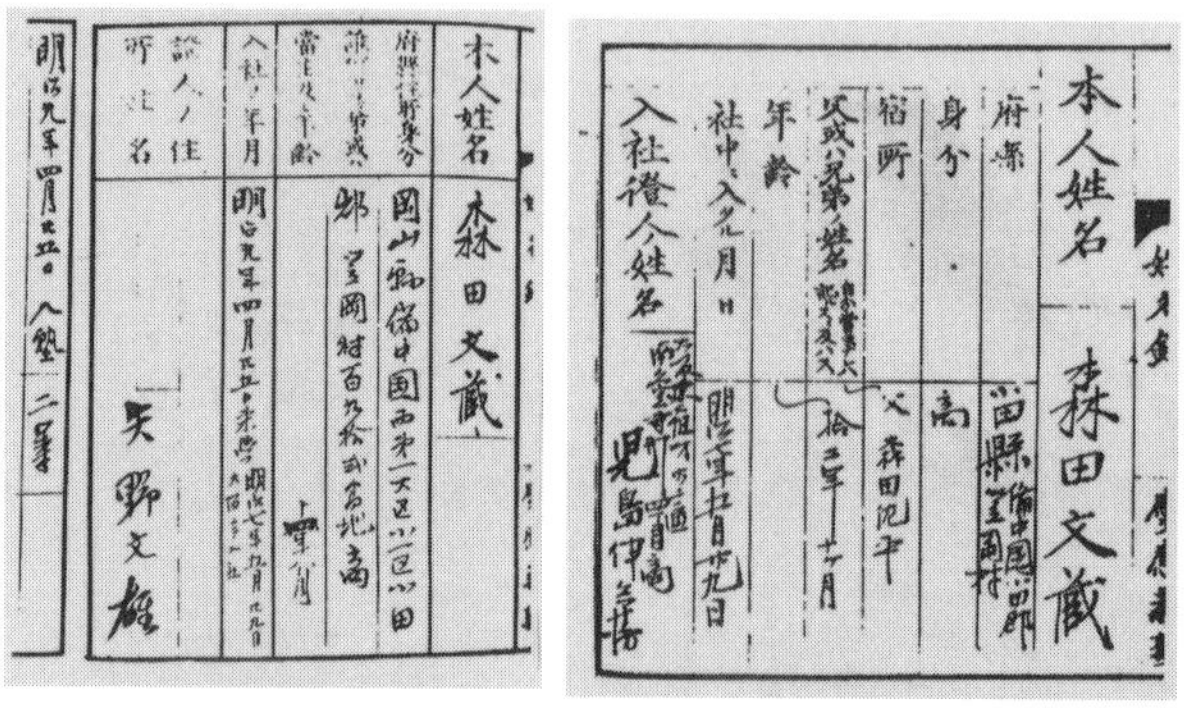

本人姓名　森田文蔵
矢野文雄

本人姓名　森田文蔵
府県
身分
宿所
年齢
社中ヘ入ル月日
入社證人姓名

慶應義塾入社帳写し（大阪原書と三田本校）
（慶應義塾福澤研究センター蔵）

慶應義塾徳島分校時代の思軒

龍渓が徳島を去るにあたって撮った集合写真。中央の矢野を囲むかたちで二十数名の塾生の姿があり、そのなかに、ひときわ若い思軒の姿がみえる。そのとき思軒は十四歳、阿波慶應義塾中の最下級の生徒であった。この写真は思軒が所有していたもので、裏面に思軒による次の添え書きがある。

《明治丙子之春、阿州徳島慶應義塾教員矢野氏、教授ノ任満テ瓜期已ニ近ニアリ、故ニ同塾ノ生員挙テ先醒ニ足労ヲ願ヒ真影ヲ写シ以テ親意ヲ表サント乞フ。先醒亦直ニ之ヲ許諾セリ。於是生員二十余名先醒ニ陪従シ欣然写之。余モ亦欣然中ノ一人ニテ、時三月十二日也》

《阿波徳島慶應義塾分校時代／中央ニアルハ教授矢野文雄氏（長髪有髯ノ士）／左隣ニアルハ思軒森田文蔵也（十六歳）》

徳島慶應義塾の塾生・教員の集合写真
（慶應義塾福澤研究センター蔵）

思軒と福澤諭吉

福澤諭吉

明治二十二年四月、福澤は息子一太郎の結婚披露宴において祝辞を述べる。『時事新報』に掲載されたその祝辞を読んだ思軒は、「人の父たるものゝ慈、実に此の如き哉」と、感激する。その旨を知人の時事新報記者・渡辺治に話したところ、その草稿は、時事新報社にまだあるはずといって、後日届けてくれた。思軒は父佐平を敬愛する気持ちが強く、福澤の祝辞は、父佐平の自分に対する慈愛を想い起こさせるものであった。思軒はその一連の経緯をまとめて、『国民之友』（58号）に発表する。左の書は、『国民之友』の記事を自らの手で写した抜き書き。郷里の佐平に送ったものと思われる。

明治期の慶應義塾（本館と演説館）

同演説館内部

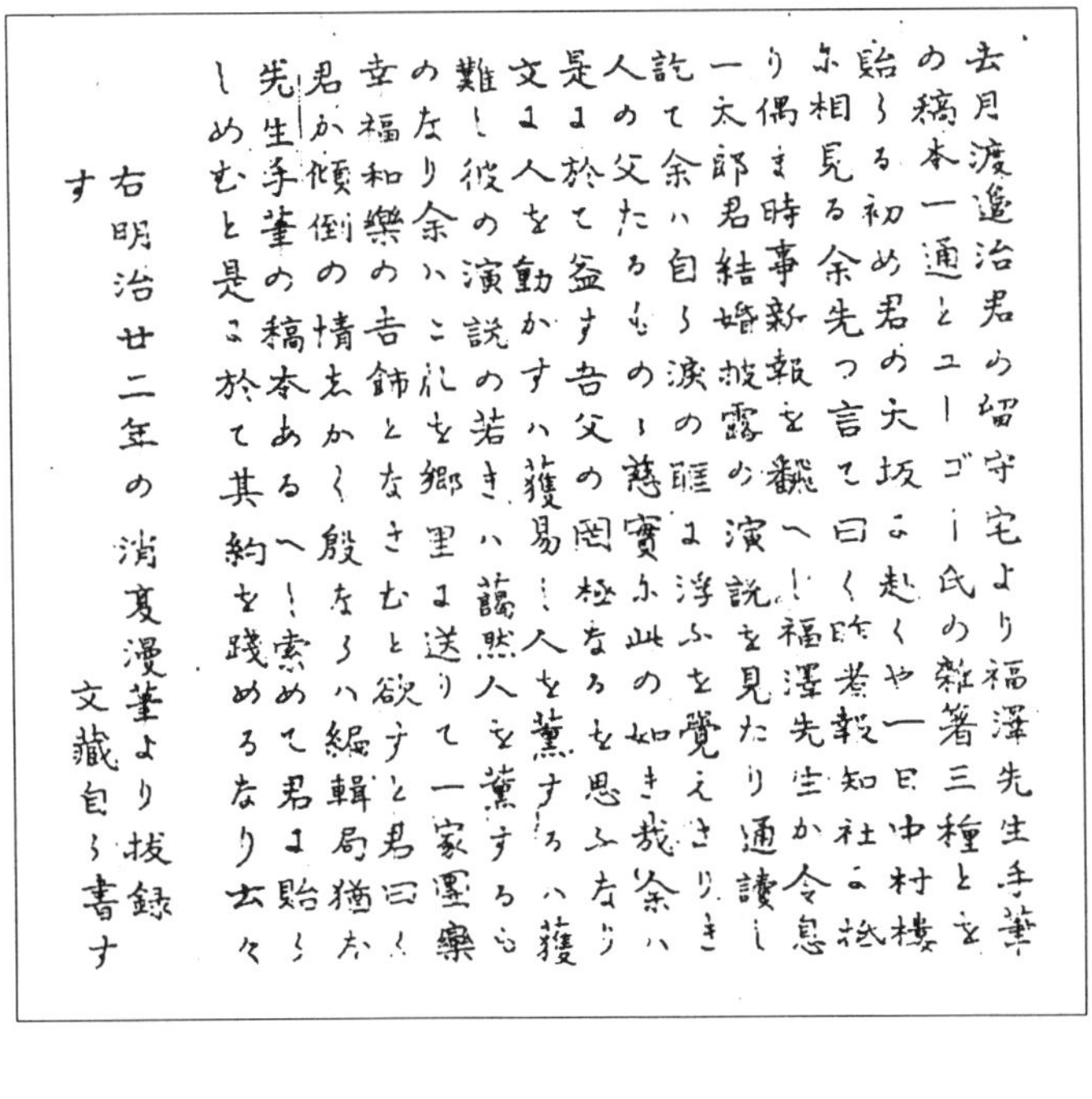

去月渡邉治君の留守宅より福澤先生手筆
の稿本一通とユーゴー氏の雑著三種とを
貽らる初め君の大坂に赴くや一日中村楼
に相見る余先つ言て曰く昨若報知社に抵
り偶ま時事新報を観へし福澤先生か令息
一太郎君結婚披露の演説を見たり通讀し
訖て余ハ自ら涙の睚に浮ふを覚えきりき
人の父たるもの丶慈實に此の如き哉余ハ
是に於て益す吾父の罔極なるを思ふなり
文に人を動かすハ獲易し人を薫するハ獲
難し彼の演説の若きハ藹然人を薫するも
のなり余ハこれを郷里に送りて一家團欒
幸福和樂の吾飾となさむと欲すと君曰く
君か傾倒の情去かく般なろハ編輯局猶お
先生手筆の稿本あるへし索めて君に貽ら
しめむと是に於て其約を践めるなり云々

右明治廿二年の消夏漫筆より抜録す

文蔵自ら書す

慶應義塾で学んだこと

一つには新しい西洋の学問と向き合うための基礎学力（英学）、そして一つには未開拓の領域に分け入らんとするパイオニア精神、それが当時の慶應義塾で学んだものが手にすることができる最大の恩典であり、思軒も、のちに翻訳文学者として世に立つようになってから、その恩恵に十分浴することになる。

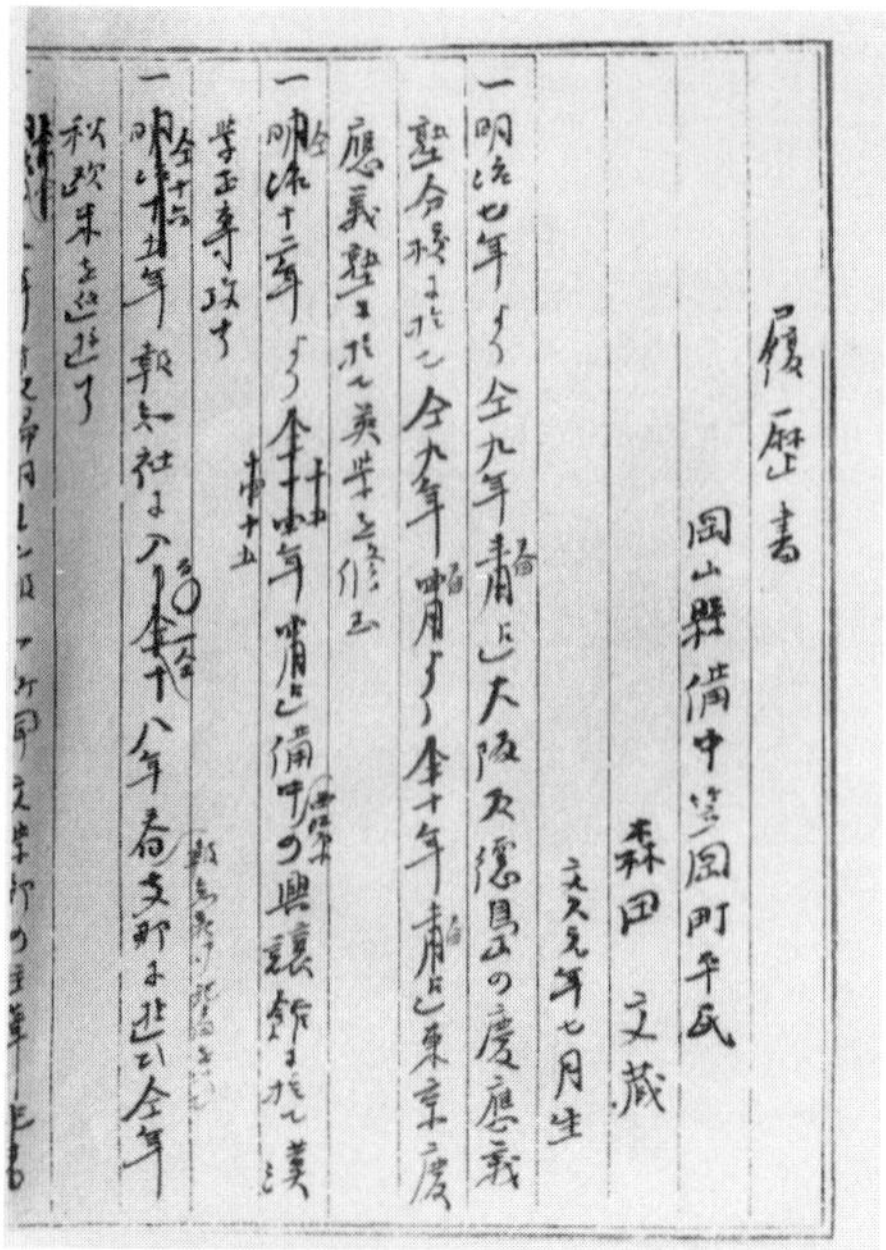

思軒自筆の履歴書下書き

慶應義塾における学習歴が第一項に掲げられ、その内容は、「一　明治七年より同九年三月迄大阪及徳島の慶應義塾分校に於て　同九年四月より同十年三月迄東京慶應義塾に於て英学を修む」となっている（日付については一部訂正あり）。明治二十九年六月に学習院に提出するために書かれたものと思われる。

思軒が在学当時慶應義塾で使用されていた教科書の一つ「ヱエランド修身論」（*Elements of Moral Science*）。中表紙に「慶應義塾之印」の朱印が押され、「第拾四号」という墨書きがあるところから、実際に、同校で使われていた教科書であったと思われる。内容は、西洋人の道徳観やそれに基づく社会の仕組みが、現在の大学1、2年程度の英語で書かれている。

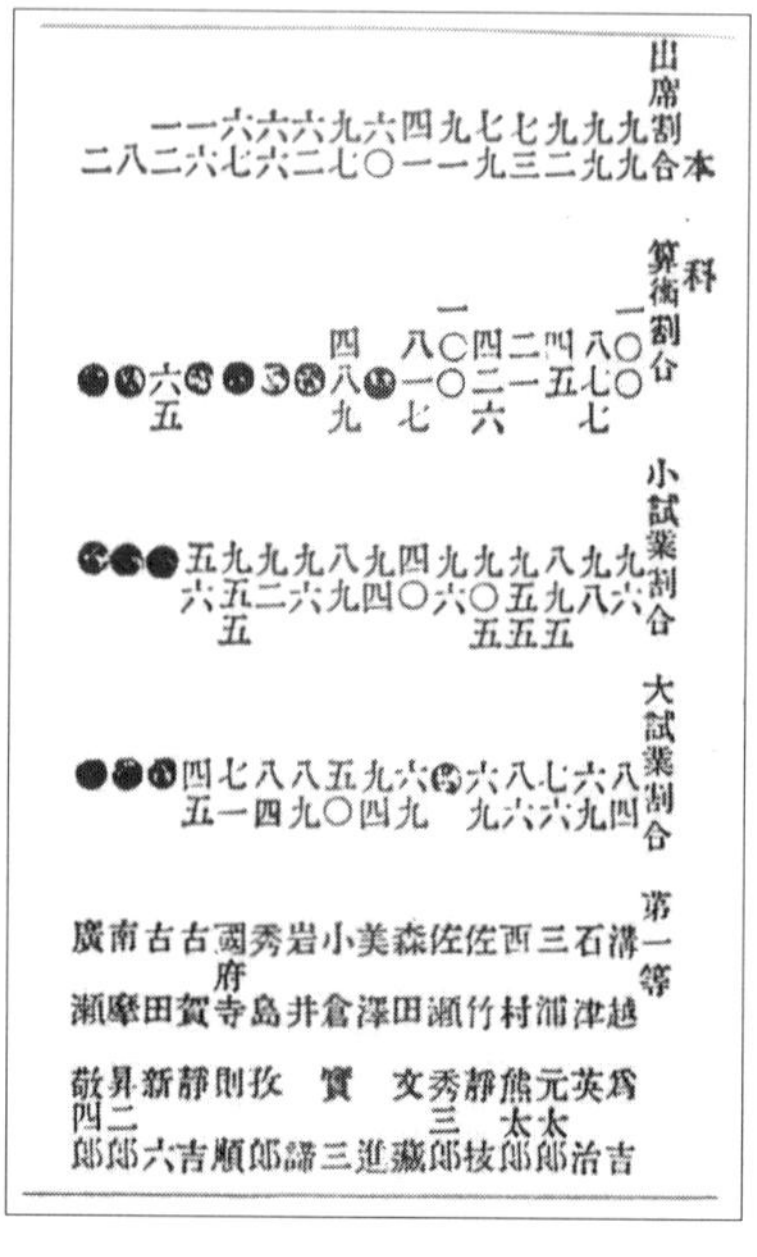

本科第一等	出席割合	算術割合	小試業割合	大試業割合
澤越爲吉	九九	一〇〇	九六	八四
石津英治	九九	八七七	九八	六九
三浦元太郎	九二	四五	八九五	七六
西村熊太郎	七三	二一	九五五	八六
佐竹静技	七九	四二六	九〇五	六九
佐瀬秀三郎	九一	一〇〇	九六	●
森田文藏	四一	八一七	四〇	六九
美澤進	六〇	●	九四	九四
小倉實三	九七	四八九	八九	五〇
岩井諦	六二	●	九六	八九
秀島孜郎	六六	●	九二	八四
國府寺則順	六七	●	九五五	七一
古賀靜吉	一六	●	五六	四五
古田新六	一二	六五	●	●
南摩昇二郎	八	●	●	●
廣瀬敬四郎	二	●	●	●

思軒の成績

現在、慶應義塾には、思軒が在学した当時の成績表（「学業勤惰表」慶應義塾福澤研究センター蔵）が二通残されている。一通は、思軒が三田に転校した翌日の明治九年四月二十六日から七月二十七日までの三ヶ月間と、それから半年ほどを隔てた、明治十年一月十日より四月十三日までの三ヶ月間のものである。

《明治九年四月二十六日より七月二十七日まで（本科第二等）
出席割合　九六　算術割合　八〇　小試業割合　八七
大試業割合　七四》

《明治十年一月十日より四月十三日まで（本科第一等）
出席割合　四一　算術割合　八一・七　小試業割合　四〇　大試業割合　六九》

最初の「出席割合」を除外した「算術」「小試業」「大試業」の割合を総計して一番数字の高い者から順番に在籍者の氏名と得点を掲載したのがこの「学業勤惰表」である。思軒の席順は、本科第二等のクラスにおいては二十七人中の十七番、本科第一等（同義塾における最上級）のクラスにおいては、十六人中の七番となっている。科目ごとにみると、算術の成績が意外によくて、本科一等では十六人中四番の成績とある。

三田の同胞たち

思軒が「本科第一等」に在籍したときの「学業勤惰表」をみると、「本科第四等ノ一」のクラスに、赤坂亀次郎（集成社社長）の名前が、同じく「第五等ノ一」のクラスには、加藤政之助と犬養毅の名前が、「童子科」のクラスには、井上寛一と矢野貞雄の名前がみえる。思軒を含めてこれらの人物の多くは、明治前半の翻訳小説ブームを支えた人物として知られる。また思軒とあい前後して、同義塾には、探偵小説の草分けとして名高い黒岩涙香、日本で最初にグリム童話の翻訳書を刊行した菅了法《すがりょうほう》、シェイクスピアの『間違いの喜劇』を訳した渡辺治、リットンの『カルデロン』を出版した吉田熹六なども在籍した。一般の文学史などであまり取りあげられることはないが、これほど多くの翻訳文学者が同じ時期のたった一つの学校に顔を揃えていたということは、明治文学史上の特筆事項といえる。

思軒と前後して慶應義塾に学んだ人々とその翻訳文学作品

黒岩涙香（1862 年９月～1920年10月）の訳著。ヒュー・コンウェイ著『法庭の美人』（薫志堂、1889 年５月）。

菅了法（1857 年２月～1936 年７月）の訳著。『西洋古事　神仙叢話』（集成社、1887 年４月）は本邦初のグリム童話の翻訳書。南雲純一氏撮影。

渡辺治（1864 年８月～1893 年 10 月）の訳著。『鏡花水月』（集成社、1888 年５月）は日本で最初のシェイクスピア喜劇の翻訳書。

『郵便報知新聞』記者、吉田熹六（1891 年 11 月没）の訳著。ブルワー・リットン著『奸雄の末路』（集成社、1888 年５月）。

井上寛一（1862 年？～没年不明）の訳著。『西洋仙郷奇談』（東陽堂支店、1996 年５月）は本邦初の『ペロー童話』の翻訳書。

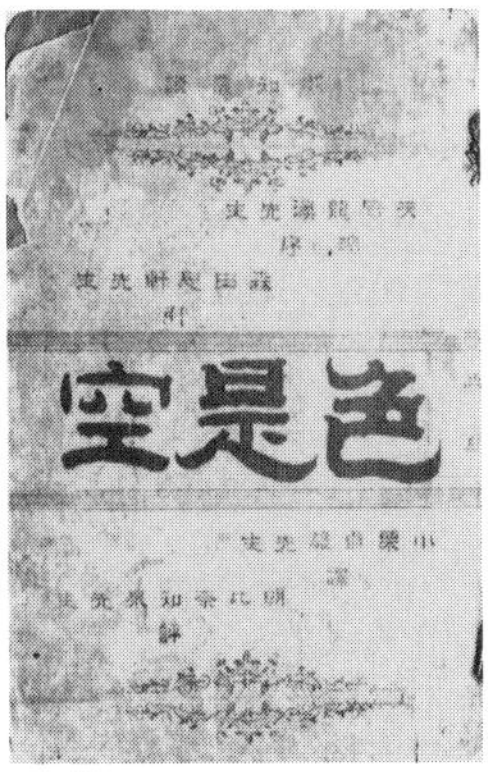

矢野龍渓の実弟、小栗貞雄（1861 年 11 月～1935 年３月）の訳著。ルサージュ著『色是空』（佐藤乙三郎、1889 年２月）。

興讓館（井原）

興讓館初代館長・阪谷朗廬
興讓館は、一橋家と地元の有志が、朱子学者阪谷朗廬を初代館長に招き、嘉永六（1853）年に創設。

慶應義塾退学後の思軒（明治 11 年 5 月 5 日撮影）後列中央。前列左から二人目は父佐平。

「学業勤惰表」の上では、明治十年四月十三日を最後に、思軒は慶應義塾を退学し、郷里の笠岡に帰る。帰郷後の詳しい行動はあまりわかっていないようだが、谷口靖彦氏の『明治の翻訳王　伝記　森田思軒』によれば、二年間ほどをなにもしないで漫然と過したようだ。その後、明治十二年二月になって、彼は、世間体を気にする父親の勧めにより、備中後月《しろつき》郡の漢学塾・興讓館に入塾する。当時、同館の館長を勤めていたのは、坂田警軒《けいけん》といって、のちに同志社や慶應義塾、哲学館などで講師を勤めた高名な漢学者であった。徳冨蘆花の自伝風小説『黒い眼と茶色の目』の中にも登場する、この「篤実、謹厚な」師のもとで、思軒は、明治十五年四月まで三年余にわたって漢学の研鑽に励む。

興讓館校門
「興讓館」の文字は朗廬と交わりのあった渋沢栄一の揮毫による。

初代館長・阪谷朗廬は、朱子の「白鹿洞書院、掲示」の信条を興讓館の教育方針として、朝夕子弟とともに復唱した。

興讓館講堂
思軒在学当時、塾生全員が集まって、「輪講」と呼ばれる真剣な学問上の議論を戦わせる場であった。

興譲館二代館長・坂田警軒

警軒は、初代館長阪谷朗廬《ろうろ》の甥。一八三九（天保十）年備中国川上郡に生まれ、興譲館に学んだのち、一九六八（明治元）年朗廬の跡を継いで二代館長に就任。一八七九年に岡山県会議員、一八九〇年に衆議院議員。同志社、慶應義塾、高等師範学校、哲学館などの講師も勤めた。一八八九（明治三十二）年東京で没。この篤実温厚な師のもとで、思軒は、明治十二年二月から三年余にわたって漢学の研鑽に励み、学窓をあとにしたのちも変わらぬ親交を結んだ。

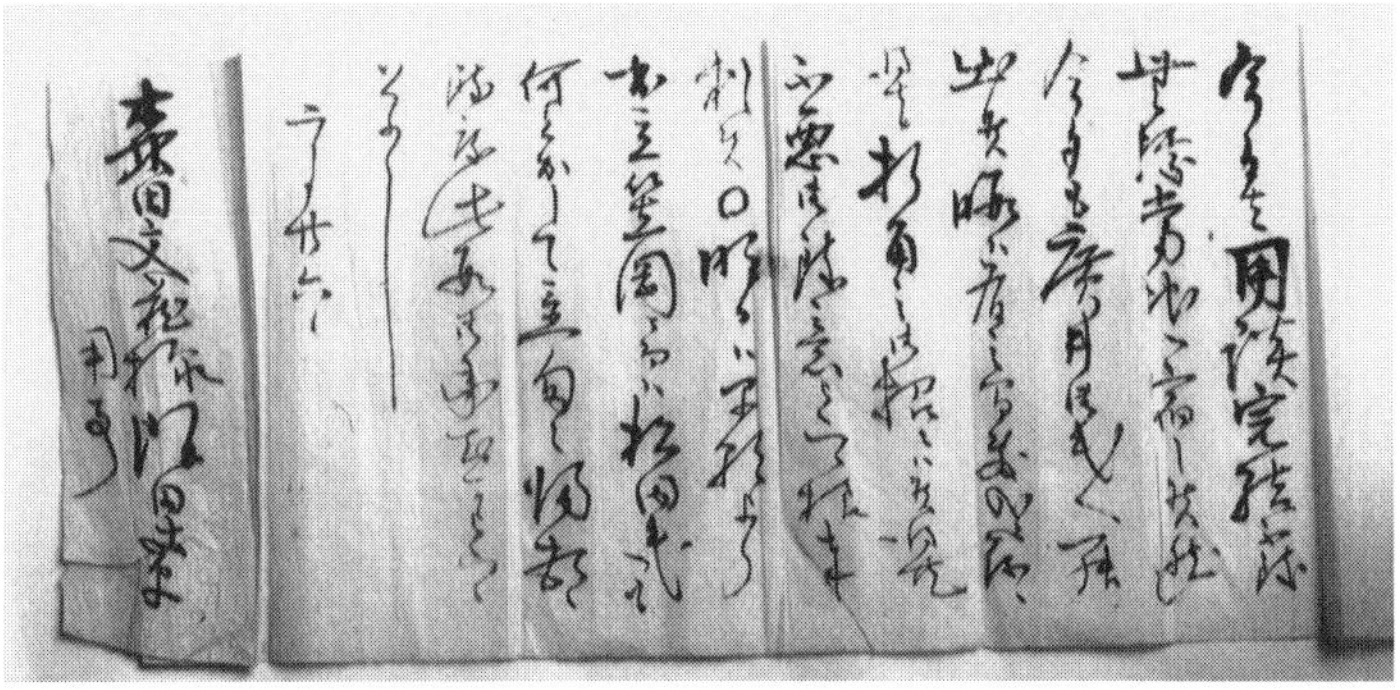

坂田警軒から森田思軒宛の手紙

本日者用談完結不致無拠当地へ宿し候、然し今夕も広井御氏へ罷出候ハ有之間敷哉と存候得者、折角之御招ニハ候得共、不悪御致意被下候様奉頼候
○明日ハ早朝より出立、笠岡ニ而ハ松田氏へも何とかして置、怱々帰郇致度、此段御承知可被下候、草々

二月二六日　坂田丈平

森田文蔵様

用事

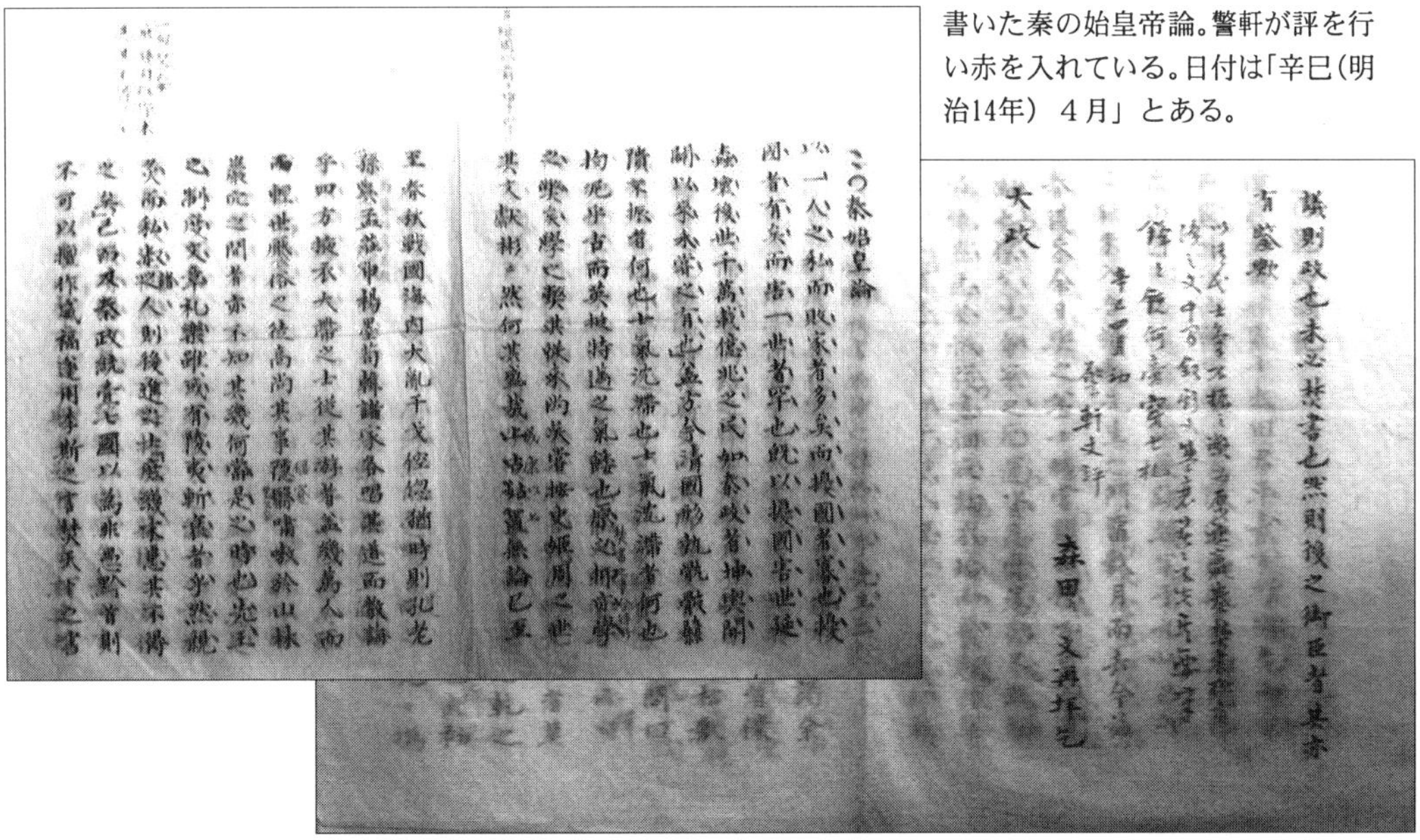

『秦始皇論』 興譲館時代に思軒が書いた秦の始皇帝論。警軒が評を行い赤を入れている。日付は「辛巳（明治14年） ４月」とある。

「ふとん蒸し」の難を逃れる

入塾二年目にして「都講《とこう》」と呼ばれる塾頭になるなど、思軒は坂田警軒の指導のもとで着実に漢学の力をつけていった。しかし、その一方で、同窓の塾生からは思わぬ反発を招くことになる。当時の興譲館内には思軒の才気をねたむ中傷文が出まわり、のちに思軒自身がそれを入手する。現存するその中傷文の一部を紹介すると、こんな文面であった。

《サテ我館ノ大変事、コハ何ヤラント尋ヌレバ、是ゾ則チ備中国、笠岡村ノ若段名、『目ザシ』ノ様ナ顔ツキノ、音ニ名高キ森田君、文蔵殿ト呼バレケル、中国筋ノ才子トテ、興譲館ノ生徒ナリ、近来頻リニ立身シ、遂ニ都講ト為レバ、兼テ得意ノ権勢ヲ、張リタル上ニ又張リテ、威厳々々々重ヌレバ、五人十目ノ見ル処、十人百指ノ指ス処、館中諸子ノ憤懣ハ、日々重ネテ月々積ミ、山ヨリ深ク海ヨリ高シト云フガ如クニテ、其積末ハ何者ノ得テ譬フベキ無カリケリ》

やがて、こうした「憤懣」は、どうしようもないところまで高じていって、爆発する。思軒をふとん蒸しにして日頃のうっぷんを晴らそうという計画がひそかに塾生たちの間にもちあがったのである。さいわい、その計画を事前に察知した思軒は、実家に逃げ帰り、そのまま興譲館を退塾する（明治15年4月）。思軒にとって、慶應義塾についで二度目の中途退学ということになるが、その背景には思軒の才気に対するねたみがあったことは自筆年譜などをみても明らかである。

思軒が「ふとん蒸し」の難を逃れて夜中に越えた蛸村《たこむら》峠

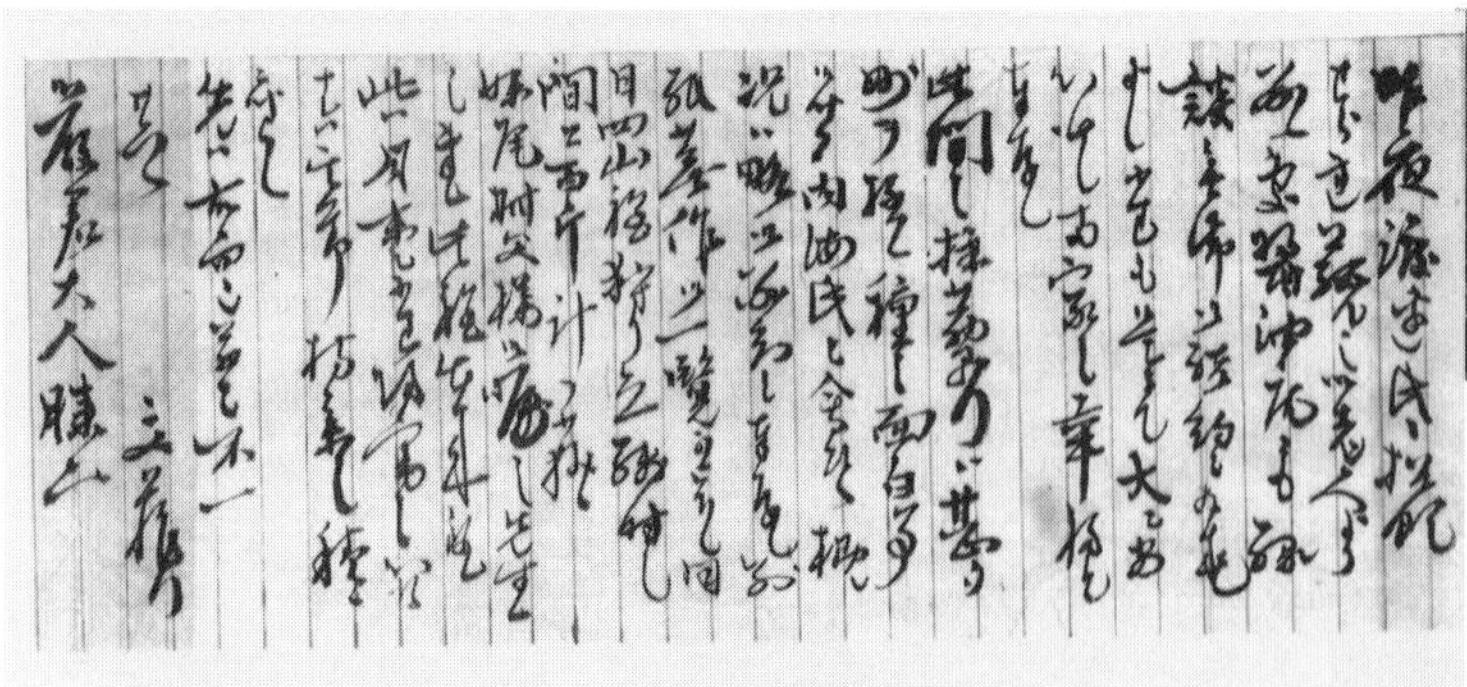

興譲館在学中に思軒が父佐平に宛てた手紙

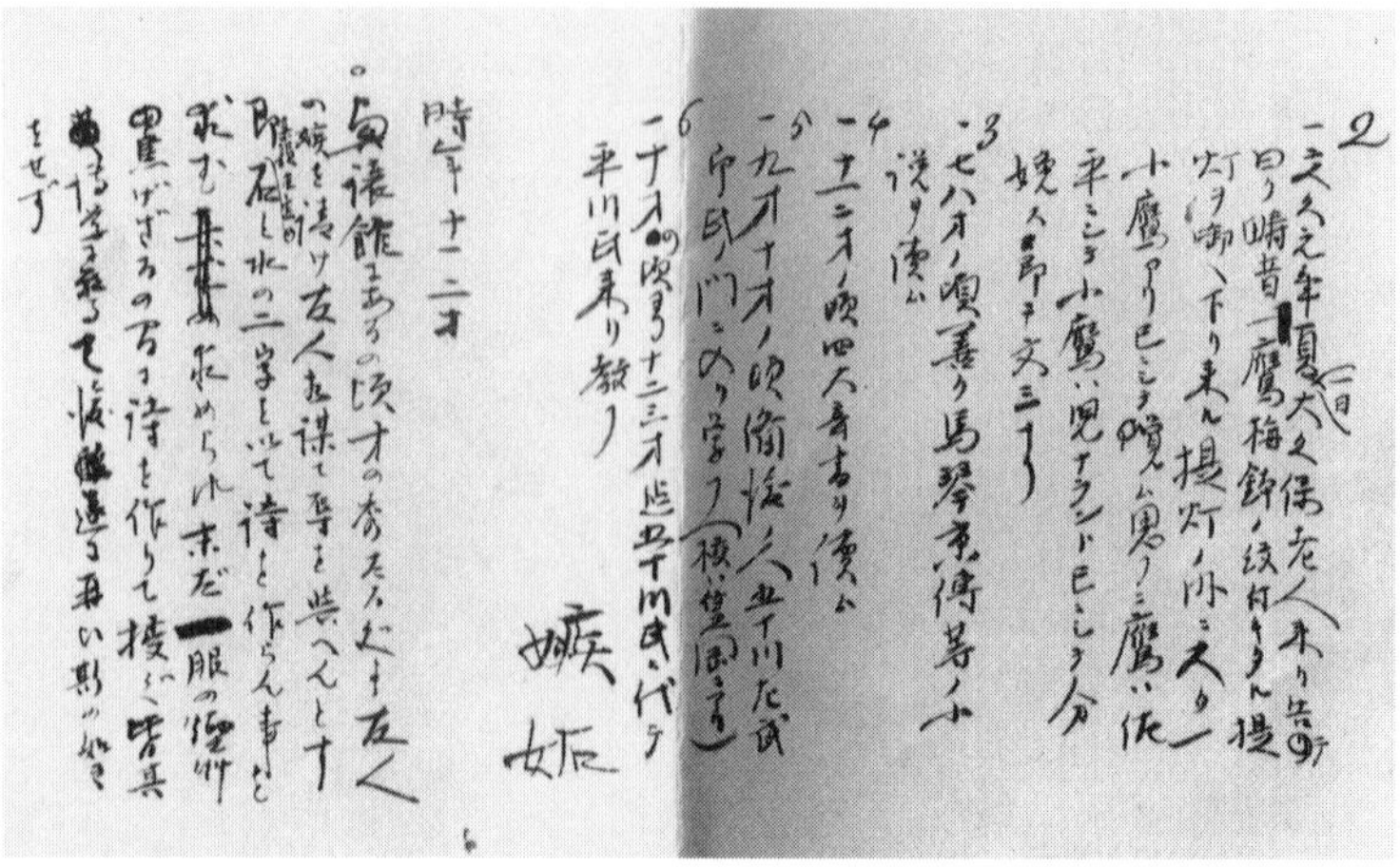

思軒自筆年譜。興譲館にある頃友人の妬みを買い、石と水の二字をもって詩を作ることを求められ、「未だ一服の煙草の焦げざるの間」にそれを作ってみせて、驚かれたとある。

報知社入社（東京薬研堀）

報知社（薬研堀時代の社屋。三枚続き錦絵、明治９年刊）

明治十四年の政変で下野した大隈重信は立憲改進党を結成しその総裁に就任する。大隈とともに野に下った矢野龍渓は、『郵便報知新聞』を買収し、自らその経営の任に当たる。以来、『郵便報知新聞』は立憲改進党の機関誌的色彩を強めていった。興譲館を去った思軒は矢野を頼って再び上京。報知社に入社し（明治15年11月）、矢野の指示で、清国に赴き、日清談判や天津条約締結の記事を書き、また、山陽地方の惨状報告を記事にまとめるなど、辣腕の新聞記者として健筆をふるう。さらに、明治十八年暮れから十九年夏にかけて、矢野に従って欧米を巡行。帰国後は、政党新聞からの脱却を計るべく、矢野の発案で新設された小説欄の執筆を担当。そこに掲げたジュール・ヴェルヌなどの翻訳が圧倒的な人気を博し、翻訳文学者としての地位を確立していった。さらに、矢野が報知社を去ったのちは、新聞全体を統轄する「主管」の任に当たるなど、思軒にとって『郵便報知新聞』は、作家活動や編集業務を行う上で欠かせない重要な活動の拠点となった。

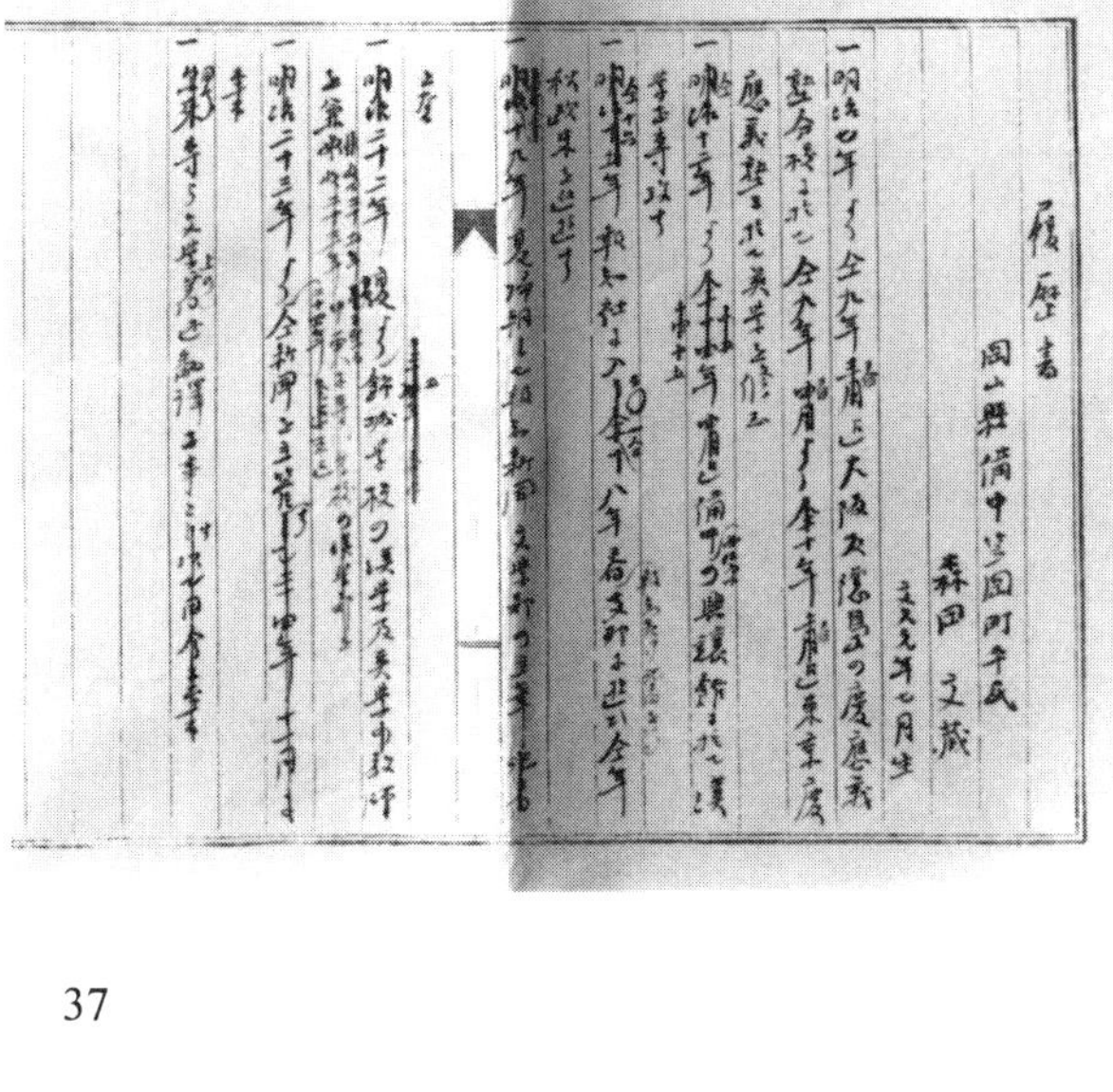

思軒自筆の履歴書下書き

明治29年6月8日に龍渓が思軒に送った手紙には、「学習院の事、長、次長、幹事」に話しをしておいたので履歴書を書くようにと前置きした上で、その履歴書の内容として「何年…文学部ノ主筆記者ト為ル」「何年ヨリ何年迄同新聞ヲ主管ス」というように思軒の報知社の役職を特記するように指示している。その指示に従って、思軒は「明治十九年夏帰朝して報知新聞文学部の主筆となる」「明治二十三年より同新聞を主管し同二十四年十一月に至る」と期日を記入。これは、そのとき、思軒が学習院に提出した履歴書の下書きと思われるもので、報知社における役職とその期間が特定できる貴重な資料。

再び東京へ

興譲館を引いた後の思軒は、笠岡近傍で得意の演説を披露するなどして無聊を紛らわしていたが、かつて中央の居並ぶ秀才を相手に天下国家を論じた身には、とても満足できるものではなかった。詩作に耽ってみたりはするが、心の空白を満たすまでにはいたらなかった。そんな折、かつての恩師・矢野龍渓が、前島密、尾崎行雄とともに大阪を訪れるという知らせが思軒のもとに舞い込む。渡りに船とばかり思軒は龍渓に会いに行く（明治15年6月）。そのときの龍渓との会見の様子を、父佐平が思軒の弟安次郎（安治）にあてた書簡に次のように書きとめている。

《文蔵事……其夜先生ニあひ拙者の書状をさし出し、其後の成行又此度の次第並ニ文蔵の志しの都合等申述たる所、先生ニも文蔵の事ハしじゅう思ひ居、今共ニ事を相談し居たる尾崎氏とも噂致居たる事なり。吾等も当所へ当分滞在するニ付、文蔵にも当分逗留致すへく、其内ニハ何とか能都合も致可遣と親切なる御噺に付、大ニ喜び居るとの事廿三日夜十二時認の書状ニて申越せり。》（明治十五年六月二十五日付、佐平より森田安次郎宛書簡。富岡敬之編「森田思軒関係書簡」『岡山県立博物館研究報告』第一号より）

思軒は、矢野に勧められるままに、一行が大阪に滞在する一月余を矢野の傍らで過ごした。その間に、思軒は上京の決心をかため、矢野は、思軒を自分のもとに呼び寄せる約束をして帰京する。

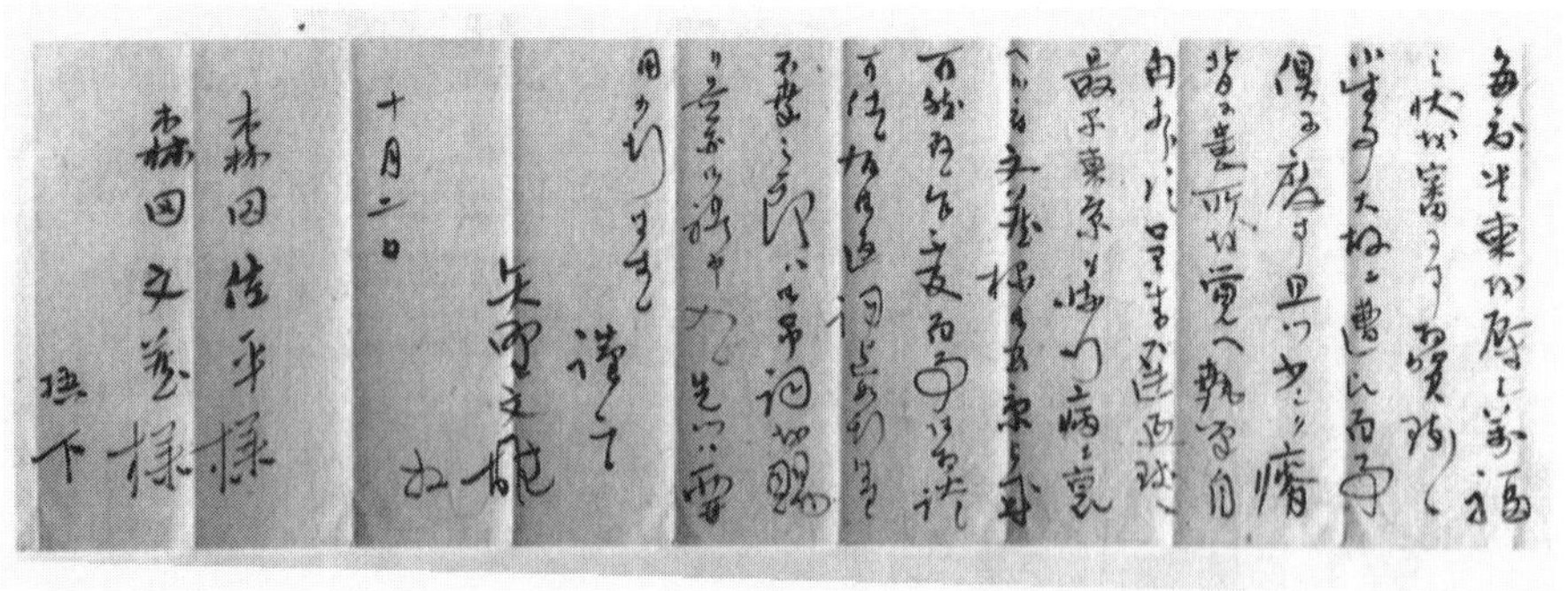

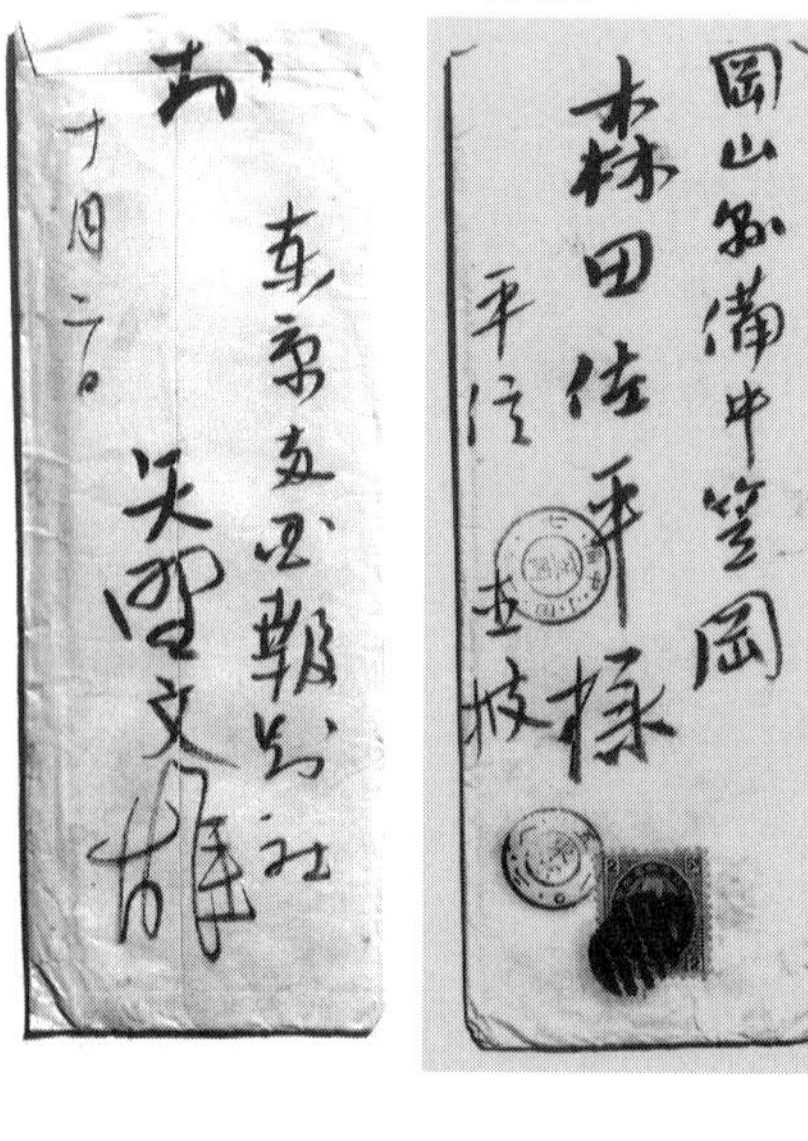

思軒の上京を促す矢野の手紙と封筒

それから二ヶ月あまりが経過した十月七日、矢野龍渓から上京を促す手紙が届いた。上に掲げたのはそのとき矢野が佐平・思軒父子に宛てた手紙。一文の趣旨は、東京もようやく流行病（コレラ）が衰え、そろそろ出京も可能ではないかと思う。来京の際は、及ばずながら「百事御相談」にのらせていただく云々というものである。矢野が手紙を東京の報知社から送ったのは明治十五年十月二日、笠岡到着の受付印は十月七日。思軒はもちろん欣然としてその誘いを受ける。父佐平も、息子の将来を考えて、東京の矢野のもとに預ける決心をする。ときに思軒二十一歳、翻訳家思軒の門出のときでもあった。

文壇デビュー

思軒が文壇にデビューを果たす過程を簡単にたどると、まず、発端は、明治十六年一月十七日の『郵便報知新聞』に「沈紫生」の筆名で掲げた「雑感五首節三」と題する漢詩にある（富岡敬之「森田思軒未発表書簡について」参照）。それが報知社内で評判になり、矢野の新著『経国美談』にギリシャ史の漢訳を依頼される。その翻訳が掲載された前篇が同年三月に出版され、さらに、翌年二月には、初めて「思軒」の名前が署名された跋文をともなう後篇が出版される。前篇の翻訳、後篇の跋文とともに注目を引いたのは、前・後篇の各ページ上に掲げられている頭評であった。その後篇の部分は思軒が担当したもので、内容は本文の趣旨に即して漢文で評釈を加えるといったもの。『経国美談』が評判を増すにつれて、これらの「正史摘節」、跋文、頭評の評判も高まって、思軒の名前は世に受け入れられていった。「読書社会が思軒居士の手腕を認めしは『経国美談』の鼇頭《ごうとう》批評なりき」という『早稲田文学』（明治30年12月号）の記述が示すとおり、思軒の文筆家としてのデビューには『経国美談』とその著者矢野龍渓の力が大きくあずかっていた。

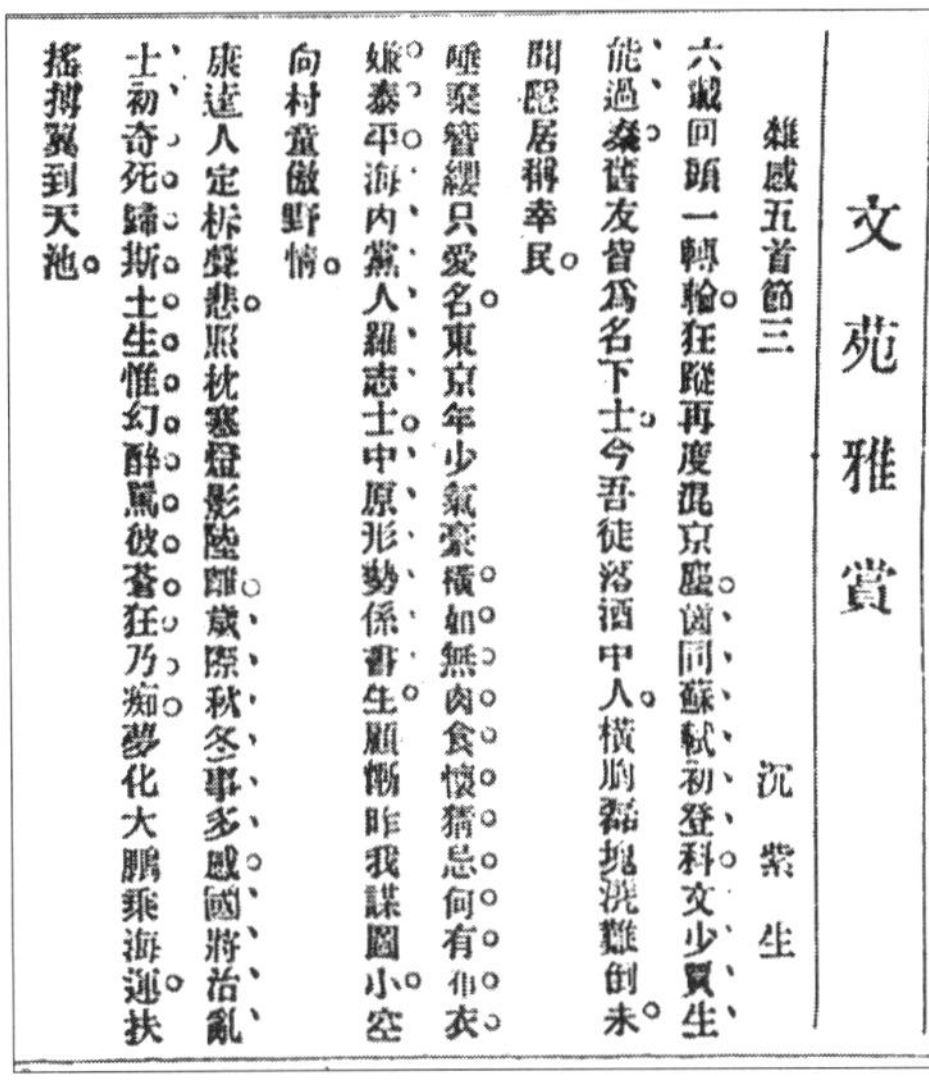
文苑雅賞

雑感五首節三　沈紫生

六歳回頭一轉輪。狂蹤再度覲京塵。齒同蘇軾初登科。文少賈生能過秦。舊友皆爲名下士。今吾徒落酒中人。横胸磊塊洗難倒。未問琵琶居稱幸民。

唾棄簪纓只愛名。東京年少氣豪横。如無肉食懷猜忌。何有布衣嫌泰平。海内黨人羅志士。中原形勢係書生。顛狂昨我謀圖小。空向村童做野情。

康逵人定柝聲悲。照枕寒燈影陸離。歳際秋冬事多感。國將治亂士初奇。死歸斯土生惟幻。醉罵彼蒼狂乃痴。夢化大鵬乗海運。扶搖搏翼到天池。

「雑感五首」
『郵便報知新聞』明治16年1月17日

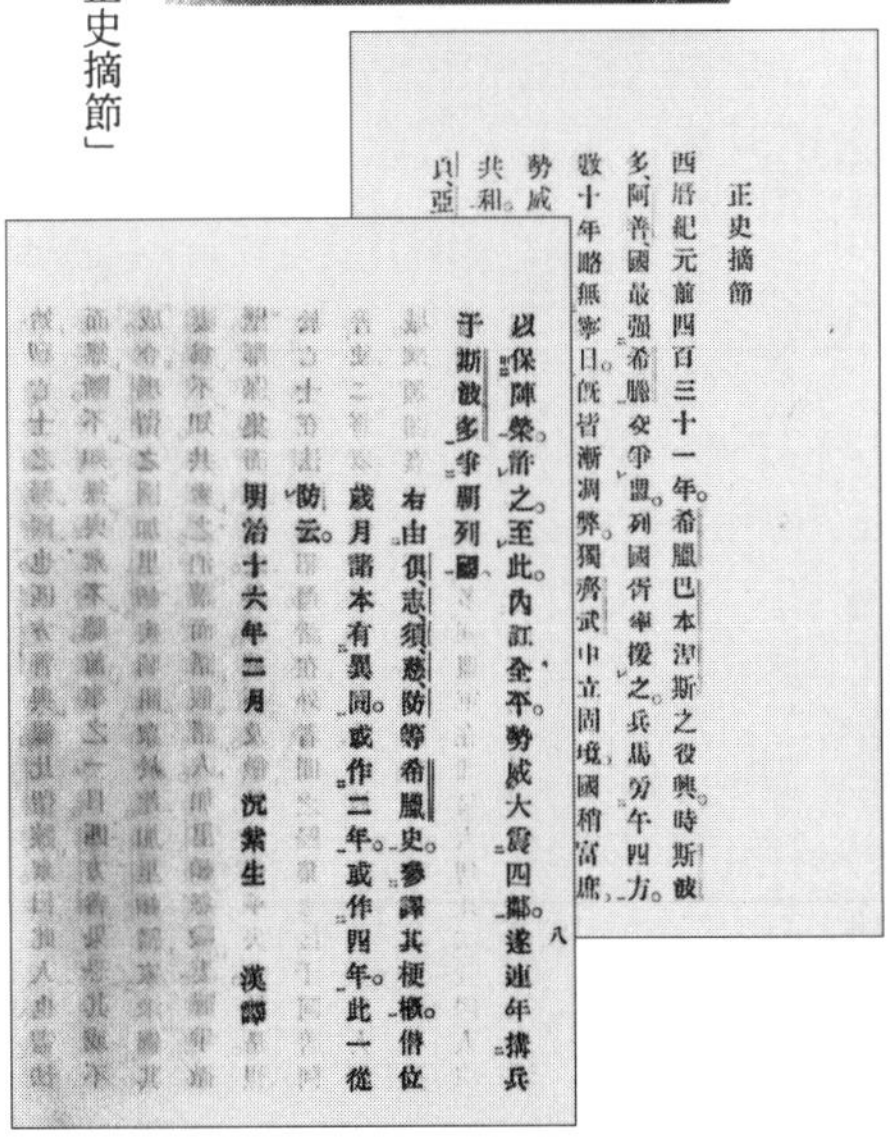
正史摘節

西暦紀元前四百三十一年。希臘巴本涅斯之役興。時斯波多、阿善、國最強。希臘交爭盟。列國皆率從之。兵馬旁午四方。數十年略無寧日。既皆漸凋弊。獨齊武中立固境。國稍富庶。勢威

以保障榮。訴之至此。内訌全平。勢威大震四鄰。遂連年搆兵于斯彼多爭覇列國

右由倶志須慈防等希臘史。參譯其梗概。借位歳月諸本有異同。或作二年。或作四年。此一從

防云。

明治十六年二月　沈紫生　漢譯

『経国美談』前篇と巻末の「正史摘節」

矢野龍渓肖像

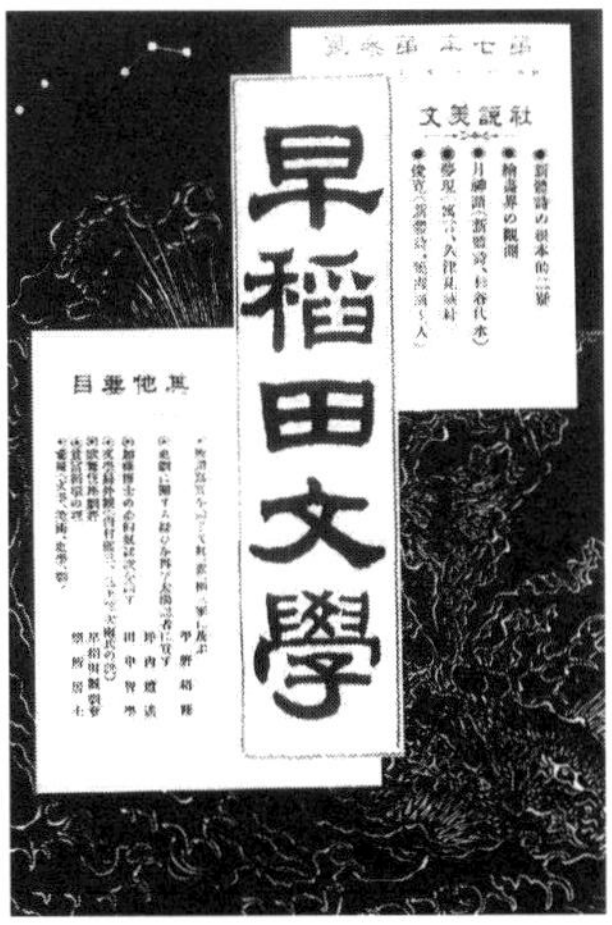

『早稲田文学』（第七年第三号、明治30年12月）

文学者か政治家か——揺れる心

外遊当時の森田思軒（明治18年）。隣は小栗貞雄。欧米視察の出発に際して撮影したものか。

大隈重信。明治19年8月、欧米巡遊から戻った思軒は、一時、矢野龍渓らとともに麹町の大隈邸に寄寓していた。

上京した思軒の心に一番重くのしかかっていたのは、何になったらいいのか、そのためには何をなさなければならないのかということであった。東京に到着して荷をほどく間もなく、思軒が郷里の佐平に送った手紙には、自分は「漢籍をより深く極め、政界に打って出よう」というような気負った発想がみられる。そんな思軒の心に、「熊本より東京は広い。東京より日本は広い。日本より……日本より頭の中の方が広いでせう」といった『三四郎』における広田先生式の論法で風穴を明けたのは、やはり矢野であった。矢野は、思軒の漢文の才能を十分に認めた上で、あえて、漢籍よりも洋書を勧め、政治よりも文学を目指せとアドヴァイスをする。

《泰西之文学ハ之（漢籍）ニ異ナリ船ヲ大洋ニ放ツガ如ク、浩々蕩々、涯涘ヲ弁ゼサル程広大ナリ。去レハ足下位漢籍ヲ読ミ詩文ヲ能クスル者ニシテ此汲々スルハ、左程之大益ハ可無之、洋書ハ数年放擲シ居ルモ一年間独リカメテ温習セハ、大ニ上達之効見ベシ。而シテ後肆ニ海外之奇書ヲ覧観シ、或ハ翻訳、或ハ著述相致シ、政事世界之如キ俗塵ヲ避ケ、別天地ヲ闢テ隠居シ、一隅ニ在リテ隠然世間ヲ動サバ無上之快ナランカ。》（明治一五年一〇月二四日付、思軒より父佐平あて書簡）

こうした時宜をえたアドヴァイスのお陰で思軒の心が次第に洋学へと向かっていく様子は、故郷の父に送った近況報告の中にはっきりと読みとることができる。この手紙が書かれた二ヶ月後の十二月十二日付の佐平にあてた手紙には「又洋書モ日ニ易キヲ覚ヘ、読書ニハ差シタル苦労モ無之候。入京来読ム所、万国史、英国史、羅馬史ヲ卒リ候」と、洋学に専心している様子がうかがえる。そして、上京から一年半が経過した明治十七年四月二十日の手紙をみると、自分は、漢学では人後に落ちないが、洋学となるとほとんどの者が自分よりも十倍も力のある者ばかりである。この先は一心に横文字を勉強し、洋・漢双方の学問に長じ、それを基盤に世に立っていこうという趣旨の記述が見える。そのころ『郵便報知新聞』の同僚記者として、思軒を間近にみていた尾崎行雄は、「森田君は、中途意を政治上に絶ちて、専ら文学に従事し、一流の文士として、世間に重きをなした」と回想している（「明治操觚界の人々」）。矢野のアドヴァイスに従って洋学に専心していった結果、政治よりは、「海外之奇書ヲ覧観シ、或ハ翻訳、或ハ著述相致シ、一隅ニ在リテ隠然世間ヲ動」かすほうに自らの天分を見いだしていったものと思われる。

報道記者

思軒は、郵便報知新聞社の記者として、明治十八年三月中国に赴き、日清談判や天津条約締結の記事を書く。帰国後は、山陽地方に赴き、不況や農作物の不作による現地の惨状報告を記事にまとめる、というように気鋭の新聞記者として健筆をふるった。

さらに、明治十八年暮から十九年夏にかけて、矢野に従って欧米を巡行。各地で見聞したことを「龍動通信」や「西洋風俗記」などの題で『郵便報知新聞』に連載した。

郵便報知新聞

天津通信　四月四日特派通信員發　森田文藏記

拜啓伊藤大使ハ榎本公使其他の隨從諸員と共ニ去月三十一日北京を發し通州ニ出て夫より舟路ニて本月二日午前六時本地ニ到る西鄕參議ハ一日ニ發して同く舟路を取り昨三日午後二時本地ニ到る大使公使及其書記伊東巳代治中島雄等其他隨員ハ皆な領事館ニ參讃等ハ「グローブ」客館に館し井上外務省御用掛等ハ「アストル」客館ニ宿す此ニ駿河丸ニ宿せるもあり市中の客機ニ宿せるもあり今ま滿京の人々長城見物ニ赴き不在中なるか是等の一行も歸到し總勢相揃ハゝ此天津ニ在る日本人七十餘名の多きニ及ふへしと云へり大使公使ハ着後一夜を隔て即ち昨三日午後二時李鴻章の邸ニ赴き始て談判の緒を開きかねて用意しありし要求の案をも提出せり左れと此日ハ先つ發端の當日なれハ蓋して細節ニ入るへき機もなきハ勿論の事なり唯た頗る丁寧なる挨拶ありて別れ歸りし由

「天津通信」『郵便報知新聞』（明治18年4月25日）

郵便報知新聞

船上日記第四

十二月六日發　於印度海航行中　森田思軒

二十一日午時過西貢を拔錨せしか是日は朝より曇りたる天氣なりしか此ニ至りて破れて雨となり蒼々漸々の灘頭を照して來る兩岸の景色煙靄模糊の中ニ入り或ハ見へ或ハ隱れ一入の趣を添へたり西貢河を離れ一時間許も駛せしと思もふ比船忽ち止りて動かす之を質すニ風雨針傚の下りて大風の兆を示したるに因ると翌日晨目覺たれハ何時の間ニか船ハ進み居たり

香港より此まてハ余と米人丁人の外同行一人もなく第一等航客四五名ありたるのみなりしニ此ニ至りて交趾支那の役人等及ひ其他伴侶若干乘込みしかため第一等第二等共ニ食卓の上俄かニ賑かとなりしニ更らニ淑女の一組妻室兩女塾婦を打混じ之ニ侍隨せる小兒侍婢等を合し彼れ

「船上日記　第四」『郵便報知新聞』
（明治19年1月12日）

『実地遊覧　西洋風俗記』（兎屋文店、明治20年5月）。『郵便報知新聞』に「西湝生」の名で連載された記事を単行書にしたもの。

『西俗雑話』（佐藤乙三郎、明治20年10月）。内容は「西洋風俗記」と同じだが、問答形式が記述形式に改められている。「矢野文雄校閲／森田文蔵刪潤」と明記してある点も異なっている。

翻訳家思軒

郵便報知新聞

明治十九年九月十六日　木曜日　第四千八十二號

『郵便報知新聞』（明治19年9月16日）に掲載された矢野の「改良意見書」

欧州視察旅行から帰った矢野は、明治十九年九月十六日、『郵便報知新聞』に「改良意見書」という一文を掲げ、紙面の刷新に着手する。その要点を、簡単に書き出すと、①価格の引き下げ、②紙面の縮小、③記事の精選、④責任ある論説の掲載、⑤文章の平易化等々であった。このうち、翻訳家・思軒との関連で最も注目されるのは、⑤の文章の平易化である。矢野は、その具体的な改良策として、「六ケ敷《むづかしき》文字には渾《すべ》て傍訓《ふりがな》」を施し、「男子のみならず婦女子迄も容易に読み得る」ようにし、「文字の数を減少」する、ということをあげている。つまり、記事の徹底した平易化・大衆化を図ろうとしたのだ。この方向に向けた紙面の刷新こそは、翻訳家思軒の誕生にとって欠かせない重要な要因となった。その刷新のなかから「嘉坡通信報知叢談」と題する「小説」欄が生まれ、その「報知叢談」欄に作品を掲げるということをきっかけとして思軒という名翻訳家が生まれた。普通『郵便報知新聞』のようないわゆる「大新聞《おおしんぶん》（政論新聞）」には、「小新聞《こしんぶん》（一般向けの大衆新聞）」が売り物としているような小説や翻訳等は掲載されない。この常識をうち破って、矢野は「大新聞《おおしんぶん》」と小説を結びつけた。矢野が打ち出した『郵便報知新聞』の大衆化路線、その大衆化路線にマッチした翻訳文学を創り出そうという思軒の産みの苦しみ、この外的、内的の二つの要因が一つに結びついてはじめて生まれたのが思軒という翻訳家であった。

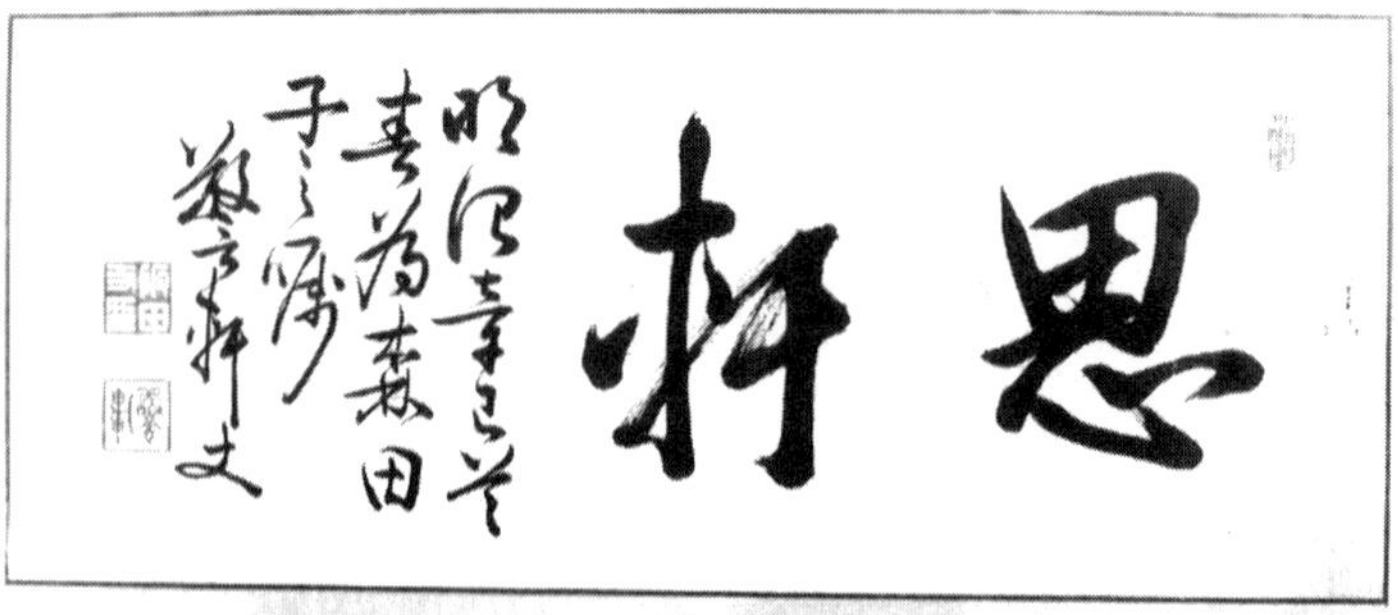

坂田警軒筆「思軒」額

「嘉坡／通信 報知叢談」の開設――翻訳家思軒誕生の外的要因

矢野の「改良意見書」が掲載された三日後の九月十九日の『郵便報知新聞』には、名翻訳家・思軒誕生のプロセスを確証づける次のような注目すべき「広告」が掲載される。

《本紙上に一種の小説を相掲げ候かねての計画《もくろみ》に候処、何分改革早々にて是処《このところ》二三日中には手廻《てまわ》りかね候へ共、先づ取敢《とりあ》へず茲《ここ》に其《その》仕組を御《ご》吹聴《ふいてふ》申置候、

藤田鳴鶴、箕浦青州、加藤城陽、枝元虬岳、矢野三峡、井上孤山、森田思軒、尾崎学堂、矢野龍渓

右社友九名更《かは》る〳〵三四日読切りの小説を訳述し、又は自作し、匿名にて之を本紙上に載《の》する事、尤《もつと》も是は社友各自、文苑の英華《はな》を闘はす腕試《うでくらべ》の義に候へば、一ケ月又は二ケ月の終りに於て広く読者諸君の公評《こうひやう》を乞ひ度、其節には読者諸君、何卒右相掲げたる小説に付、何は面白かりし、何は面白くなかりし等、夫々《それぞれ》甲乙の御鑑定付を御寄せ下され候様、前以て御依頼申置候也。》

思軒がなぜ「小説の訳述」に手を染めるようになったのか。それはこの「広告」からもわかるように、『郵便報知新聞』に記事を掲載する人々に課された一種の宿題に答えるためであった。それは単なる個人に課された宿題とは違う。そこに健筆をふるう九名の名だたる記者による「腕試《うでくらべ》」というかたちで与えられた一種の〈業務命令〉の色彩をおびるものであった。

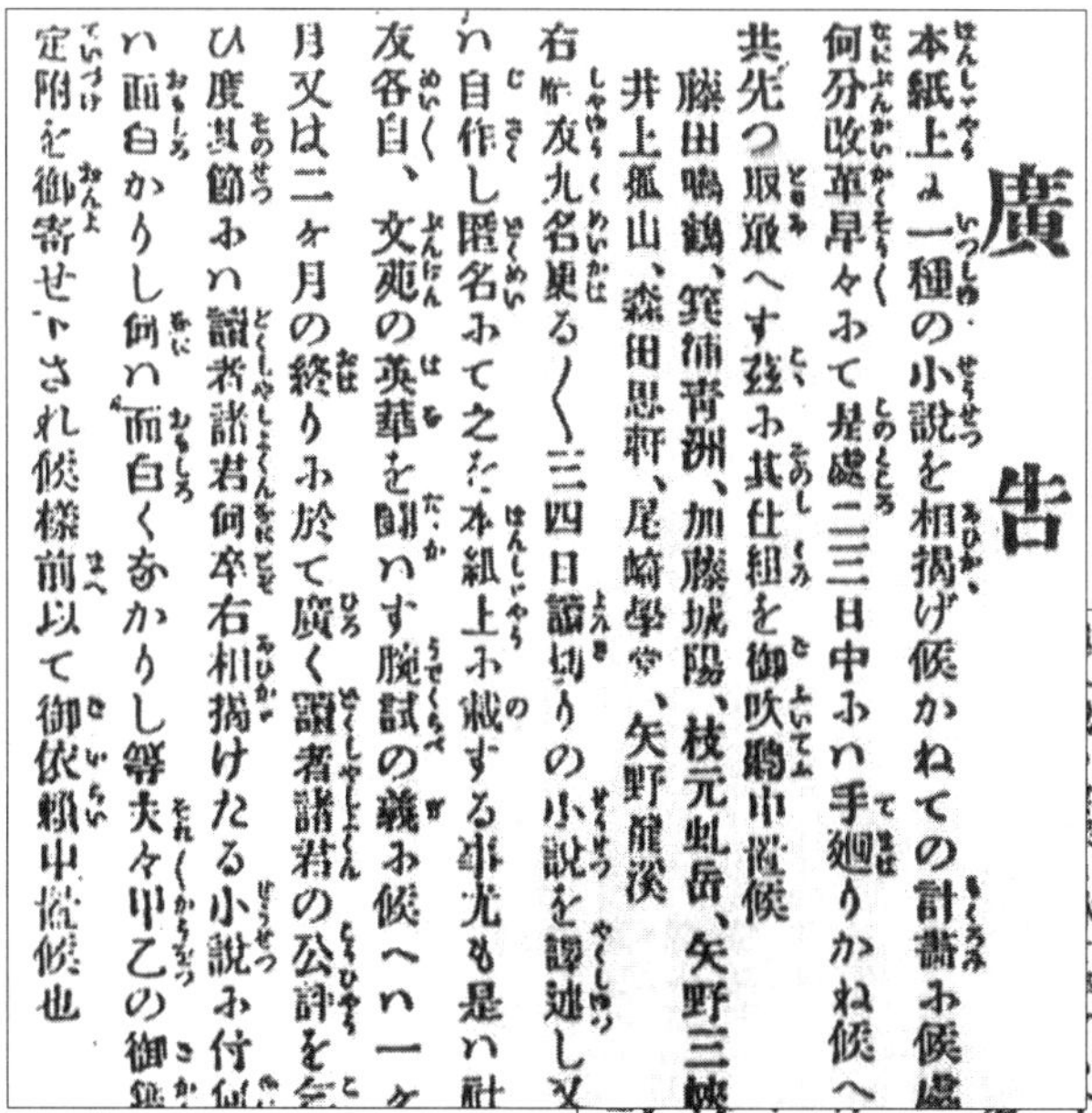
廣告

本紙上に一種の小説を相掲げ候かねての計畫に候處何分改革早々にて是處二三日中には手廻りかね候へ共先づ取敢へず茲に其仕組を御吹聽申置候

藤田鳴鶴、箕浦青洲、加藤城陽、枝元虬岳、矢野三峽、井上孤山、森田思軒、尾崎學堂、矢野龍溪

右社友九名更る〳〵三四日讀切りの小説を譯述し又は自作し匿名にて之を本紙上に載する事尤も是は社友各自文苑の英華を闘はす腕試の義に候へば一ヶ月又は二ヶ月の終りに於て廣く讀者諸君の公評を乞ひ度其節には讀者諸君何卒右相掲げたる小説に付何は面白かりし何は面白くなかりし等夫々甲乙の御鑑定附を御寄せ下され候樣前以て御依賴申置候也

小説掲載の「広告」『郵便報知新聞』（明治19年9月19日）

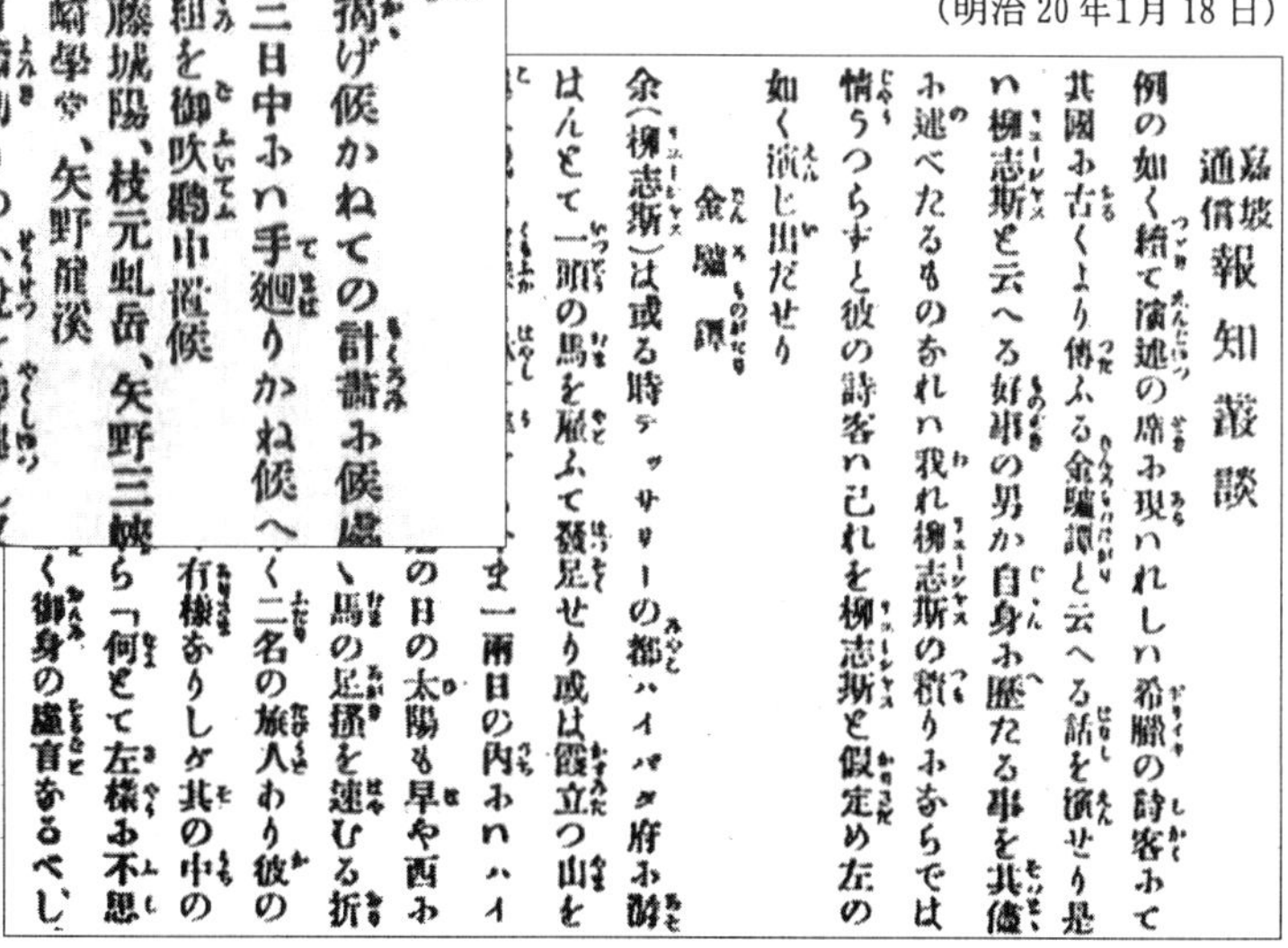
嘉坡通信 報知叢談

例の如く絃て演述の席に現はれし希臘の詩客にて其國に古くより傳ふる金驢譚と云へる話を演せり是は柳志斯と云へる好事の男か自身に歷たる事を其儘に述べたるものなれは我れ柳志斯の積りにならでは情うつらずと彼の詩客は己れを柳志斯と假定め左の如く演じ出だせり

金驢譚

余（柳志斯）は或る時テッサリーの都ハイパタ府に遊はんとて一頭の馬を雇ふて發足せり或は險立つ山を
まで一兩日の内にはハイ
の日の太陽も早や西に
馬の足掻を速むる折
く二名の旅人あり彼の
有樣なりしが其の中の
ら「何とて左樣に不思
く御身の鑑言なるべし

「嘉坡《シンガポール》／通信 報知叢談 金驢譚」第一回（明治20年1月18日）

新しい文章の模索――翻訳家思軒誕生の内的要因

同時にその命令には、「男子のみならず婦女子迄も容易に読み得る」ように「俗語にて分り易き丁寧なる文字を用ふべし」という、新聞全体に課せられた大きな制約もあった。そうした課題に答えるべく、教養人思軒が心のなかで繰り広げた産みの苦しみ、それこそが、翻訳家・思軒誕生の内的要因であった。文章の平易化、漢字使用の制限という課題に答えるために思軒が経験した心の葛藤は、弟子の原抱一庵が、思軒の口からくり返し聞かされた話として書き残している。『少年園』に掲載されたその回想談は、先に掲げた広告文と事実関係において大体の一致が見られ、思軒が矢野の命令に答えていくまでの経過を知る上で貴重なものといえる。

《往年矢野文雄氏、欧州より帰り、大いに新聞紙に革命を施さんと欲し、先づ伊太利地方新聞に倣ふて、報知新聞紙上に文学に関する一欄を設け、社員をして交るく小説若くは物語りやうのものに筆を執らしむ。（所謂大新聞なるものに小説を掲ぐるは、報知新聞を嚆矢とするなり）時に思軒居士森田文蔵、年壮に気鋭に、而して才名未だ顕はれず、窃かに髀肉の歎なき能はず、吾が技倆の程を示すは此時なりと思ふて、或はヴェルヌの骨髄なりと思ふ所の一節を剥ぎ来りて、此れにアラビアンナイト中の最も微妙なる章句を加味し、拮据《きっきょ》経営、是ならば天下の喝采受合なりと信じて、之を紙上に掲げたるに、豈図らんや、世間の評判甚だ香ばしからず、啻《ただ》に香ばしからざるのみならず、現に一地方などよりは『思軒居士とか云ふ人の文は、固陋迂文にして面白からざること此上なし、斯る編輯人を置かれては、報知新聞の不為なり、速かに放逐せられて然るべし』との注文状すら到来し、矢野社長よりは小説中止の厳命下り、居士の狼狽一と方ならず、それより大に工夫を仕替へ、言はんと欲する所を言ひ扣《ひか》へ、書かんと欲する所を内端にし、文字なども成るべくは平凡普通のものを使ひ、経営惨憺小心翼々、程経たる後『英曼（ママ）二学士の話（ママ）』即ち後に『鉄世界』と題して今日世に流布する小説を、嘉坡通信中に翻訳するに及びて、始めて矢野社長の信用も幾分か加はり来り、放逐注文状の到来も漸やくに稀れになれり。是れ思軒居士自から屡々余に語り、共に一笑する所の談柄なるが、単り思軒居士に限らず、今日世に多少の文名を博し、文壇の幾戦場を閲みし来れる人には必らず此種の珍談あらざるはなきなり。》（原抱一庵「王子村舎雑話」）

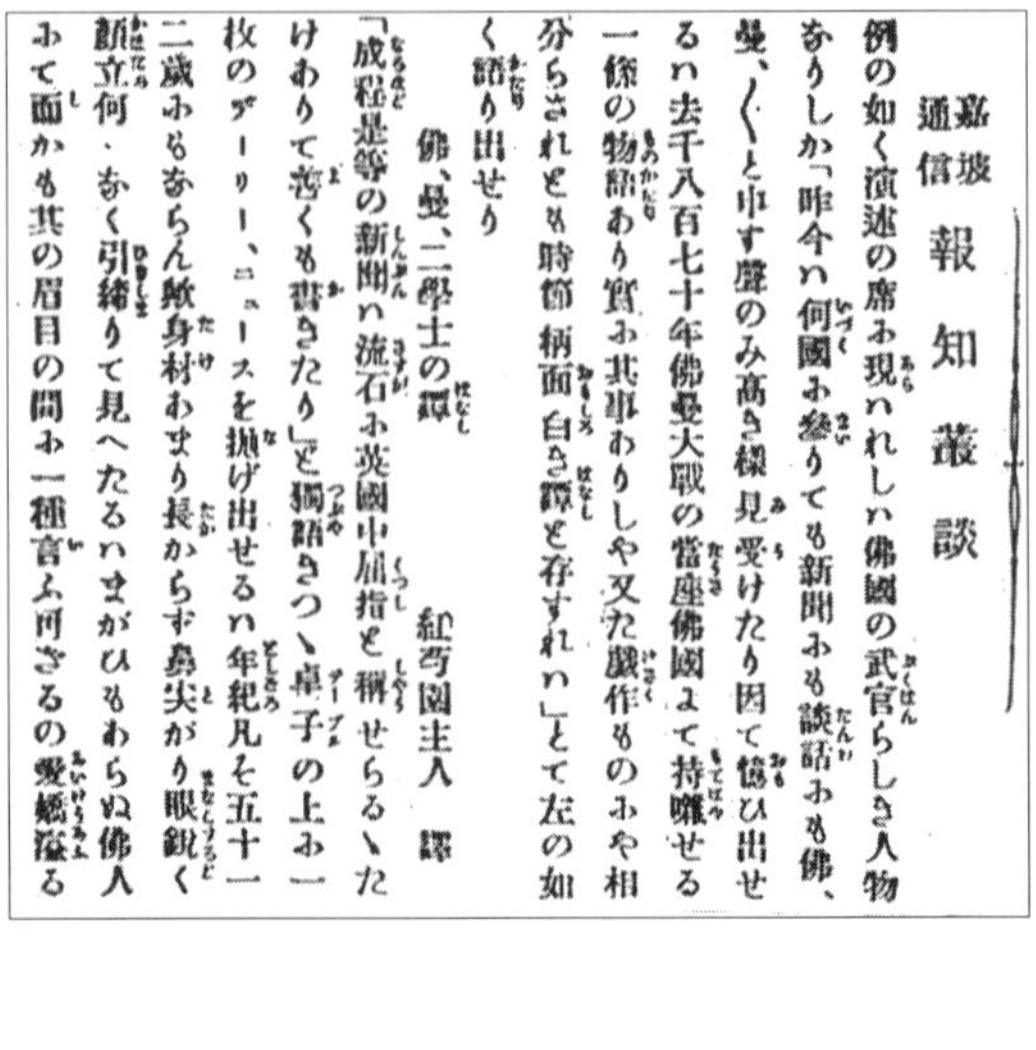

嘉坡通信　報知叢談

例の如く演述の席に現《あら》はれし佛國の武官《ぶくはん》らしき人物ありしが「昨今は何國《いづく》に参《まゐ》りても新聞にも談話《だんわ》にも佛、曼、くゝと申す聲のみ高き様見《み》受けたり因て憶《おも》ひ出せるは去千八百七十年佛曼大戰の當座《たうざ》佛國にて持囃《もてはや》せる一條の物語《ものがたり》ありしや又た戯作《げさく》ものにや相分らざれども時節柄面白《おもしろ》き譚《はなし》と存ずれば」とて左の如く語《かた》り出せり

佛、曼、二學士の譚《はなし》　紅芍園主人　譯

「成程《なるほど》是等の新聞《しんぶん》は流石《さすが》に英國中屈指《くつし》と稱《しよう》せらるゝだけありて能《よ》くも書《か》きたり」と獨語《つぶや》きつゝ卓子《テーブル》の上に一枚のデーリー、ニユースを擲《な》げ出せるは年紀《としごろ》凡そ五十一二歳にもあらん瘠身材《たけ》あまり長《たか》からず鼻尖《と》がり眼鋭《まなこするど》く顔立《かほだち》何となく引締《ひきしま》りて見へたるはまがひもあらぬ佛人にて而かも其の眉目の間に一種言《い》ふ可《べ》からざるの愛嬌《あいけう》溢る

「仏、曼、二学士の譚」第一回（明治20年3月26日）

原抱一庵「王子村舎雑話」を掲載した『少年園』（明治27年1月）

方針の大転換――矢野社長の信用も加わる

抱一庵によると、思軒が最初に「嘉坡／通信　報知叢談」に掲げた「印度太子舎摩《チャルマ》の物語」(原作不詳) という作品の評判はすこぶる悪く、そんな「固陋迂文《ころううぶん》」をひねりまわす者は「放逐」すべしという読者の投書さえ舞い込んだ。つまり、読者を審判とする最初の「腕試」において思軒は敗北を喫したというわけだ。それではならじと、「仏、曼、二学士の譚《はなし》」においては、「言はんと欲する所を言ひ扣《ひか》へ、書かんと欲する所を内端にし、文字なども成るべくは平凡普通のものを使」う等々、大胆な方針転換を試みた。それが、矢野の目指す「男子のみならず婦女子迄も容易に読み得る」ように「俗語にて分り易き丁寧なる文字を用」いるという『郵便報知新聞』の大衆化路線と歩調を合わせるかたちでなされた方針の転換であったことは論をまたない。その結果、「矢野社長の信用」も加わり、「放逐状」の到来も稀になった。いってみれば、それは、報知社内随一の漢文の使い手である思軒が、ありあまる漢文の素養と読者大衆の要望・好みとの調整をはかるべく試みた方針の一大転換であった。裏を返せば、矢野の定めた新聞の大衆化路線に促されたその方針の大転換こそは、名翻訳家思軒を誕生させる第一の要因であったということになる。

「嘉坡《シンガポール》／通信　報知叢談」に掲載された小説は繰り返し単行書化された。そのいくつかを掲げる。

(右) 矢野龍渓訳『志別土商人物語』
(駸々堂、明治 20 年 5 月)

(左) 矢野龍渓訳『志別土商人物語』
(佐藤乙二《(ママ)》郎、明治 21 年 10 月)。思軒が冒頭に漢文の「引」を書いている。

(右) 小栗貞雄『色是空』
(佐藤乙三郎、明治22年2月)。ル・サージュ『ジル・ブラス』の抄訳、「志々利物語」を改題。巻頭に思軒の漢文による「引」(前記『志別土商人物語』のものと同じ) が付されている。

(左)『各国才子　寄合演説』
(村上真助、明治21年4月)。「志別土商人物語」「金驢譚」「印度太子舎摩の物語」「貧福」「波斯新説　烈女の名誉」の5編を収録。

人気作家思軒

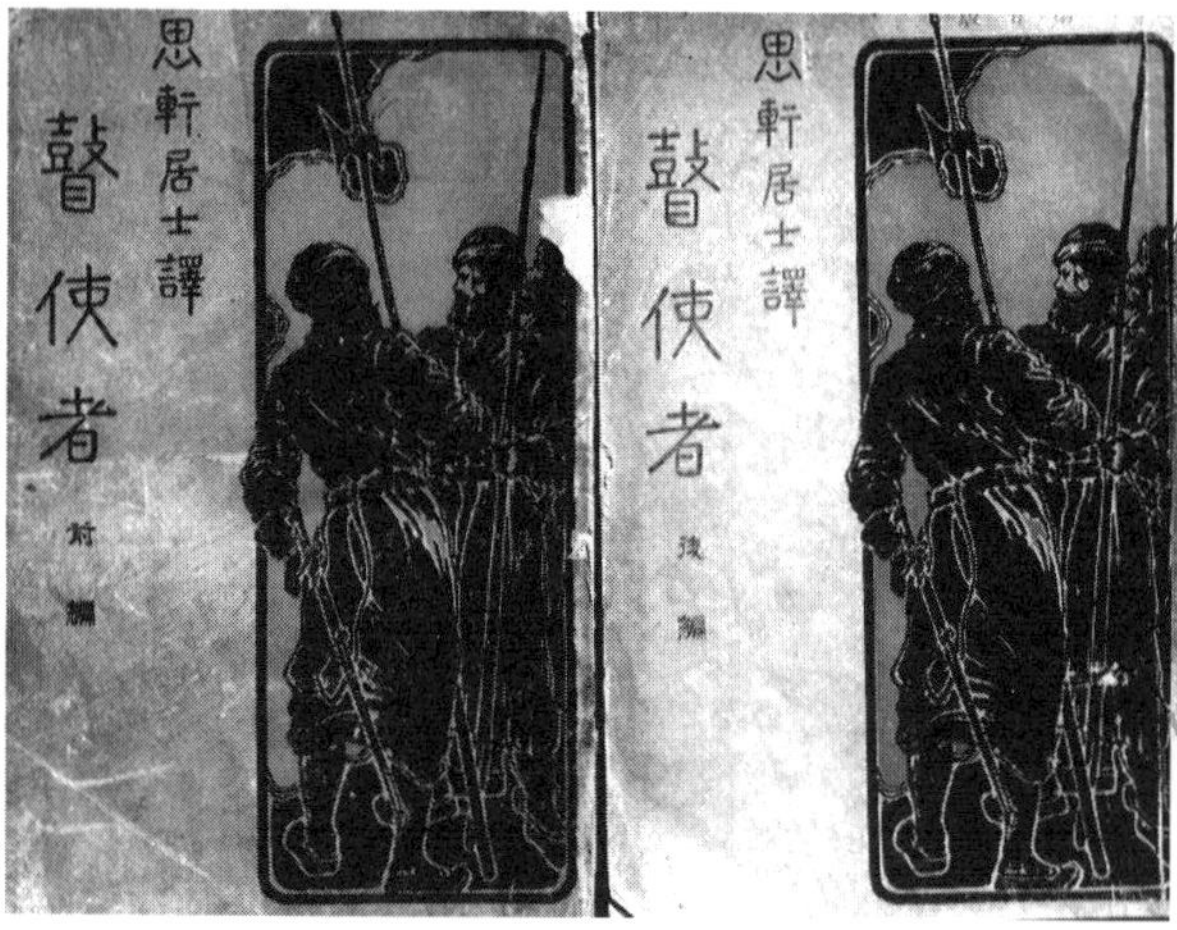

『瞽使者』、5版（明治37年10月、11月、国民書院）

ジュール・ヴェルヌ

「仏、曼、二学士の譚」についで、「天外異譚」（明治20年5月～7月）、「盲目使者」（同9月～12月）、「炭坑秘事」（同21年9月～10月）と、「報知叢談」欄にその連載が重ねられるにつれ、思軒は誰一人知らぬものとてない人気作家の一人となっていった。そのころ札幌農学校の学生であった原抱一庵は、同欄に掲載された思軒の作品が面白くてたまらず、「一日の新聞を二遍も三遍も五遍も六遍も繰返して読んだ」と述懐している（「吾の昔」）。

当然のことながら、『郵便報知新聞』の売り上げ部数も伸びた。そこに「報知叢談」欄が掲げられる以前の明治十八年の同紙の年間発行部数は一七一万五千部であったのに対し、思軒の翻訳が掲げられて二年あまりが経過した明治二十一年の年間発行部数は、六六四万七千部と四倍近くにも跳ね上がっている。しかも、東京の新聞の売り上げ高の比較でみると、第八位から第一位への躍進であった。まさに、矢野と思軒の師弟コンビが苦心惨憺の末つかみ取った一大勝利であったということになる。

明治十五年の秋余東上して矢野先生の門を敲く先生時に新刊の「月世界旅行」を稱して嘖々口に絶たす余も亦た嘗て郷に在りて「八十日間世界一周」を讀みヴヱルーヌの眼孔一種常に異る所有るを知る者大に耳を先生の説に傾けたり爾後從た先生かヴヱルーヌの書を手にせるを見しことあらす而して今ま是著を觀れハ其の局面趣向宛然としてヴヱルーヌなり

矢野龍渓『報知／異聞　浮城物語』（報知社、明治23年4月）と巻頭の思軒の序文。矢野がヴェルヌのことをよく口にしていたこと、自分も郷里にあって『八十日間世界一周』を読んでいたこと等に言及。矢野の本書はまるでヴェルヌの作品のようだとも言っている。

ユゴーの紹介と社会の罪

思軒が手がけた翻訳は、ヴェルヌなどの冒険小説ばかりではなかった。一方で、ヴィクトル・ユゴーの人道主義的色彩の濃い小説の紹介も次々に発表していった。彼は、今でこそ『十五少年漂流記』の翻訳者ということで知られているが、当時はむしろ社会の弱者、とくに獄舎につながれた囚人の境遇に強い関心を寄せる社会派作家としての評判のほうが高かった。ユゴーの人道主義にもとづいて「社会の罪」という考えを世に広めたのもほかでもない思軒であった。ユゴーが生涯訴え続けた死刑廃止という重いテーマを扱った『クロード・グー』(思軒訳では「クラウド」)という作品を、明治二十三年一月という段階で『国民之友』誌上に発表する。

《クラウドと云へるは、八年ばかり前巴里《パリ》にありて、其の妻子と倶《とも》に暮らせる貧しき傭夫《ようふ》なりき。教育とても受けたることあらざれば、物読むことさへ能はず。去れども此の男生れ得て、敏《かしこ》く、明かにして物事に慮かり深かり。／冬は其の種々なる不幸を伴ふて至れり。仕事の空乏。食物の空乏。薪料の空乏。此の男、此の妻、此の子は凍《こご》へ、且つ飢へをれり。斯くて此の男は遂に盗《ぬすみ》となれり。余は渠《かれ》が何物を盗めるやを知らず。何物を盗めるにせよ、其の結果は同じきなり。妻子は以て三日の麺麭《パン》と火とを得たり。此の男は以て五年の禁錮を得たり。》

ヴィクトル・ユゴー
『探偵ユーベル』(民友社、明治22年6月)掲載の口絵。

「クラウド」(第一回)が掲載された『国民之友』(明治23年1月)

今本合編せる所のクラウドに至ても亦た讀者が同じ
謬りに陥らざらむとを冀ふ余は再ひ確證すクラウド
は當世に在りし人なり著者いたく其遇に感し他日哀
史をつくるに及ひ之を演繹敷衍して一個のジヤンバ
ルジヤンを描きしのみ
曰くクラウド曰くユーベル皆な紛々として現に諸君
の前に群行せり我儕は日に幾多のクラウドとユーベ
ルとを將て新聞紙の上に記載せり獨り恨む所のもの
は之を採拾し之にシムパサイズし之を精究彈論して
以て一世の眼を開く宏博にして深切なるユーゴー先
生無き耳
明治廿四年九月廿二日
報知新聞編輯局にて　譯者識す

『探偵ユーベルおよびクラウド』(民友社、明治24年10月)とその序文。われわれの目の前にはクラウドやユーベルが「群行」するのに、残念ながら彼らに光を当てるユゴーがいないと嘆く。

思軒とユゴー

一方、大作『レ・ミゼラブル』にも早くから関心を寄せて、四十歳になったら翻訳に手をつけたいと周囲にもらしていたが、それを果たさぬまま病をえて、三十六歳という若さで逝った。自分の筆の力はいまだユゴーの苦心の傑作を訳するところにまで達していない（『懐旧』序文）という慎重な姿勢が災いし、最後まで目的を果たすことができずにこの世を去った。

『ユゴー小品』
（民友社、明治31年6月）

『探偵ユーベル』
（民友社、明治22年6月）

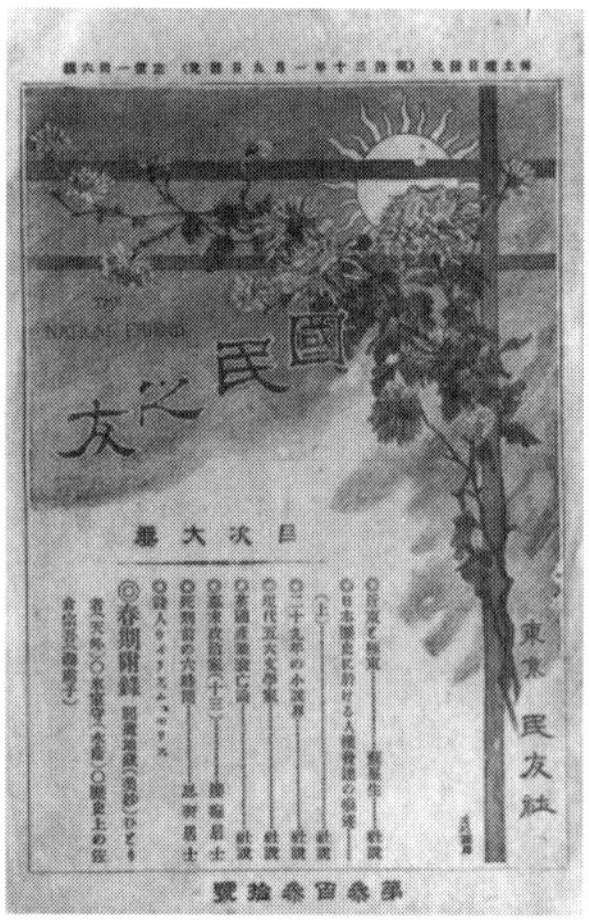

「死刑前の六時間」が掲載された『国民之友』
（明治30年1月）

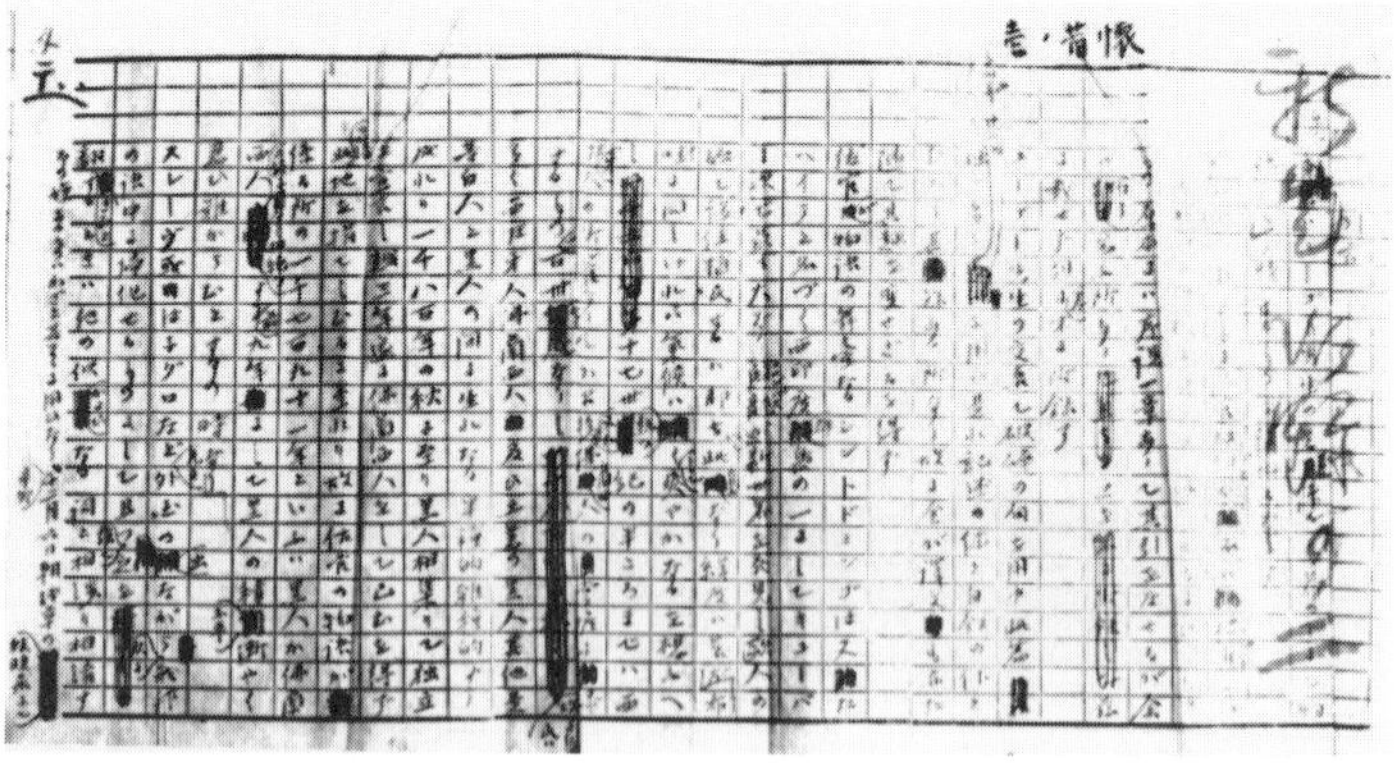

『懐旧』
（民友社、明治25年12月）

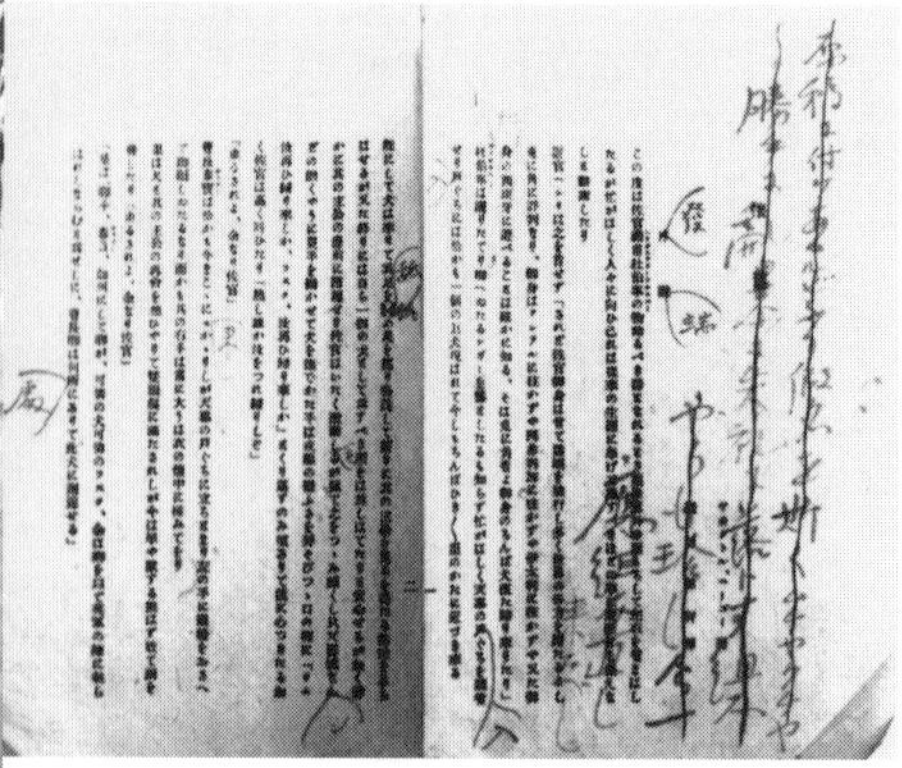

『懐旧』原稿（上）とゲラ刷り（下）

明治22年5月頃、慶應義塾の後輩で『時事新報』の記者をしていた渡辺治（台水）から「ユーゴー氏の雑著三種」を贈られる（「消夏漫筆」）。それは「クラウド」「懐旧」「死刑前の六時間」を収めた英訳本で、思軒がそれらの翻訳を手がけるきっかけとなった。

社会の罪――弱者への眼差し

明治二十四（一八九一）年四月二十六日、思軒は「青年文学会」において、ある重要な講演を行う。それは、明治十五（一八八二）年四月に、自由民権運動の推進者板垣退助が相原尚褧《なおふみ》という男に負傷を負わせた、いわゆる「岐阜の凶変」に関する講演である。思軒の考え方の特徴は、相原を単なる暴徒とは見なさずに、新旧の思想が対立する中でそのどちらにも身を任せることができずに、時代の荒波に押し流されていった社会的〈犠牲者〉と考える点にある。

《己はヲールドベリーフ〔旧い考え〕にも乗り遅れ、即ちニューベリーフ〔新しい考え〕と謂ふ船に乗ることもできない。……己の固く採て信じて居ッたヲールドベリーフに離れ、ニューベリーフの船は己を載せずして先へ去ッて仕舞ッた。……彼が北海道〔の刑務所〕より帰って来て、板垣伯の宿へ入ッて、ソウして身の始末をして、船に乗込んだ時のことを考へて見れバ、実に是れハ人の事と思ハれない、涙の浮かぶことと思ひます。……相原ハ立派な人に相違ない板垣も有道の君子であります。ソレでハ同じく有道の君子として既に存立することが出来る。然るに一人ハ死に、一人ハ傷く、是れハ社会の一ツの罪である。此社会の罪の為めに生きた人を殺し、又人を零落に沈淪せしめる事ハ幾くらもあると思ひます。……もしも日本にユゴーの如き人が出たならバ、相原の為めに一伝を立てたであらうと思ひます。》

相原のその後の行動を考えた場合、彼もまた一人の社会的犠牲者であった（思軒も言及するように、彼は、恩赦で出獄したのち、板垣に詫び、北海道行きの船から投身自殺をとげた）。その犯行を、旧習に固執する頑迷なる暴挙と決めつける考えが大勢を占める中で、思軒の講演は、日本の知識人がそれまでに接したことのなかった一つの視点を提示することになった。そうした視点を思軒自身が学び取ったのは、「クロード・グー」を初めとするユゴーの作品を通してであったということは、ここに引いた演説の結びの言葉が示す通りである。

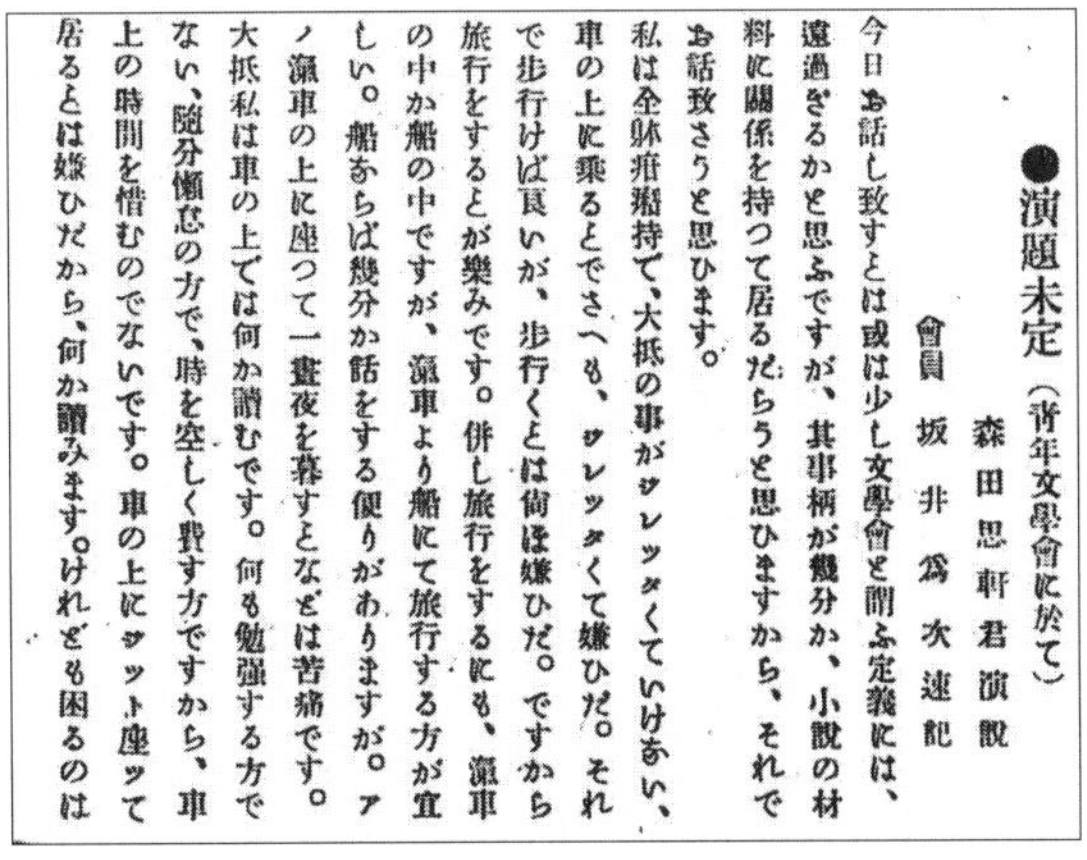

●演題未定（靑年文學會に於て）

森田思軒君演說

會員 坂井爲次速記

今日お話し致すとは或は少し文學會と聞ふ定義には、遠過ぎるかと思ふですが、其事柄が幾分か、小說の材料に關係を持つて居るだらうと思ひますから、それでお話致さうと思ひます。

私は全躰疳癪持て、大抵の事がジレッタくていけない、車の上に乘るとでさへも、ジレッタくて嫌ひだ。それで步行けば良いが、步行くとは尙ほ嫌ひだ。ですから旅行をするとが樂みです。併し旅行をするにも、滊車の中か船の中ですが、滊車より船にて旅行する方が宜しい。船ならば幾分か話をする便りがありますが。アノ滊車の上に座つて一晝夜を暮すとなどは苦痛です。大抵私は車の上では何か讀むです。何も勉强する方でない、隨分懶怠の方で、時を空しく費す方ですから、車上の時間を惜むのでないです。車の上にヂット座ッて居るとは嫌ひだから、何か讀みます。けれども困るのは

『速記雑誌』18号（明治24年6月22日）に掲載された講演速記。思軒の講演は『青年文学雑誌』3号（明治24年6月5日）を皮切りに、少なくとも4回異なる雑誌や書物に取りあげられた。

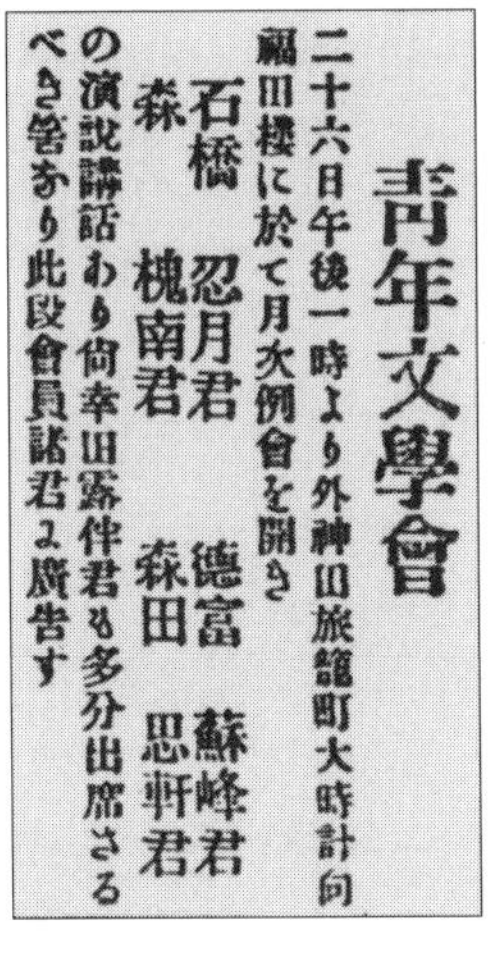

青年文學會

二十六日午後一時より外神田旅籠町大時計向福田樓に於て月次例會を開き

石橋忍月君　德富蘇峰君

森槐南君　森田思軒君

の演說講話あり尙幸田露伴君も多分出席さるべき筈あり此段會員諸君に廣告す

『郵便報知新聞』（明治24年4月25日）に掲載された講演会の広告。「青年文学会」は明治23年10月に設立された文学研究会。思軒、蘇峰、露伴、忍月ら数多くの文人が加わっていた。思軒は、これとは別に、明治20年、蘇峰とともに「文学会」を結成、そこにも熱心に参加していた。

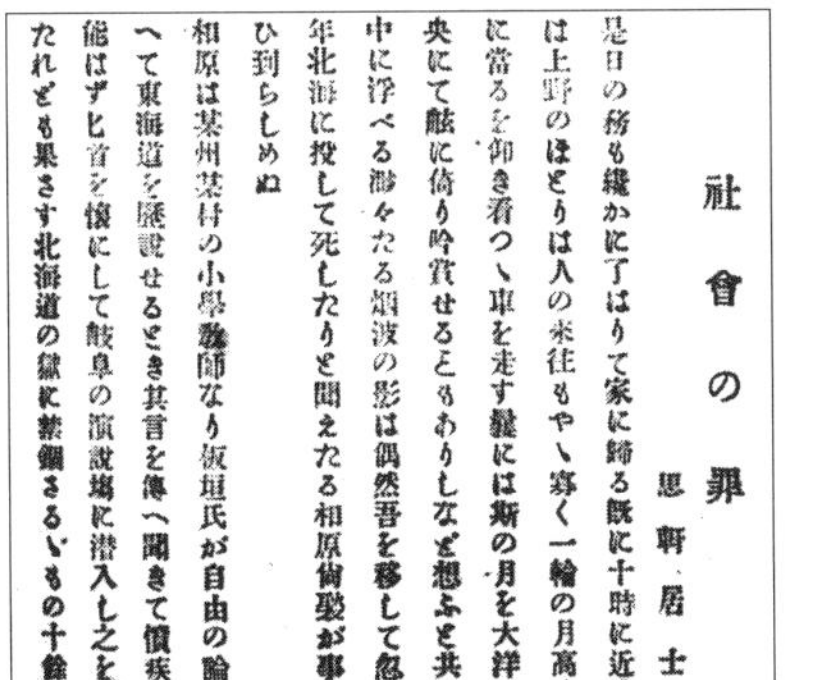

社會の罪

思軒居士

是日の務も纔かに了はりて家に歸る既に十時に近けれは上野のほとりは人の來往もやゝ寡く一輪の月高く頭に當るを仰き着つゝ車を走す耳には斯の月を大洋の中央にて舷に倚り吟賞せるともありしなど想ふと共に空中に浮べる渺々たる烟波の影は偶然吾を移して忽ち前年北海に投して死したりと聞えたる相原尙褧が事に憶ひ到らしめぬ

相原は某州某村の小學敎師なり板垣氏が自由の論を唱へて東海道を歷說せるとき其言を傳へ聞きて憤疾已む能はず匕首を懷にして岐阜の演說場に潜入し之を刺したれども果さす北海道の獄に禁錮さるゝもの十餘年數

『国民之友』（明治24年5月）に掲載された「社会の罪」（講演をもとに書き下ろしたもの）。

思軒と蘇峰――『報知』と『国民之友』の「親類交際」

ユゴーの作品に関しては、思軒は、自ら編集する『郵便報知新聞』ではなくて、もっぱら徳富蘇峰が主宰する『国民之友』の方に掲載した。それは、一つには『郵便報知新聞』と『国民之友』が浅からぬ縁で結ばれていたということによる。その辺の事情については、蘇峰が『報知新聞』（『郵便報知新聞』の改名紙）の「二万号記念」（昭和7年9月29日）に興味深い回顧談を掲げているので、その抜粋を以下に引用する。

《報知が政治上に、社会上に有力な新聞となつたことは前述べた通りであるが、文学の上においても大なる努力と貢献をした。矢野文雄氏の時代、森田思軒は専らこの方面に意をそゝぎ、ちぬの浦浪六、遅塚麗水などを重用して新聞に文学的新生面を拓いたのである。……こゝで些か自分のことを語らしてもらへば、私が初めて報知新聞にインテレストを持つたのは明治十六、七年の頃である。その当時全国の形勢を視察するために報知から幾人かの社員が各地へ派遣されたが、九州方面を受持つて熊本へやつてきたのが、久松義典といふ人である。そして偶然私の大江義塾を訪れた。珍客だといふので、塾では御馳走をしたり、演説会を開いたりして、非常な歓待をした。これが機縁となつて、報知は我々の存在を知り、紙上に大江義塾を紹介した。明治十九年、私は『将来の日本』の原稿を抱いて上京し、初めて矢野氏に会つた。その家といふのが、元のフランス大使館で、当時の大隈邸であつた。そこには森田思軒、小栗貞雄等の高等食客が集まつてゐた。矢野さんは丁度西洋から帰つて来たばかりであつた。矢野さんは私に報知へ入社しないかとしきりに進めるのである。その時はことわつたが、私のやうな男を誰も相手にするものはないと思つてゐたのに矢野氏程の人物からこの勧説を受けて大いに自信をつけた。そして私は雑誌『国民の友』を作つたのである。私は報知へ入社はしなかつたが、矢野さんがゐる間は報知と親類交際をした。『国民の友』を森田思軒がほとんど一人で書いたのも全くさういふ訳からである。》

我輩が世に出たのは
報知新聞のお蔭
徳富蘇峰翁の回顧談
明治九年
政黨政治
社會的に
些か自分
大隈邸で
「日の出島」時代の
弦齋の生活

『報知新聞』「二万号記念」（昭和7年9月29日）

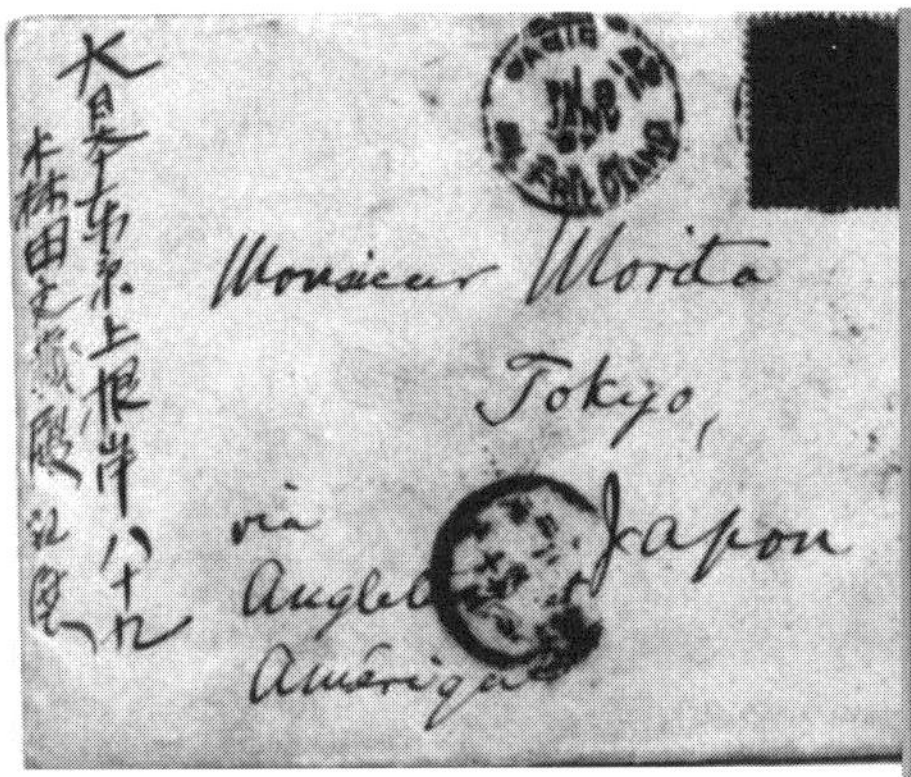

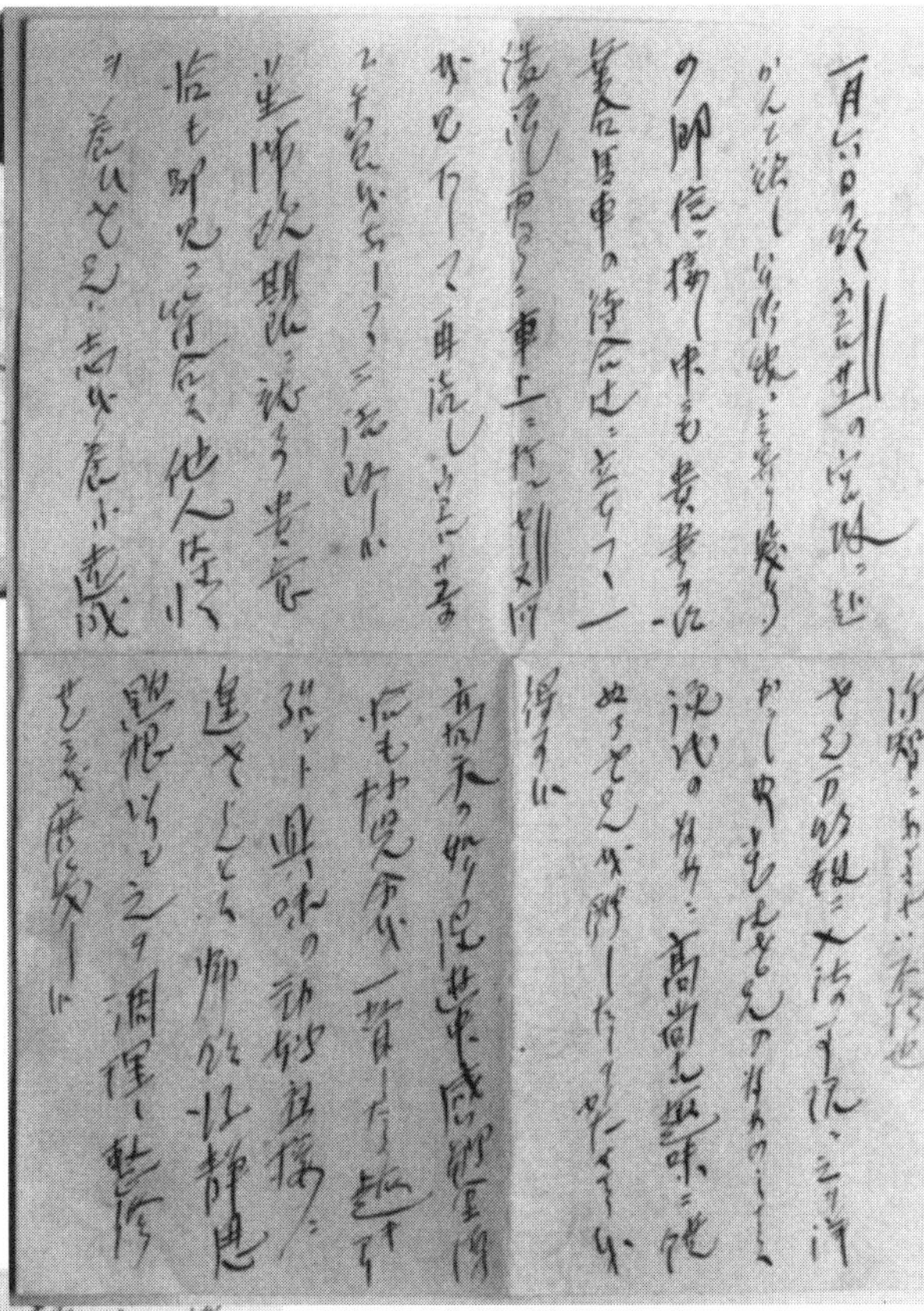

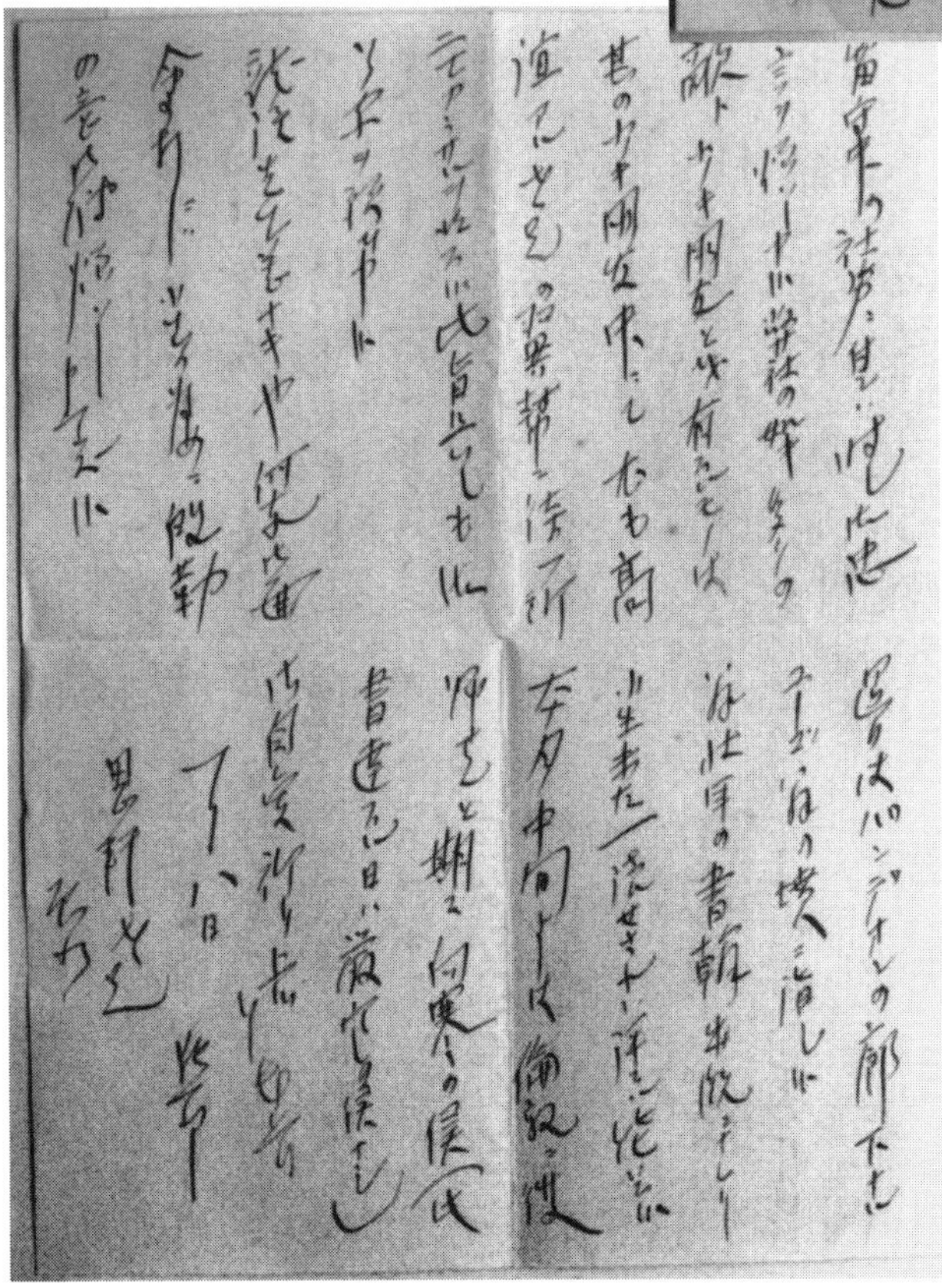

徳富蘇峰

蘇峰がフランスから思軒に宛てた手紙。
ユゴーの墓に詣でたことに言及。

編集者思軒

明治十九年に翻訳文学者としてデビューして以来、思軒は、一貫して『郵便報知新聞』を作家活動の重要な拠点としてきた。その拠って立つ『報知』は、明治二十三年矢野が同紙を去る前後から深刻な経営危機に遭遇する。それまで『報知』を支えてきた人々が次々に去っていくなかで、思軒は一人残ってその再建に孤軍奮闘した。思軒が明治二十九年六月に学習院へ提出するために書いた「履歴書」の下書きをみると、「明治二十三年より同新聞を主管して二十四年十一月に至る」と記されている。その前項に「明治十九年夏帰朝して報知新聞文学部の主筆記者となる」とあるのと比べて違うのは、単なる「文学部」の主筆記者から、新聞全体を統轄する「主管」へと変わっていることだ。その辺の事情を伝える貴重な資料として、思軒の未亡人・豊《とよ》夫人が『報知新聞』の「二万号記念」（前出）に掲載した回想談が発見されたので、それを紹介する。

『報知新聞』「二万号記念」（昭和7年9月29日）

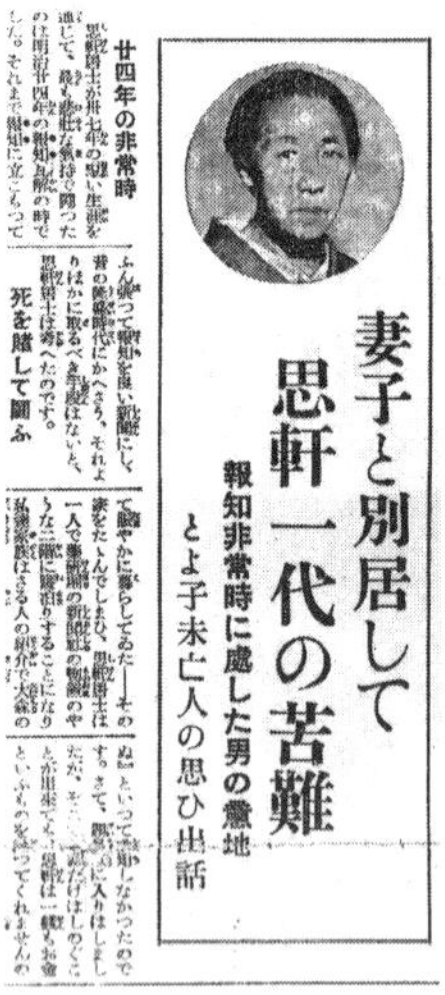
妻子と別居して
思軒一代の苦難
報知非常時に處した男の意地
とよ子未亡人の思ひ出話
廿四年の非常時
死を賭して闘ふ

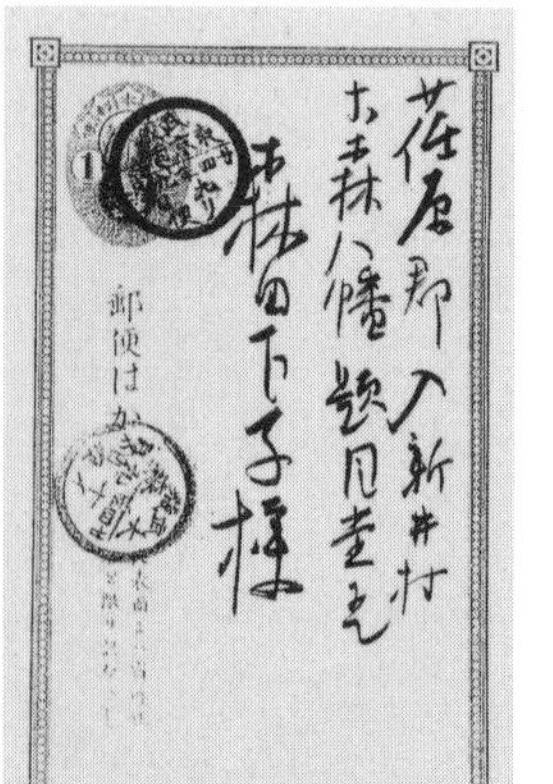

思軒が大森題目堂の下子（娘）に宛てたはがき（明治24年9月9日の消印）

廿四年の非常時　思軒居士が卅七年の短い生涯を通じて、最も悲壮な気持で闘つたのは明治廿四年の報知瓦解の時でした。それまで報知に立こもつて色々立派な仕事をしてゐた人達も相ついで退社してしまひ、報知にゐて財を成した人達もまるで社を顧みなくなつたのです。その頃の六万円といへば大金でした。最早かうなつては廃刊して、新聞社をつぶしてしまふよりほかに仕方がないといふことになりました。しかし廃刊して、社屋や機械を売つても四万円位しか金は出来さうにありませんでした。さうなるとあとの二万円はやはり負債として残り、誰かゞその責任を負はなくてはなりません。どうせ社を潰してもやりくりがつかないといふのなら、もう一度ふん張つて報知を良い新聞にし、昔の隆盛時代にかへさう、それよりほかに取るべき手段はないと、思軒居士は考へたのです。

死を賭して闘ふ　そして思軒居士は妾《わたし》に申しました。

『おれが天下の思軒として今日あるのは全く報知のお陰である。その報知が生きるか死ぬかの悲境にある時、どうしておれが見捨てることが出来よう、見捨てゝは男が立たぬ。そこでおれは死を賭しても報知のために闘ふ積りだから、お前達もその覚悟をしなくてはならぬ』……

思軒が無言の涙　……思軒は（豊夫人と下子のいる大森）題目堂へ一週間に一度づゝ、大概日曜日にやつて来ました。私達がどんなにか金にこまつてゐるのを見ても、そのことについては一言もいひません。思軒といふ人はどんな場合でもお金の話をするのが嫌ひでした。しかしその破れ寺で私達がどんなに苦しい生活をしてゐるかはよく分つてゐるのです。あの癇癪持のきかん気の思軒居士が、私達を見て、無言のまゝ、ポロ、ポロと涙をこぼしてゐるのを私は見ました。

家族

明治二十一年、思軒は、東京の士族・原田藤五郎の次女豊を妻に迎える。東京両国の料亭中村楼で仲居として働いていた豊は、時折そこに通ってきては酒に酔いつぶれる思軒をやさしく介抱した。そうした豊を心憎からず思っていた思軒は、豊との結婚を決意する。しかし、実家の森田家は、笠岡の名家としてのプライドもあってか、その結婚を歓迎しなかった。やむをえず、豊を矢野龍渓の養女ということにしてかたちを繕った。それでも、入籍に関しては、長女の下子が生まれて一ヶ月を経た明治二十四年二月までまたなければならないという状況であった。そうした事情はあったが、思軒は妻を愛し、子どもを愛した。明治二十四年八月に『国民之友』に寄せた一文では、わざわざ「子ども」という一項を設けて、「余は吾が児を挙げしより凡そ人類に対して従前未だ曽て有せざりし一段別種の愛情を生ぜしを覚ふ」とその心情をつづっている。

家族写真。思軒、下子、豊（明治28年）。

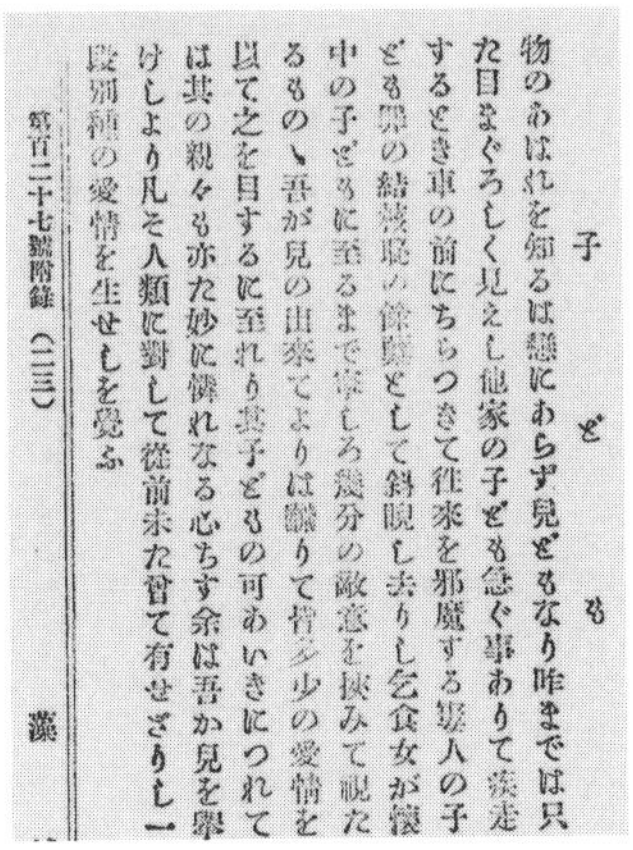

子 ど も

物のあはれを知るは戀にあらず兒どもなり昨までは只た目まぐろしく見えし他家の子ども急ぐ事ありて疾走するとき車の前にちらつきて往來を邪魔する婆人の子ども罪の結襲眼の餘孽として斜眼し去りし乞食女が懐中の子どもに至るまで寧しろ幾分の敵意を挾みて視たるものゝ吾が兒の出來てよりは飜りて稍多少の愛情を以て之を目するに至れり其子どもの可あいきにつれては其の親々も亦た妙に憐れなる心ちす余は吾か兒を擧けしより凡そ人類に對して從前未た曾て有せざりし一段別種の愛情を生せしを覺ふ

藻

第百二十七號附録 （三三）

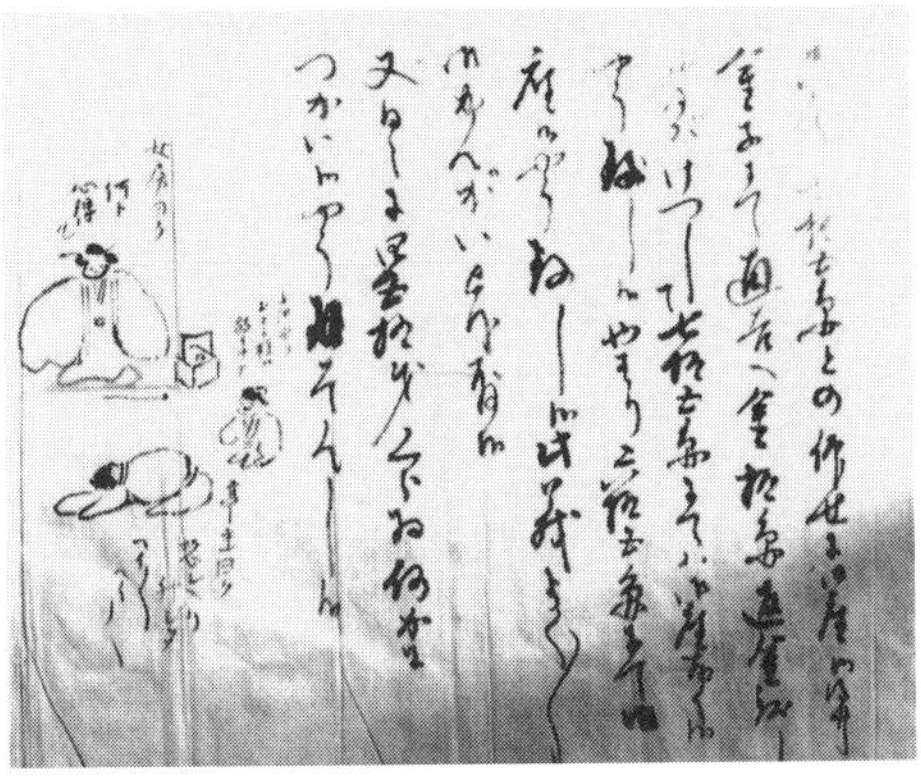

思軒が書いた戯文。親子三人の漫画の横に、「女房曰ク　何ト心得ル」「子供曰ク　おとう様ハ弱イナア」「亭主曰ク　恐レ入リ升シタ　ヘイヘイ　ヘイヘイ」とある。

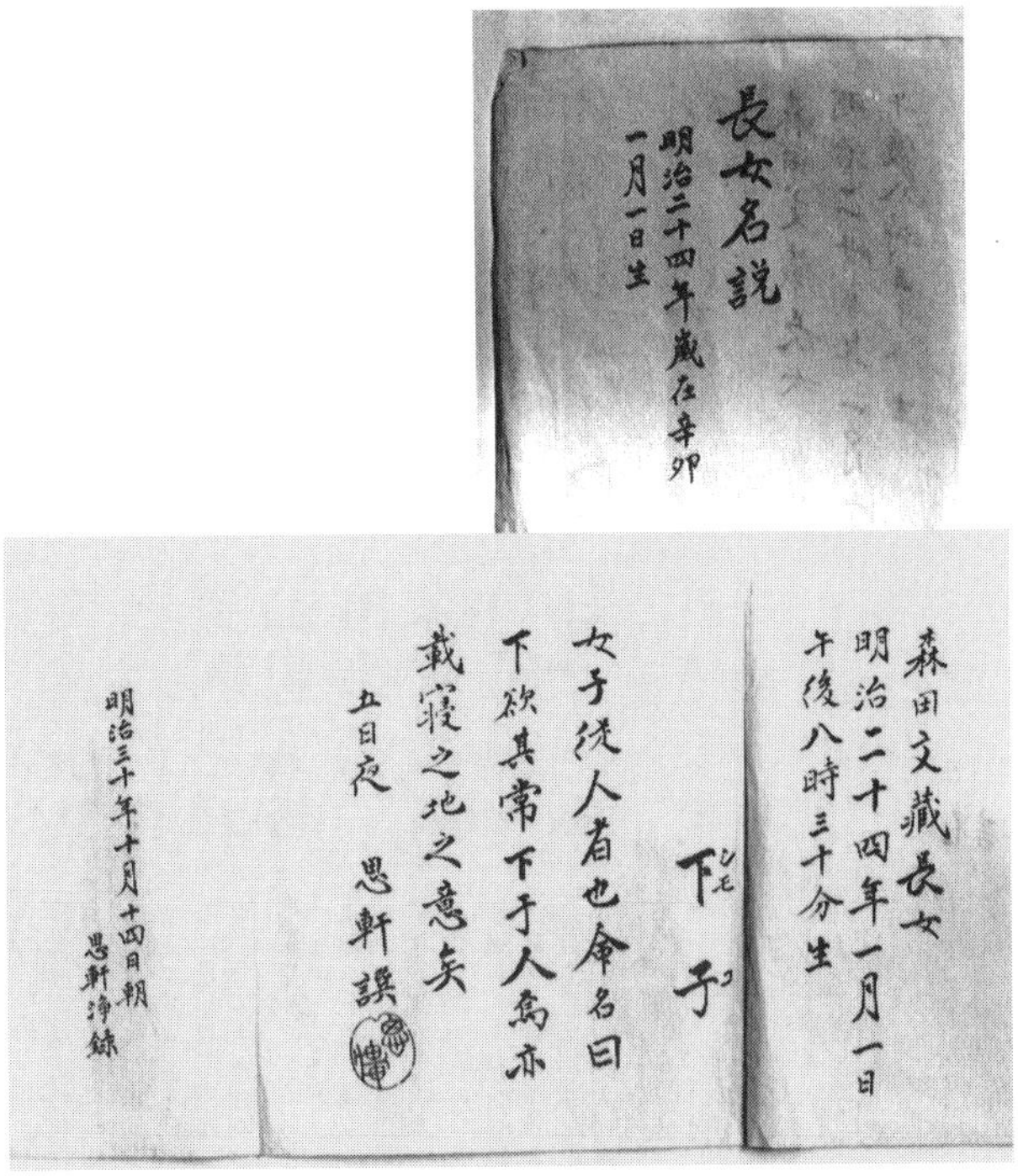

長女名説

明治二十四年歳在辛卯一月一日生

森田文藏長女

明治二十四年一月一日

午後八時三十分生

下子

女子從人者也命名曰下欲其常下于人爲亦載寢之地之意矣

五日夜　思軒譔

明治三十年十月十四日朝

思軒浄錄

下子の名前について述べた「長女名説」

『報知』再建の秘策

思軒は、「生きるか死ぬかの悲境にある」『郵便報知新聞』をいかなる方法で蘇らせようとしたのか。それは、村上浪六や村井弦斎、原抱一庵、遅塚麗水といった門下の筆の力を結集するという方法によるものであった。具体的には、『郵便報知新聞』の日曜版に、「報知叢話」なる付録をもうけ、そこに彼らの作品を掲載するという方法であった。その付録が発行されるに先だって、明治二十四年三月二十四日の『郵便報知新聞』には、次のような広告が掲載される。

《報知新聞／日曜付録　報知叢話　十二行三十字／三十二ページ
来る四月より毎日曜発行付録す。極て普通なる趣味より極て高尚なる理想に至るまで一切文学上の知識と娯楽とを集輯し、小説、逸話、随筆、翻訳、詩歌、俳諧、手にまかせて採聚す。社友の玉稿を投せむことを約せられしもの既に少からず。其常住筆を執て編集に従事する者、凡そ左の如し。
抱一庵主人　ちぬの浦浪六　麗水生　弦斎居士　三峡学人〔小栗貞雄〕　思軒居士》

これをみてもわかるとおり、思軒は『郵便報知新聞』をあらゆる「文学上の知識と娯楽」を満載する「文学」新聞となすことによって売り上げ紙数の拡大をめざそうとしたのである。それはちょうど師匠の矢野龍渓が、明治十九年九月に同紙の大改革を断行するに当たって、「報知叢談」欄を新設し、そこに海外の翻訳小説等を掲げていったのと同じ試みであった。

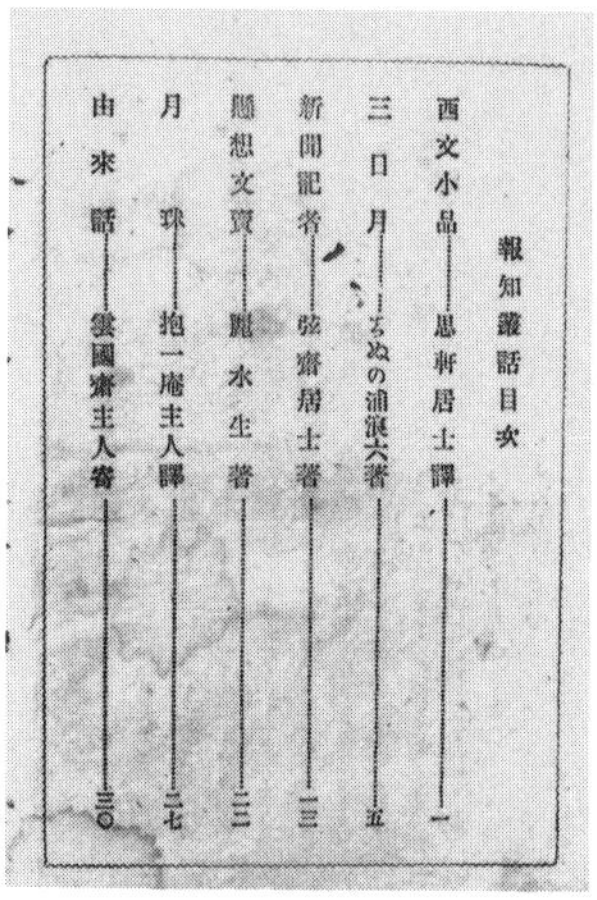
報知叢話目次

『報知叢話』（明治 24 年4月5日）の表紙と目次

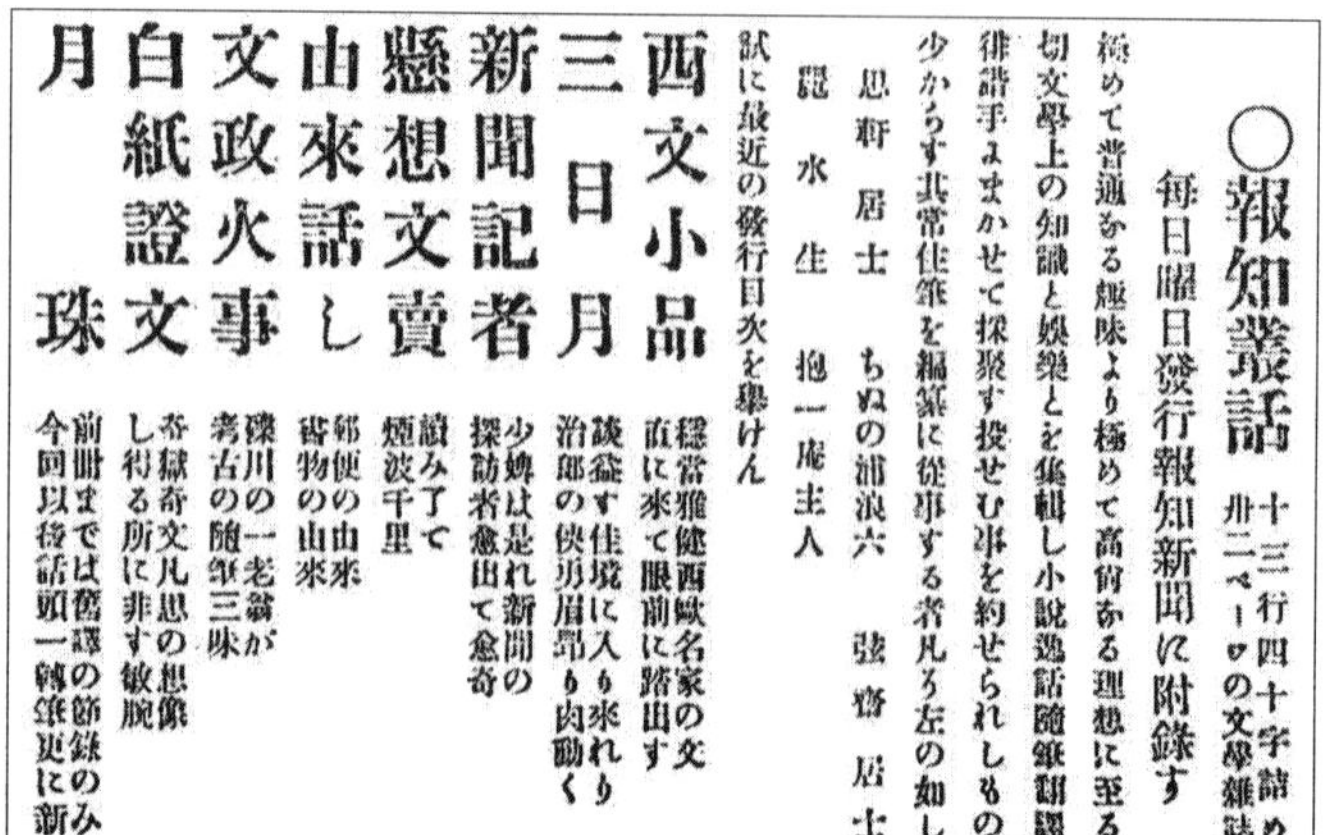
○報知叢話　十三行四十字詰め　卅二ページの文學雜誌
每日曜日發行報知新聞に附錄す
極めて普通なる趣味より極めて高尚なる理想に至る迄一切文學上の知識と娛樂とを集輯し小說逸話隨筆翻譯詩歌俳諧手にまかせて採聚す投せむ事を約せられしもの既に少からず其常住筆を編纂に從事する者凡そ左の如し
思軒居士　ちぬの浦浪六　弦齋居士
麗水生　抱一庵主人
試に最近の發行目次を擧けん
西文小品　穩當雅健西歐名家の文直に來て眼前に踏出す
三日月　讀盆す佳境に入り來れり治郞の俠男眉帮り肉動く
新聞記者　少婢は是れ新聞の探訪者愈出て愈奇
懸想文賣　讀み了て煙波千里
由來話し　郵便の由來書物の由來
文政火事　礫川の一老翁が考古の隨筆三昧
白紙證文　吞獄奇文凡思の想像し得る所に非す敏腕
月珠　前冊までは舊譯の節錄のみ今回以後話頭一轉筆更に新

『報知叢話』広告
（『郵便報知新聞』明治24年5月13日）

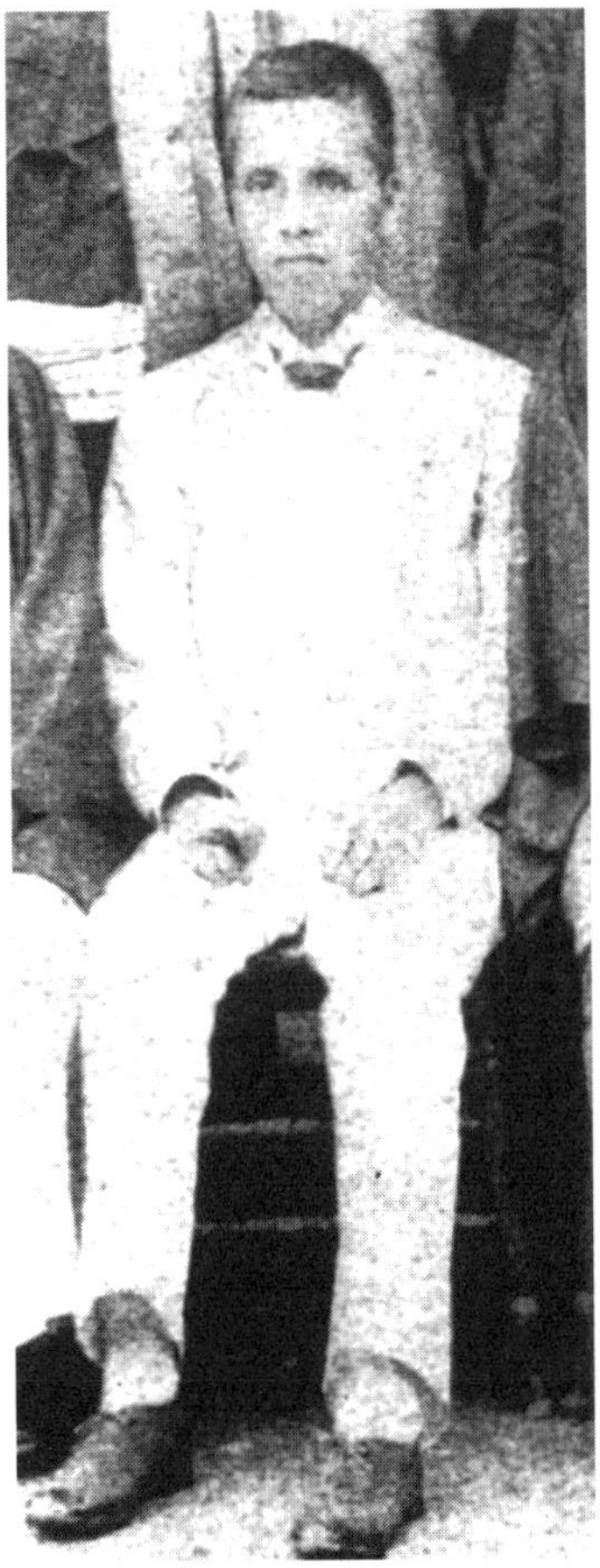

洋装の思軒

村上浪六を文壇に送り出す

『報知叢話』を刊行するにあたつて、思軒は幸田露伴に協力を要請したが、『国会』(新聞)に誘われていた露伴は応じなかった。その代わりに、いまだ無名の新人で、新聞の校正係を務めていた村上浪六(ちぬの浦浪六)が加わった。その浪六が、露伴にも劣らない活躍をする。手もとの文学事典で浪六の経歴を確認するとこうある。明治「二三年三月、郵便報知新聞に校正係として入社、翌年三月日曜付録『報知叢話』の創設に際し、編集長森田思軒の勧めではじめて浪六の名を用いて書いたのが『三日月』(明治24・4〜6)である。これは発表と同時に非常な世評を呼び、二四歳の青年はいちじに文壇の寵児となった。筆名のちぬの浦浪六とは幸田露伴の変名ではないかといわれたほどである」(『日本近代文学大事典　机上版』講談社)。露伴に断られて、代わりに加えた新人が、露伴の「変名」と受け取られるほどの活躍をしたというのである。まさに編集者思軒の面目躍如といったところだろう。しかし、それだけではない。豊夫人の回想記には、新人の浪六を思軒と村井弦斎のベテラン作家二人が後押しして世に売り出していく様子がこう記されている。「つゞいて村上浪六氏を社員として三円の給料を払ひ、日曜付録に初めて小説『三日月』を掲載しました。その小説の上欄には、思軒と弦斎の二人が評を書き、この評と小説とが相まつて『三日月』は非常な評判になるといつた工合で、報知は再び世間の人気を博し、徐々に隆盛発展の時代へ向つたのであります」。思軒の後押しで浪六の評判が高まり、それとともに『報知』の再建も軌道に乗っていく。編集「主管」としての思軒の力量をうかがわせる一例といえるだろう。

三日月序

報知新聞の一たび報知叢話を出たすや其の小説皆な多少の稱評を世人に獲たり而してちぬの浦浪六著はす所の三日月尤も嘖々を極む或は曰く露伴なり或は曰く紅葉なりと竟に斯の將さに興らむとするの青年記者は姓を村上といひ名を信といひ文苑に入るの日猶ほ淺くして英を吐く未た衆からず固より露伴紅葉の作家林を望むに足らずと雖も亦之を望むを背ぜざる一有骨書生なるを知るもの莫し

村上君三日月を輯合し纏めて一册となさむと欲し余の一
一

口絵(浪六画)と思軒の「三日月序」

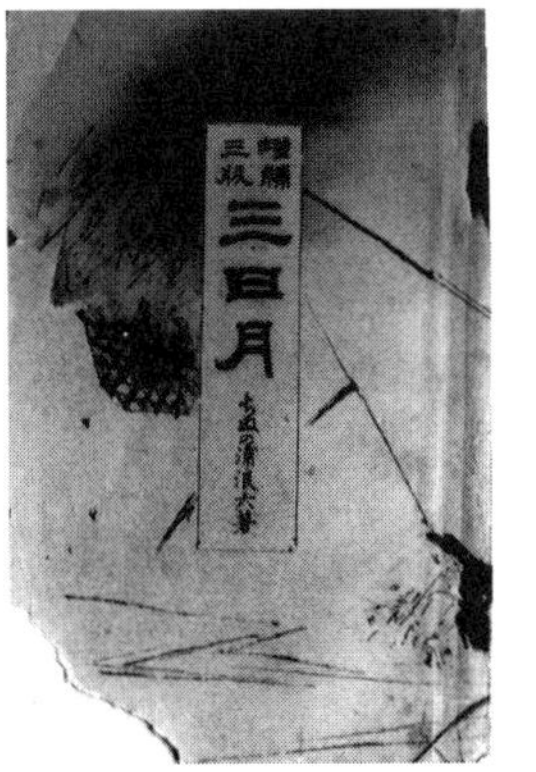

『三日月』(春陽堂、明治24年7月、本書は同年11月刊行の3版)

思軒が序文を寄せている書物

明治中期を代表する文芸批評家として思軒はいくつかの重要な書物の序文や跋文を手がけている。これらの文章には今日なお注目に値する文章も少なくない。なかでも、『夜と朝』の「叙」における考察は、それが初期の翻訳文学の流れを的確に把握した優れた考察であったために、その後、多くの研究書や文学史などにとりあげられ、翻訳文学史上の通説となっていった。

思軒の記述に従って初期の翻訳文学の流れを概観すると、まず日本の小説界の「趨向」に一大転機をもたらしたのは、丹羽純一郎の『花柳春話』（リットン著『アーネスト・マルトゥラヴァース』『アリス』の訳。明治11年10月～12年4月刊）であった。この作品は、そこから西洋小説の翻訳が「紛然群起」するほどの一大翻訳小説ブームを巻き起こしたものであったが、用いられている文体は漢文脈に基礎をおく旧文体に属するもので、いまだ文章において新生面を開くまでには至らなかった。ところが、明治十八年十一月に藤田茂吉・尾崎庸夫訳『諷世嘲俗繫思談』初篇（リットン著『ケネルム・チリングリー』の訳）が出版されるに及んで、その「造句」と「措辞」は一変した。なかには意味の通じにくいところもあるが、訳文を原文と比べてみてきわめて精緻な翻訳である。明治二十二年当時出回っていた無数の「周密文体」はすべてこの作品に端を発するといっても過言ではない。その後、益田克徳訳『夜と朝』第一冊が刊行されるにいたり、日本の文学世界にはさらなる転換の「朕兆《きざし》」がみえてきた。すなわち、速記界の第一人者である若林玵蔵が筆記したその翻訳は、日本の小説の文体を口語主体の文体へと一変させる一つの兆候と受けとめられる、というのが思軒の論旨である。

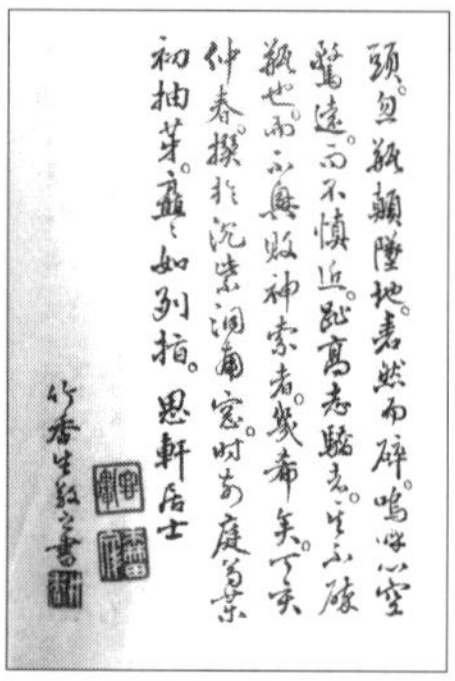

南翠外史（須藤光暉）著『一顰一笑　新粧之佳人』（春陽堂、明治20年5月）

益田克徳訳『夜と朝』第一冊（若林玵蔵、明治22年9月）

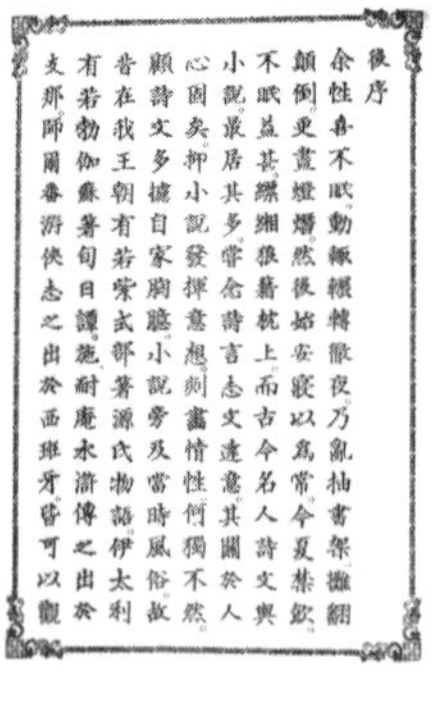

藤田茂吉（鳴鶴）・尾崎庸夫訳『諷世嘲俗繫思談』中篇（報知社、明治21年5月）本書の真の訳者は朝比奈知泉といわれる。

作品が収録された書物

当代の名文家として、あるいは名演説家として、さらには子どもたちが手本とすべき模範文章の書き手として、思軒の文章はさまざまな書物に取りあげられた。これらの書物もまた当時の文壇にしめる思軒の位置を知る貴重な資料といえるだろう。

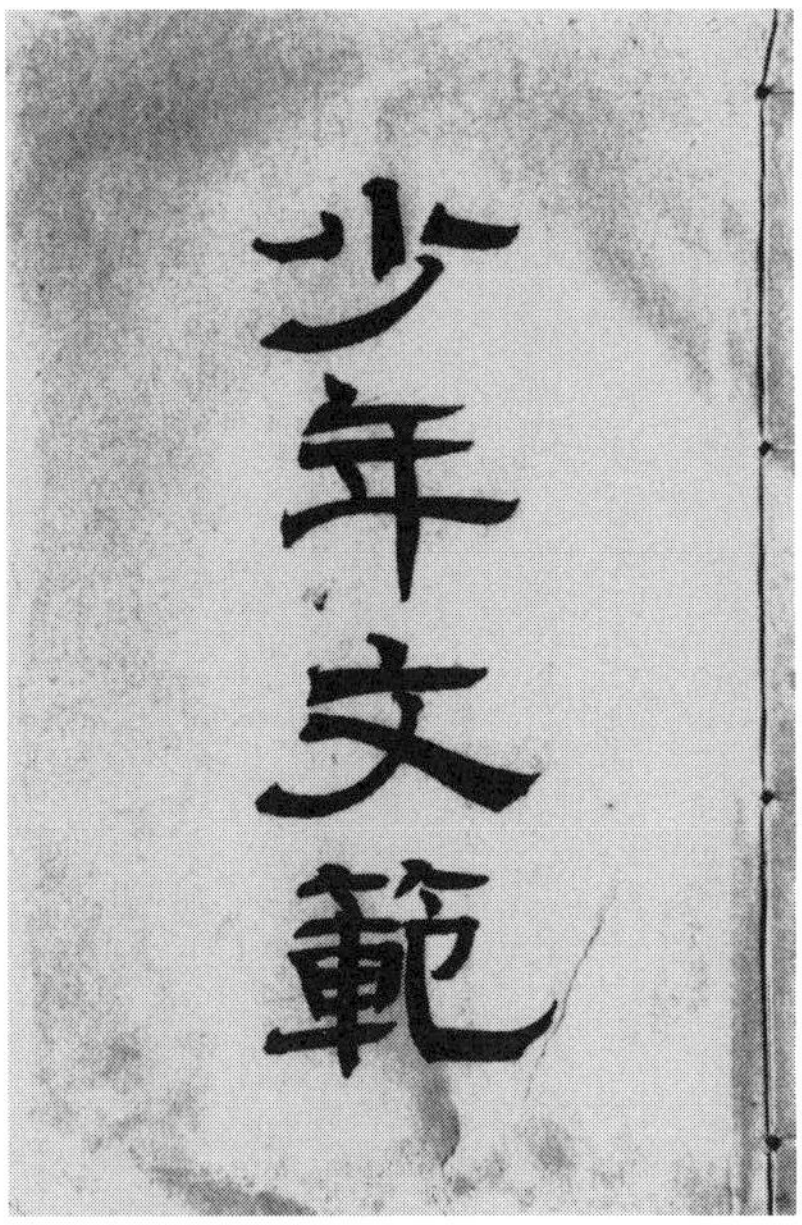

『少年文範』(少年園、明治23年3月)。ユゴー「ルヰフヒリップ王の出奔(千八百四十八年)」を収録。文頭に「少年が学んで而して病なきものは、夫れ惟森田氏の文か。氏が文に三体あり。全く漢文の句調を使るもの其一なり。和漢の間を折衷して一家の体となすもの其一なり。他ハ即ち欧文翻訳の一体是れなり。三体一として其妙を極めざるなし。」ではじまる少年のために書かれた思軒の文章に関する解説が二頁半付されている。ほかに、蘇峰、逍遙、篁村らの文章を収録。

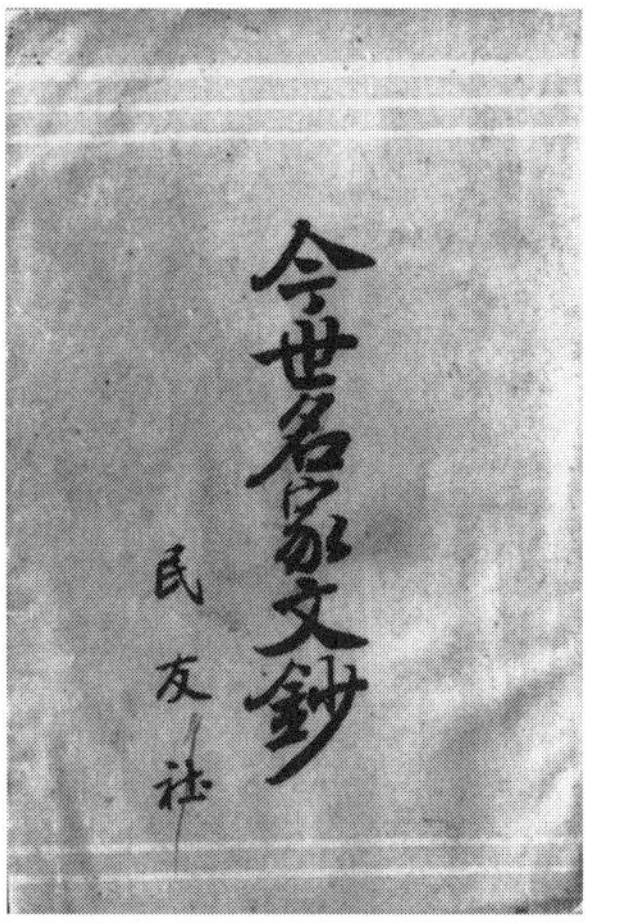

『今世名家文鈔』(民友社、明治24年4月)。「昼寝」(ホーソーン)、「秦始皇論」を収録。ほかに美妙、露伴、鷗外、龍渓らの文章を収録。

『日本大家論集』(博文館、明治24年9月)。明治24年4月に青年文学会で行った「社会の罪」に関する講演を「青年文学会ニ於テ」と題して掲載。

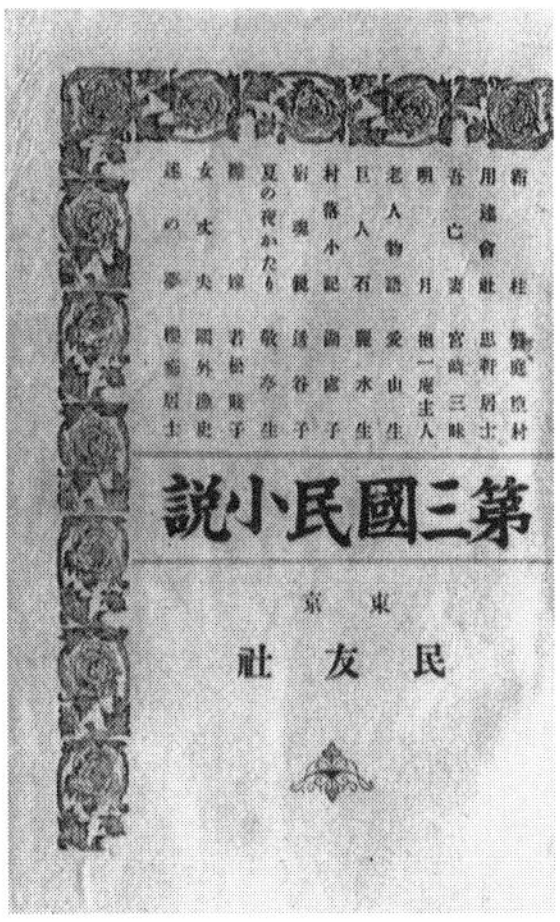

『第二国民小説』(民友社、明治24年10月)。ディケンズ「伊太利の囚人」掲載。

『第三国民小説』(民友社、明治26年6月)。ホーソーン「用達会社」所載。

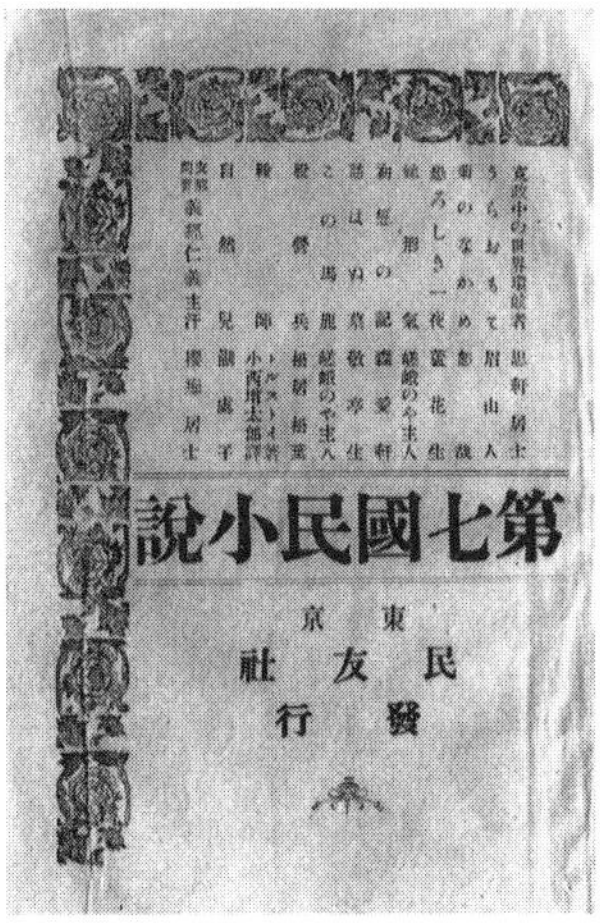

『第七国民小説』(民友社、明治29年4月)。「寛政中の世界環航者」収録。

報知社を去る

明治二十四年十一月二十二日の「報知叢話」の発行を最後に思軒は報知社を去る。苦心して作った「文学新聞」が、再び、もとの「政党新聞」に逆戻りさせられる「大改良」が立憲改進党系の関係者の手で断行されることになったのである。「報知叢話」の突然の廃止と、それに取って代わる「帝国議会」の議事録の発行に、その改革の性格が象徴的にあらわれている。もちろん、そんな時代に逆行する流れが世に受け入れられるはずはない。『郵便報知新聞』は、「犬養・尾崎らが明治二四年に……復帰してからは一層改進党色を復し、それが益々同紙の不振をもたら」す結果になった（西田長寿『明治時代の新聞と雑誌』）。

翌明治二十五年一月、思軒は『国会』（新聞）の客員として迎えられ、「隔簾影《かげぼうし》」「無名氏」「海賊」などの翻訳小説を発表。その一方で、ユゴーの『懐旧』やホーソーンの「用達会社」を『国民之友』に連載するなど、種々の雑誌や新聞に作品を掲載した。明治二十八年十二月に『国会』が廃刊になったのちは、帰属なしの執筆生活が続いたが、明治二十九年十一月から黒岩涙香の『萬朝報《よろずちょうほう》』に月給百円という高給で迎えられ、それが思軒最後の記者生活の場となった。

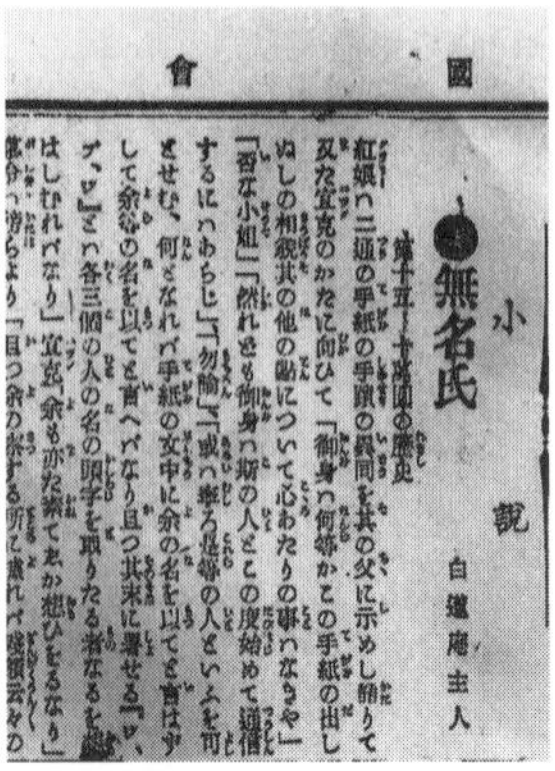

『国会』に掲載された「無名氏」（明治27年1月～8月）。その単行書（春陽堂、明治31年9月）は、「故森田思軒訳」とあるように、思軒の没後出版となる。

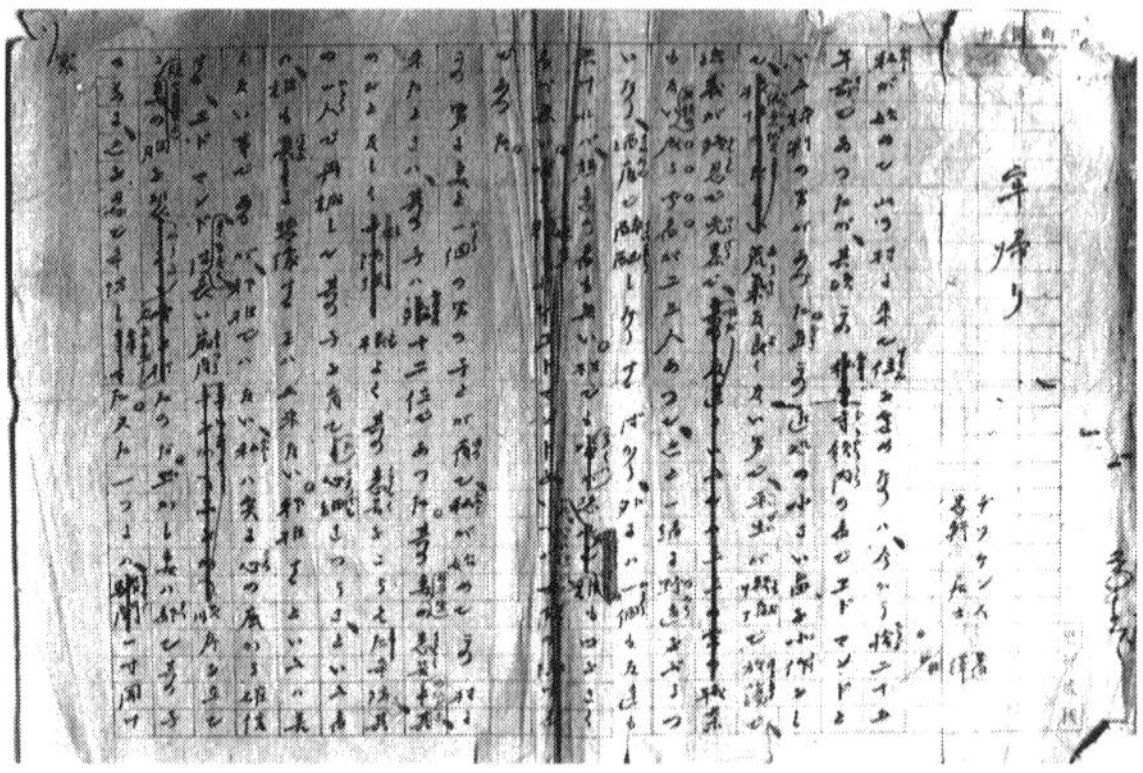

『家庭雑誌』（明治29年8月）に掲載されたディケンズ「牢帰り」の原稿。いわゆる「言文一致体」で綴られた唯一の翻訳。

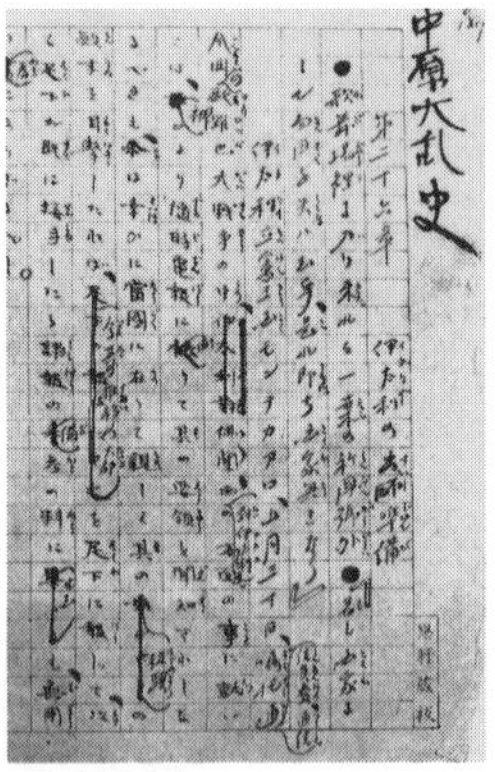

「中原大乱史」訳稿。『小説列国変局志』（フィリップ・コロム他著）として刊行された。

『小説列国変局志』（春陽堂、明治30年10月）背表紙と扉。本書は「肝付兼行訳述」とあるが、実際は思軒の翻訳。再版の「凡例」で、「本書第四十一章迄は其文章に森田思軒氏を大に労せり。而して第四十二章以下は水上玄洋氏の労に資《と》れるもの多し。」とはじめて思軒の名が出されるが、「大に労せり」どころか、ほとんど思軒の手になる翻訳であった。訳稿と照合してみればそれは一目瞭然である。思軒は、巻頭に某宮様の題辞が掲げらることになったのを潔しとせずに、出版から降りた。当時その事情が『大阪朝日新聞』に掲げられ評判となり、読者の多くは思軒の手になる翻訳であることを承知していた。

『賴山陽及其時代』（民友社、明治31年5月）。思軒の没後、右の文章を核に、蘇峰、愛山により編集・出版されたもの。

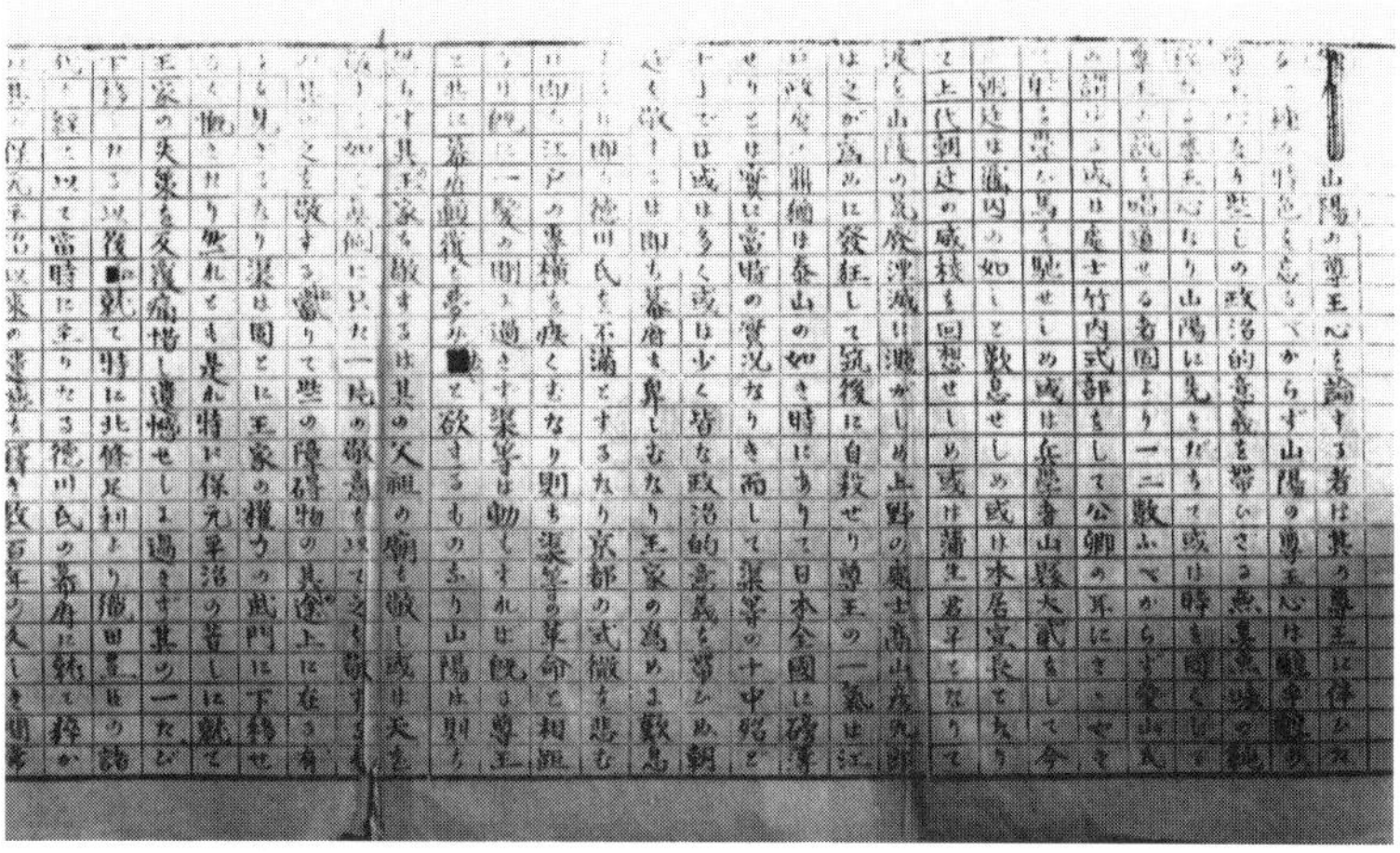

「山陽論に就て」（明治26年6月〜27年7月まで『国民之友』に連載）の原稿

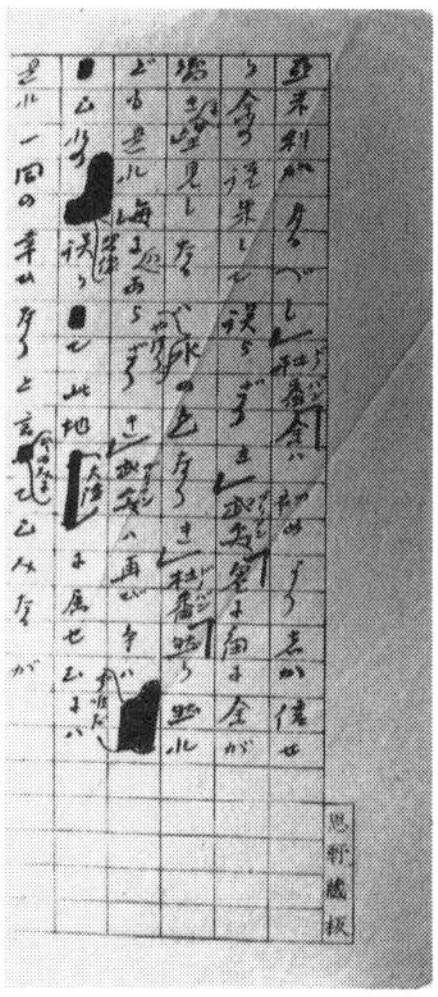

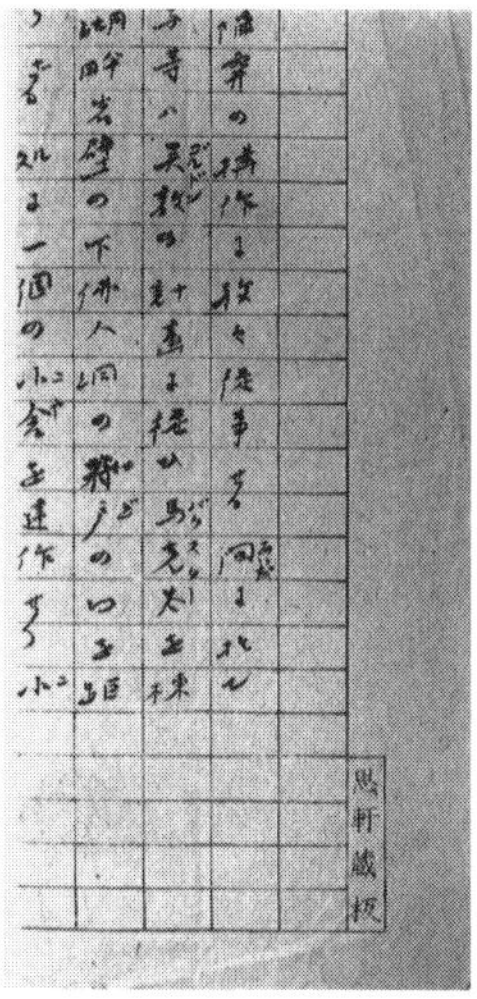

「十五少年」訳稿断片

なぜ思軒の原稿は長いのか

　現存する思軒の原稿を調査していて、気がつく特徴の一つは、そのなかに三十行四十行にも及ぶ横長の原稿が含まれていることである。なぜそのように長い原稿が存在するのか。その理由については、馬場孤蝶が「紅葉と思軒」という文章のなかで興味深いエピソードを紹介しているので、それを以下に引いてみよう。

《尾崎紅葉山人も森田思軒居士も共に明治年代の文豪であつたことは云ふまでもなからうが、此の両大家は共に文章にひどく骨折る人であつて、原稿に幾度となく手を入るのであつた。／尾崎氏は『原稿は厚くなければ、駄目だ』と云ひ、森田氏の方は『原稿は長くなければ駄目だ』と云つて居つたと伝えられて居る。》《尾崎氏は……原稿のなかの書き直す箇所へは、……細い紙を丁度そこへ当るだけに切つて、其処へ糊で貼りつけ、その上へ書き直しをなし、その文章が気に入らぬと、又その上へ紙を新たに貼つて、又々書き直すといふのであつたから》《『原稿は厚くなければ、駄目だ』と云つた。》《森田氏の方も尾崎氏同様、原稿の部分々々を十分に書き直したのであるが、これは書直しをする時は、元のところを消して、原稿に紙を横についで、それへ書き直しをするのであつた。だから、謂はば原稿紙が横に長くなる訳で、結局、文章は念を入れて書け、自分の心に満足が出来ない限りは、幾度でも直せといふことになるのだ。》

　この文章を読んで思い起こされるのは、今回新たに見つかった「十五少年」訳稿の断片である。原稿本体は現存しないのに、なぜ断片のみが残されているのか。それはその断片が、原稿を書き直した際の不要になったほうの部分であったためである。思軒は、それを切り取って、そのあとに新たな訂正稿を貼り付けて最終稿としたのである。

多彩な交友関係

明治二十年代を彩る数多くの著名人が思軒と交わりを結んだ。その交流の跡を裏づける資料として、白石家には、各界の著名人が書き送った書簡や思い出の品々が残されている。ほんの一部ではあるが、以下にそれを紹介する。

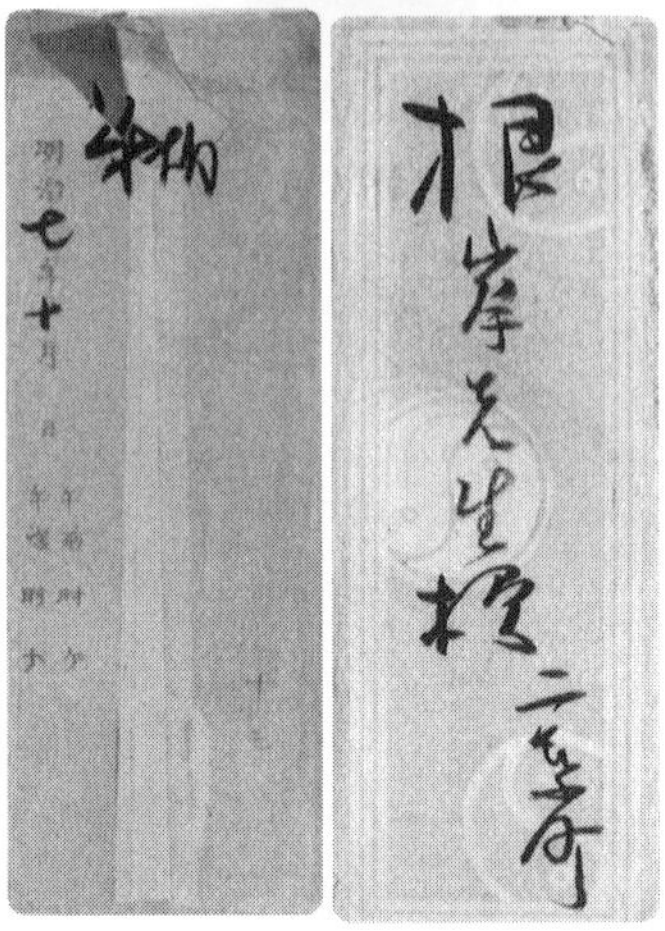

二葉亭四迷と
二葉亭が思軒に宛てた書簡封筒

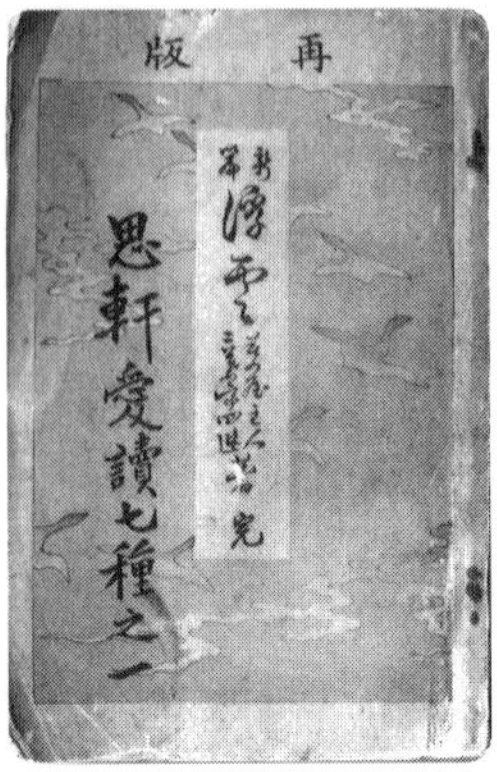

思軒手沢の『浮雲』。「思軒愛読七種の一」と墨書きされている。

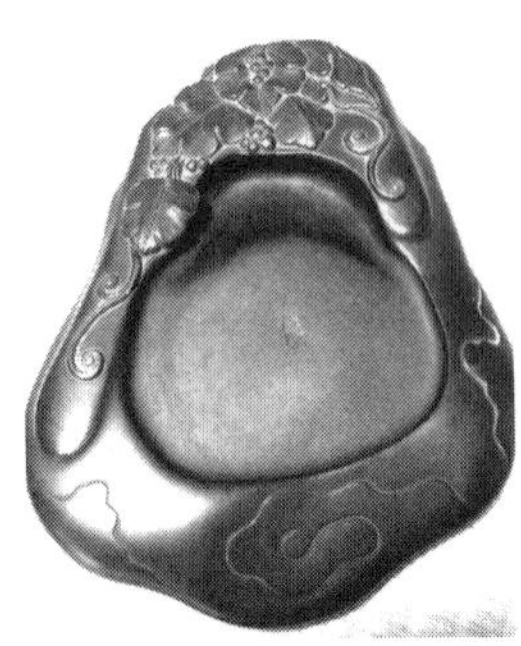

二葉亭が愛用した硯。大正七年に思軒の女婿白石実三が坪内逍遙から贈られたもの。白石家蔵。

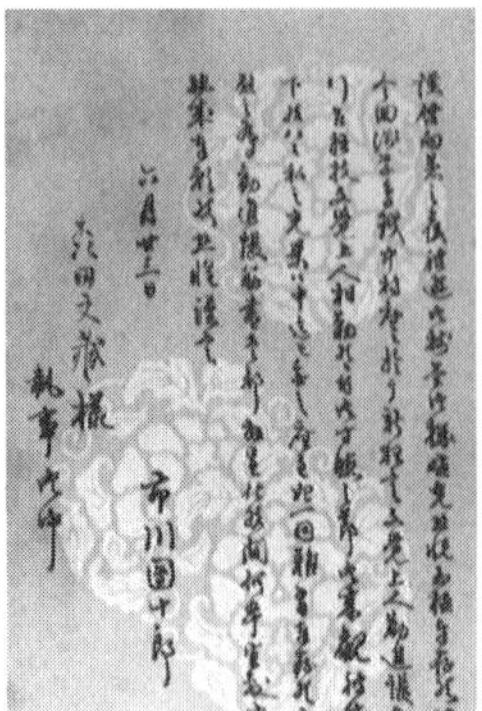

思軒に宛てられた案内状
浅草中村座で「文覚上人」「勧進帳」が上演されたときのもの。

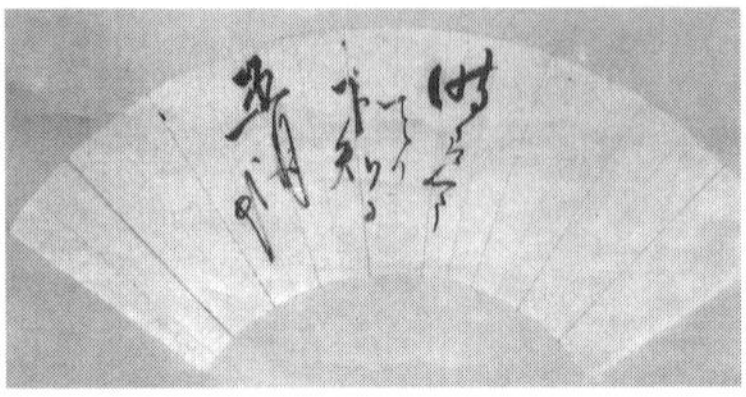

市川団十郎とその書
団十郎が芝居の実演中に書いたものを黒子がとっておいて思軒に後で届けたもの。

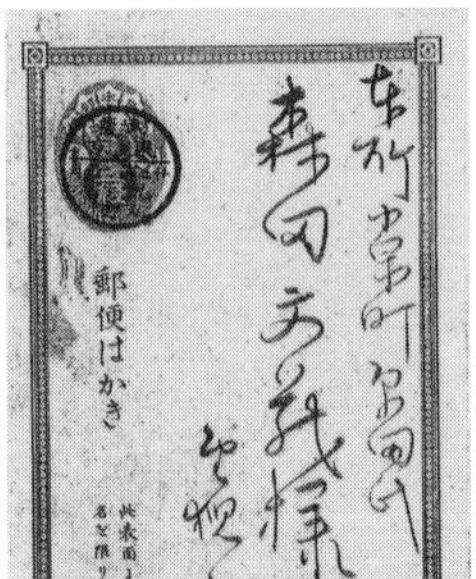

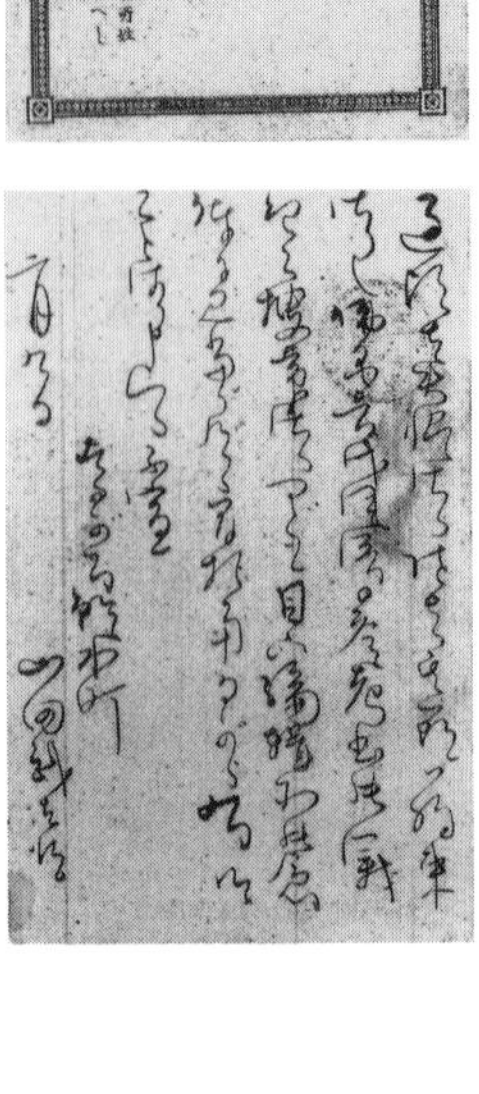

山田美妙と思軒宛の葉書

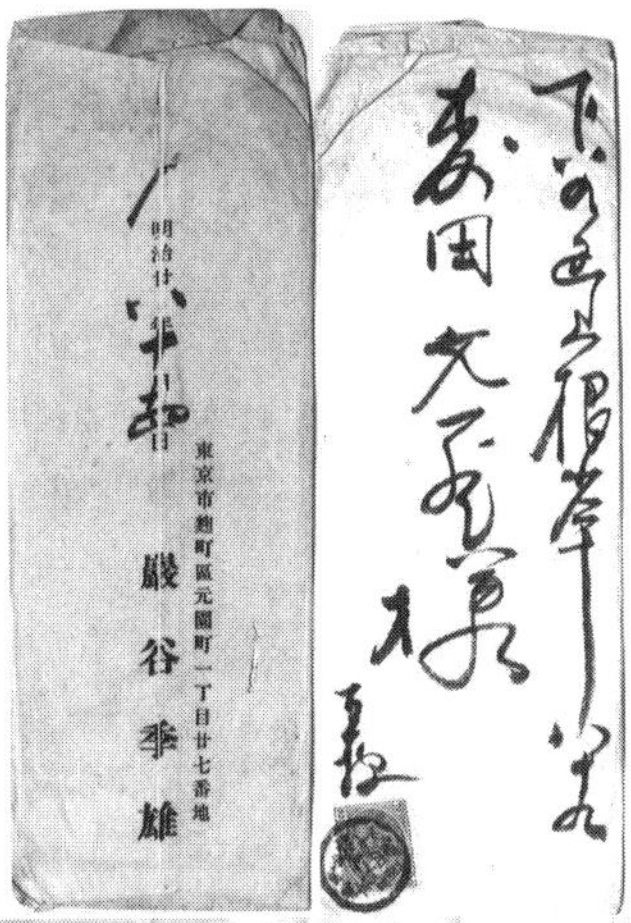

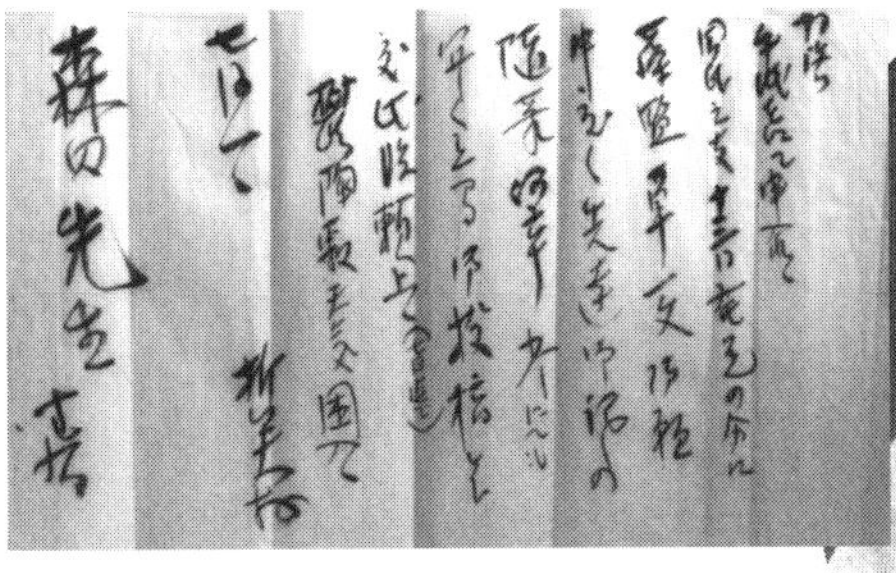

巌谷小波とその思軒宛書簡。「春水日記」に賛辞を贈られたことに対する御礼等。

国木田独歩とその書簡。独歩が記者をしていた『国民之友』への執筆依頼文。

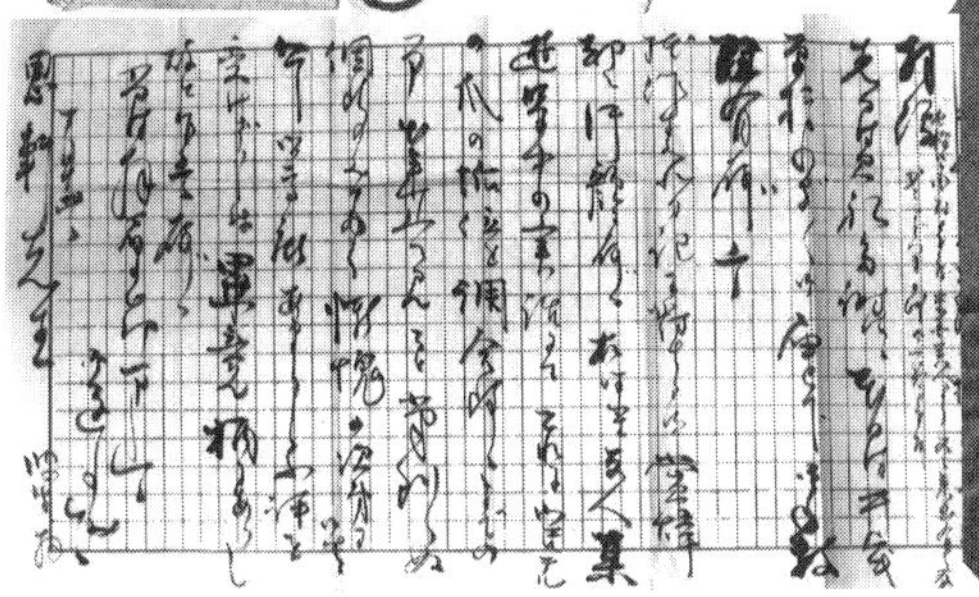

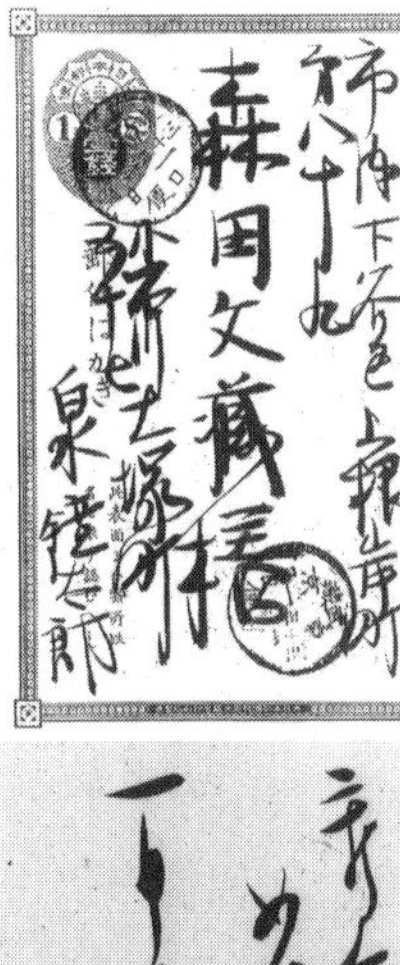

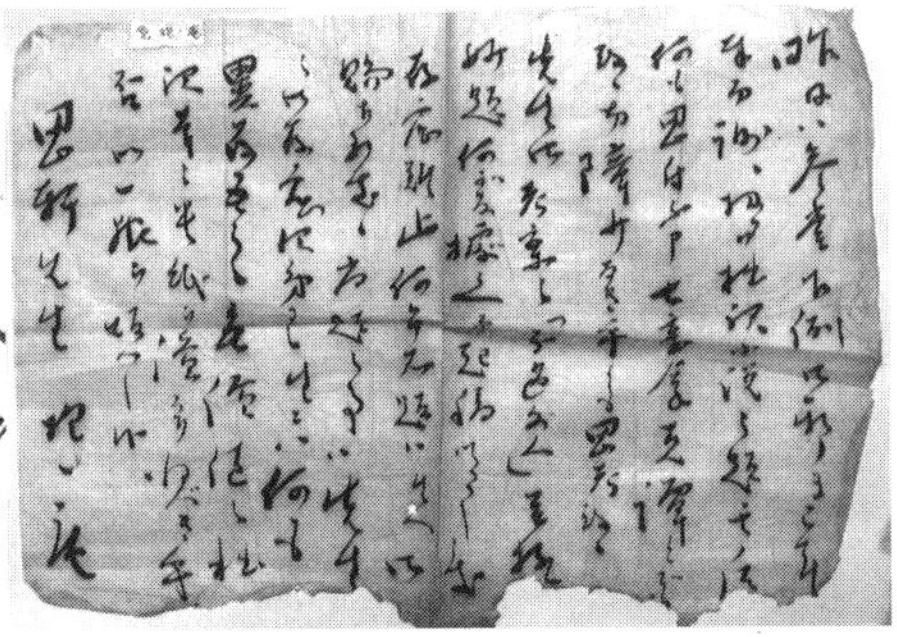

原抱一庵とその書簡

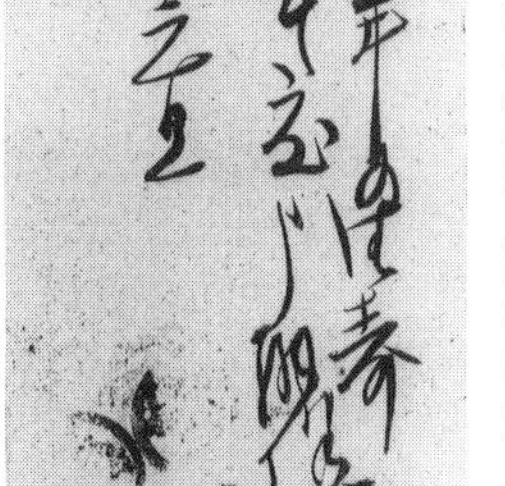

泉鏡花と鏡花の年賀状（明治30年）

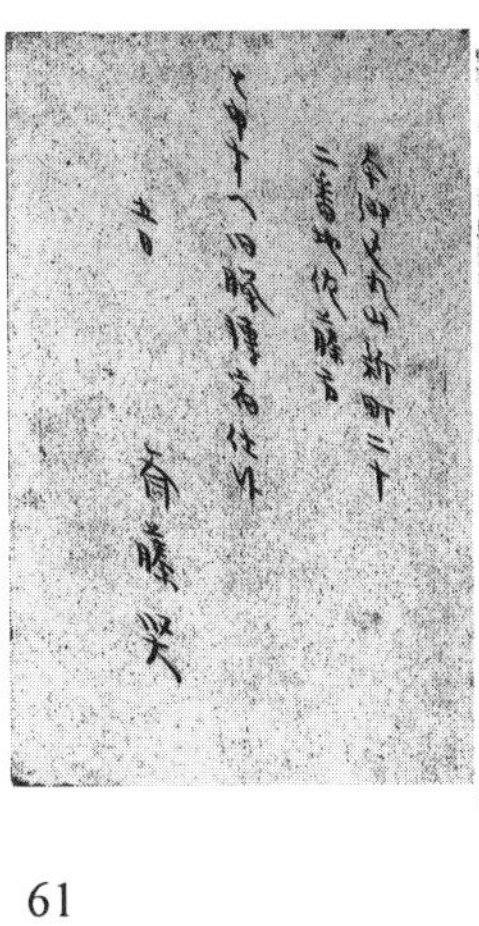

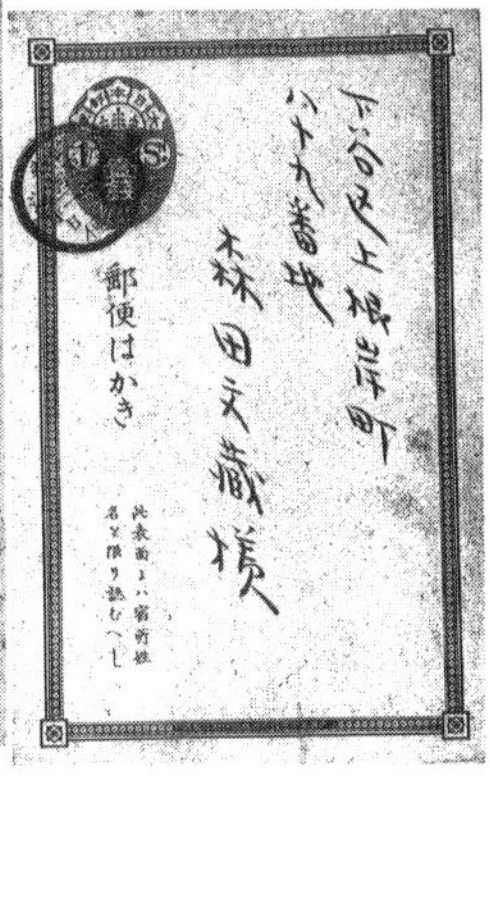

斉藤緑雨の書簡封筒と葉書

根岸派の集い

明治二十二年二月頃、思軒は下谷区根岸金杉村一六五番地に移り住む。その頃から、いわゆる根岸派といわれる人々との交遊がはじまる。根岸派は、酒を酌み交わしながら文芸談に華を咲かせたり、風流人の遊びを楽しんだり、ときには一緒に旅行に出かけたりと、「昔の八笑人、七偏人の生活」を送った。主なメンバーは、思軒、岡倉天心（ともに根岸の住人）のほかに、幸田露伴、饗庭篁村、高橋太華、宮崎三昧、幸堂得知、須藤南翠、関根只好、富岡永洗、久保田米僊等々、当時の第一級の文化人たちが顔をそろえていた。会合の目的は、文学上の結社などという堅苦しいものではなく、もっとおおらかに文学、演劇、絵画等々の仕事に携わるものが集まって、気ままに風流な会話や遊びを楽しむという倶楽部的なものであった。どこか現代の遊び心にも通じる人生の達人たちの会合といった感じがする。ときに森鷗外などもその会合に加わることがあった。

先友今知録

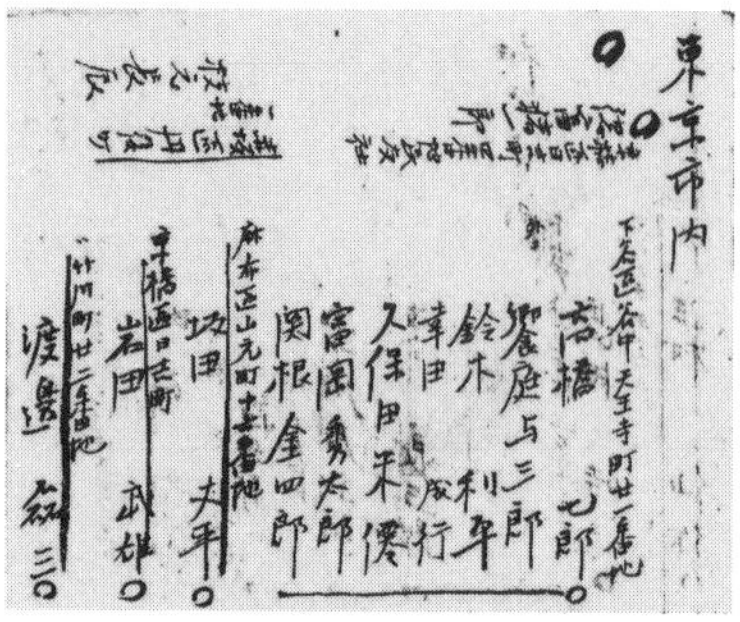
東京市内
高橋七郎
饗庭与三郎
鈴木利平
幸田成行
久保田米僊
富岡秀太郎
関根金四郎

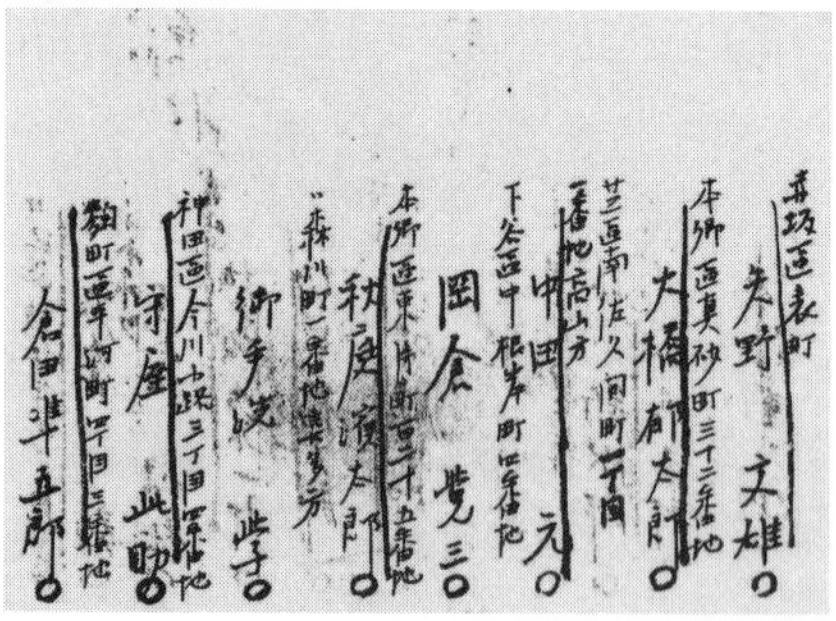
岡倉覚三

「先友今知録」（思軒手書きの住所録）。東京市内の項に、高橋七郎（太華）、饗庭与三郎（篁村）、鈴木利平（幸堂得知）、幸田成行（露伴）、久保田米僊、富岡秀太郎（永洗）、関根金四郎（只好、別号黙庵）の名がみえる。ややおいて、岡倉覚三（天心）の名もみえる。

『草鞋記程』とそのさし絵。明治25年11月20日に、南翠が大阪朝日新聞に入社するに当たって、送別会を兼ねて群馬の妙義山に旅行したときの合作の紀行集（私家版、限定50部刊）。篁村、天心、三昧は都合で参加できなかった。向かって右側の四人は、前から只好、露伴、米僊、永洗。中央の二人は、南翠（和装に傘）、思軒。左側の三人は、前から太華、得知、楢崎海運。

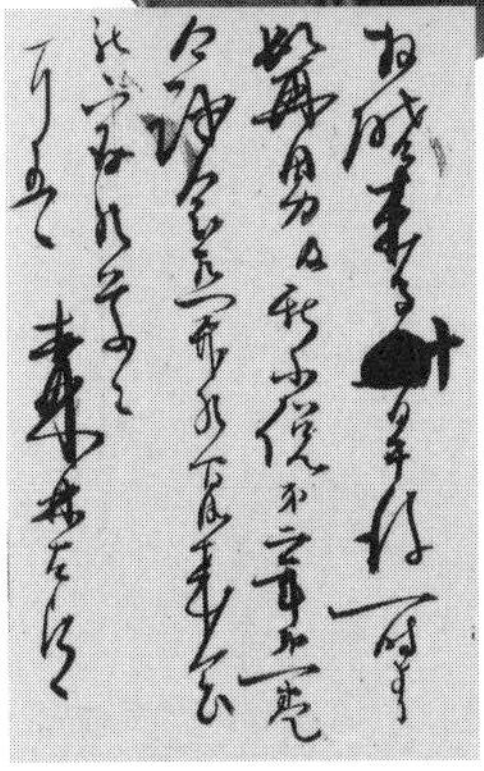

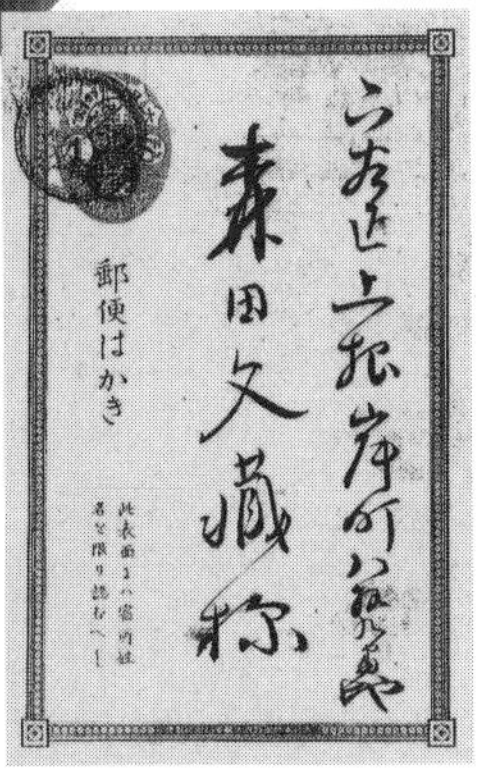

森鷗外とその葉書

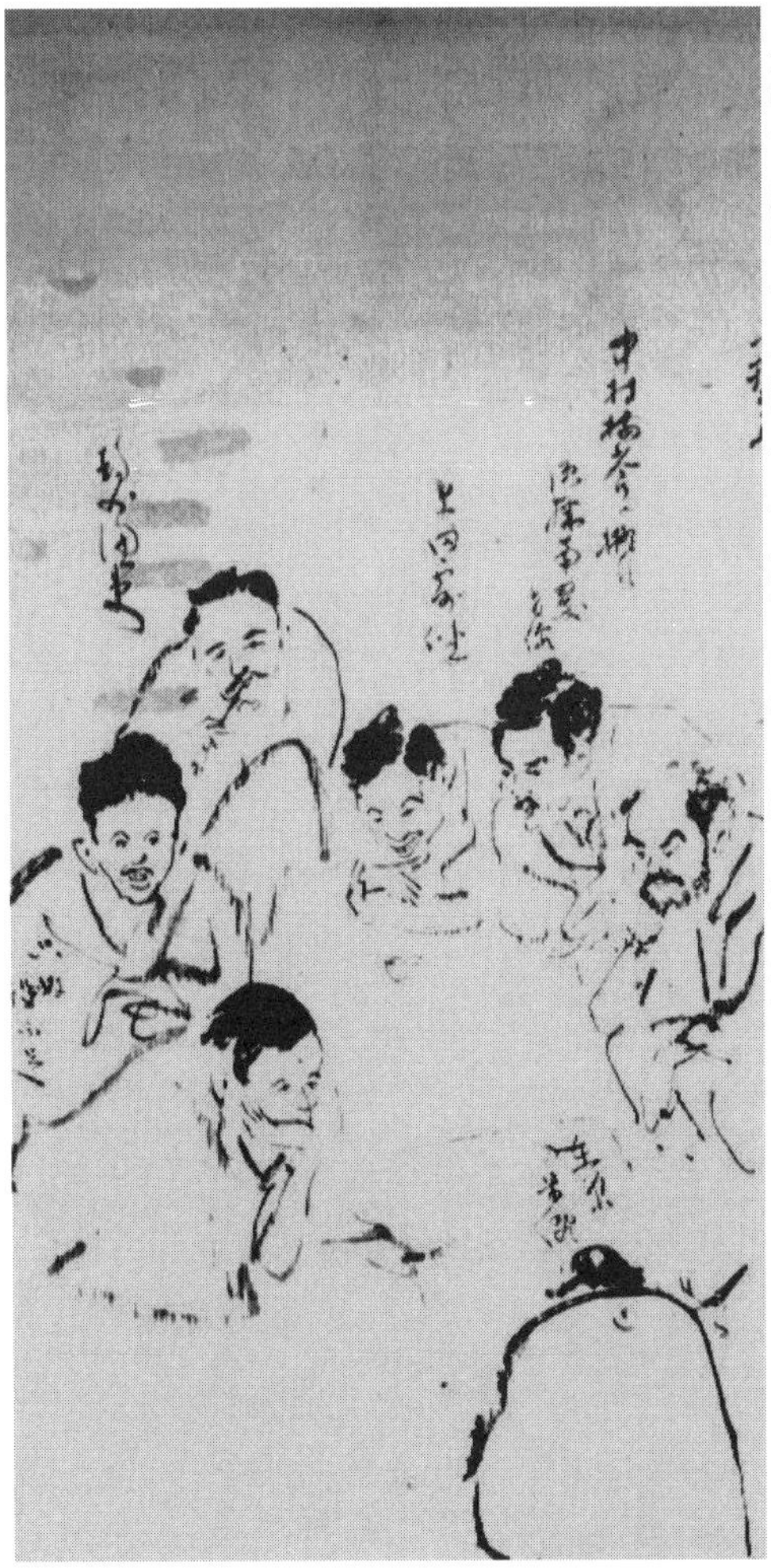

根岸派の会合（久保田米僊画、明治30年頃）
右端より左回りで、太華、南翠、露伴、鷗外、只好、思軒、米僊（背を向けている人物）

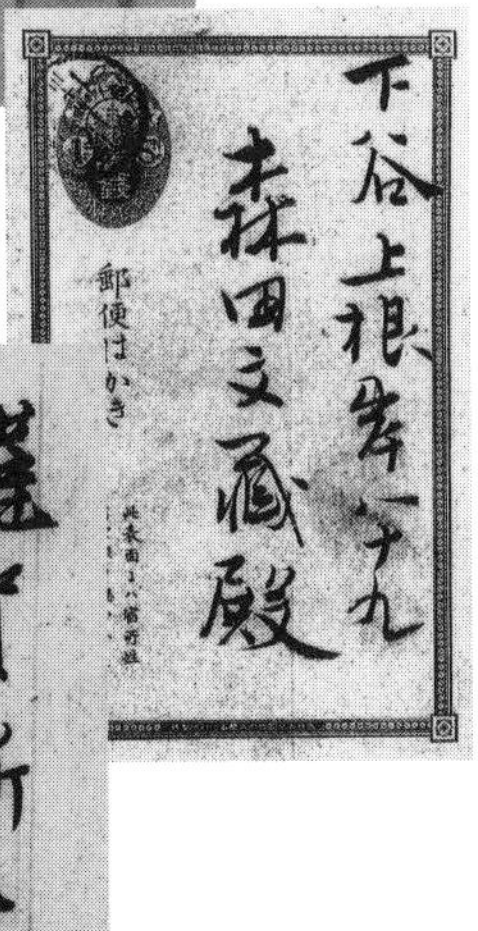

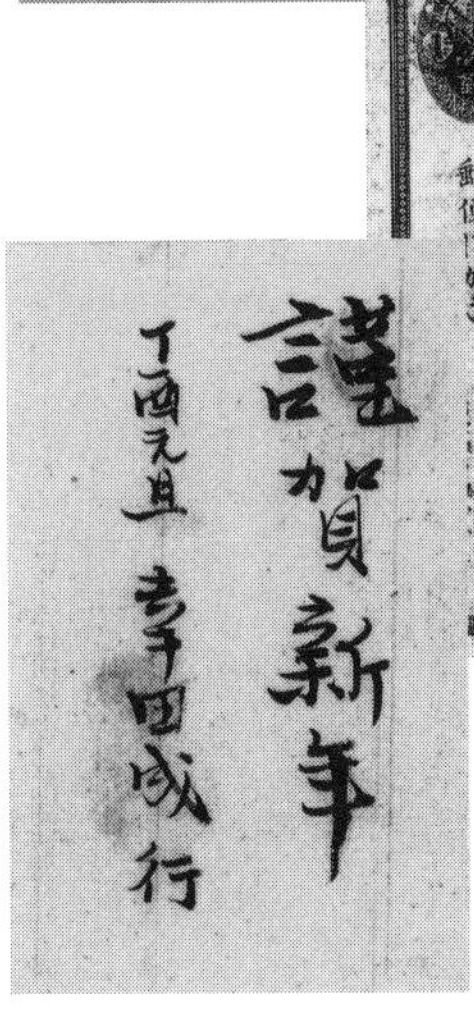

幸田露伴とその賀状

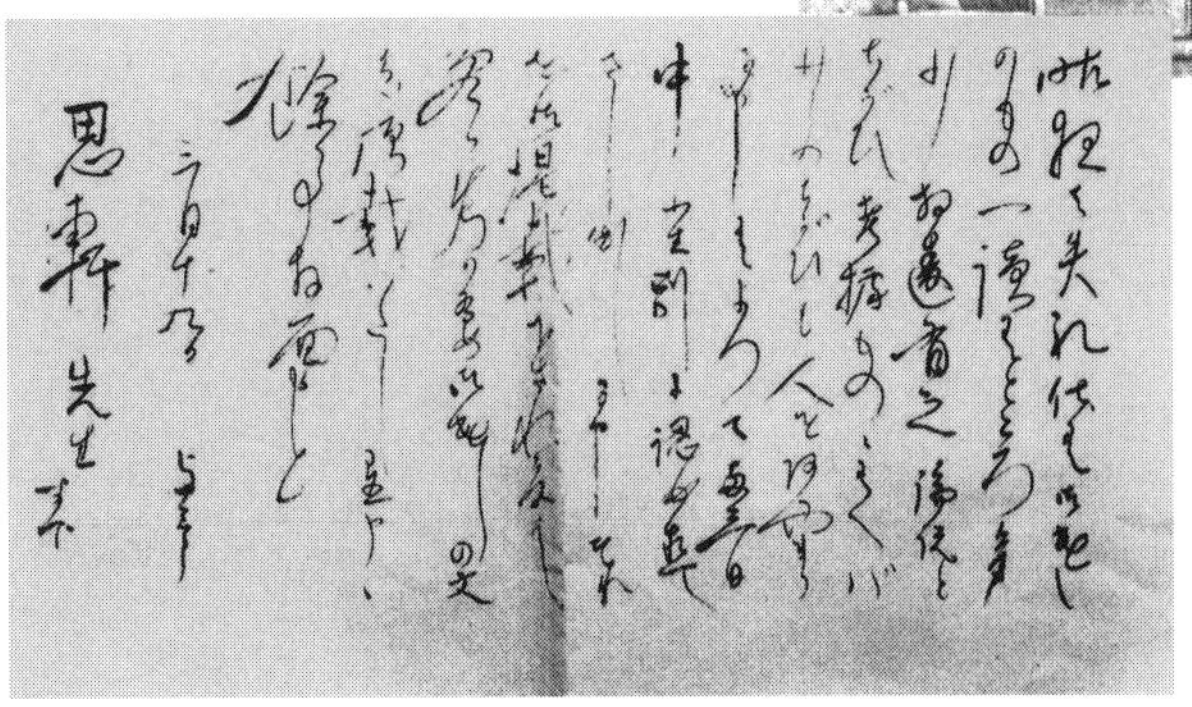

饗庭篁村とその書簡

岡倉天心との交際

天心と思軒の交際は長くかつ深い。『岡倉天心全集』の別巻（平凡社、一九八一年）に収められた年譜によると、明治十七年九月に、九鬼隆一が特命全権公使として米国に赴く際に、天心は思軒らとともに九鬼を横浜で見送ったとある。また、明治二十一年五月、天心が宮内庁図書頭九鬼隆一や米人フェノロサら総勢三十名とともに近畿地方の古社寺宝物の調査を行った際には、思軒も『郵便報知新聞』の記者として随行、その記事をまとめて同紙に掲載している。その交流は、最後まで変わることなく続き、思軒が亡くなるときの友人代表として天心の名は最初に掲げられている。思軒臨終直後の写真を、高名な写真家小川一真に頼んで撮ってもらったのも、ほかならぬ天心であった。現在白石家には、天心からの葉書四通と封書一通、書面のない封のみ一通が残っている。ほかに天心から思軒に宛てた手紙を所蔵する篤志家もいるようだから、散逸した書簡類も少なくないものと思われる。

岡倉天心

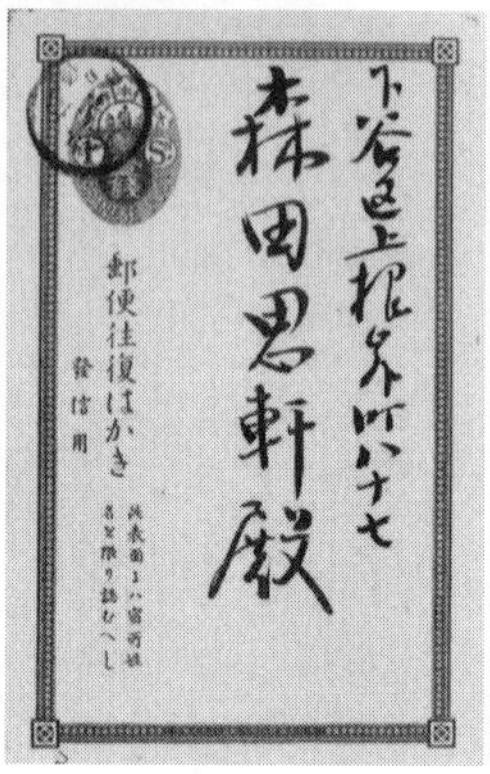

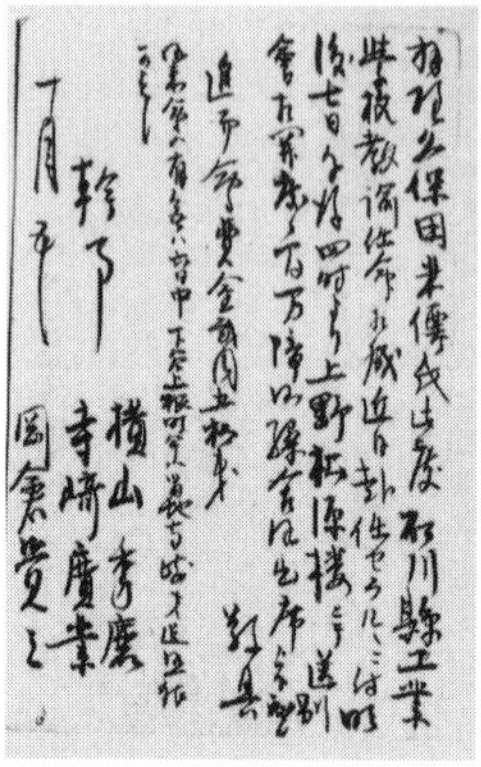

葉書。久保田米僊が石川県工業学校の教諭として赴任するのでその送別会を開催する旨の通知。幹事として横山大観、寺崎広業、天心の名。

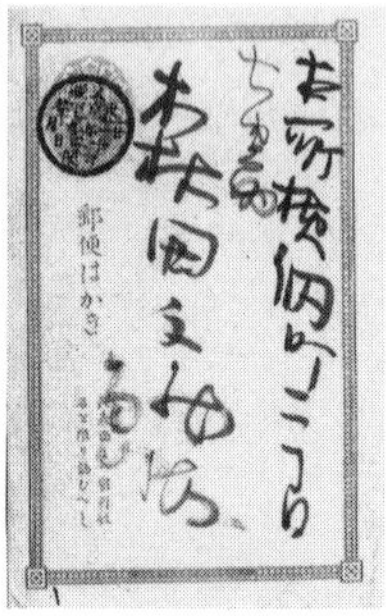

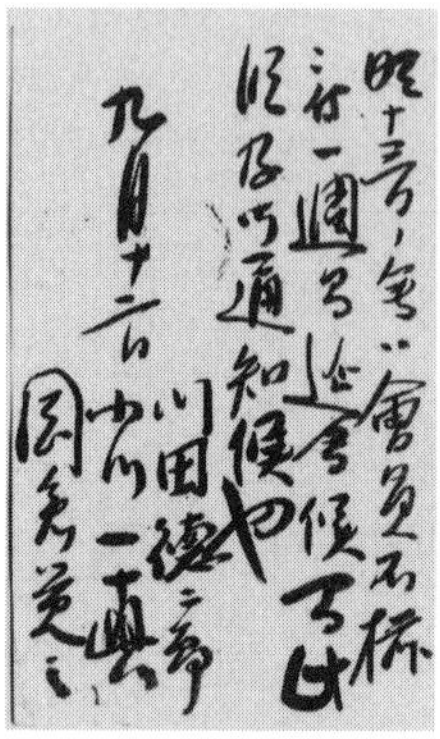

葉書（明治21年9月12日消印）。会を一週間延期するという通知文。小川一真の名も連記されている。

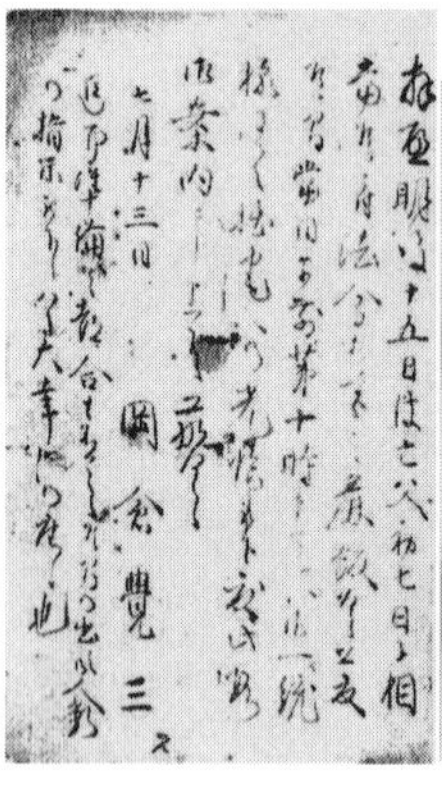

葉書（明治29年7月14日消印）。天心の亡父覚右衛門の初七日の案内通知。

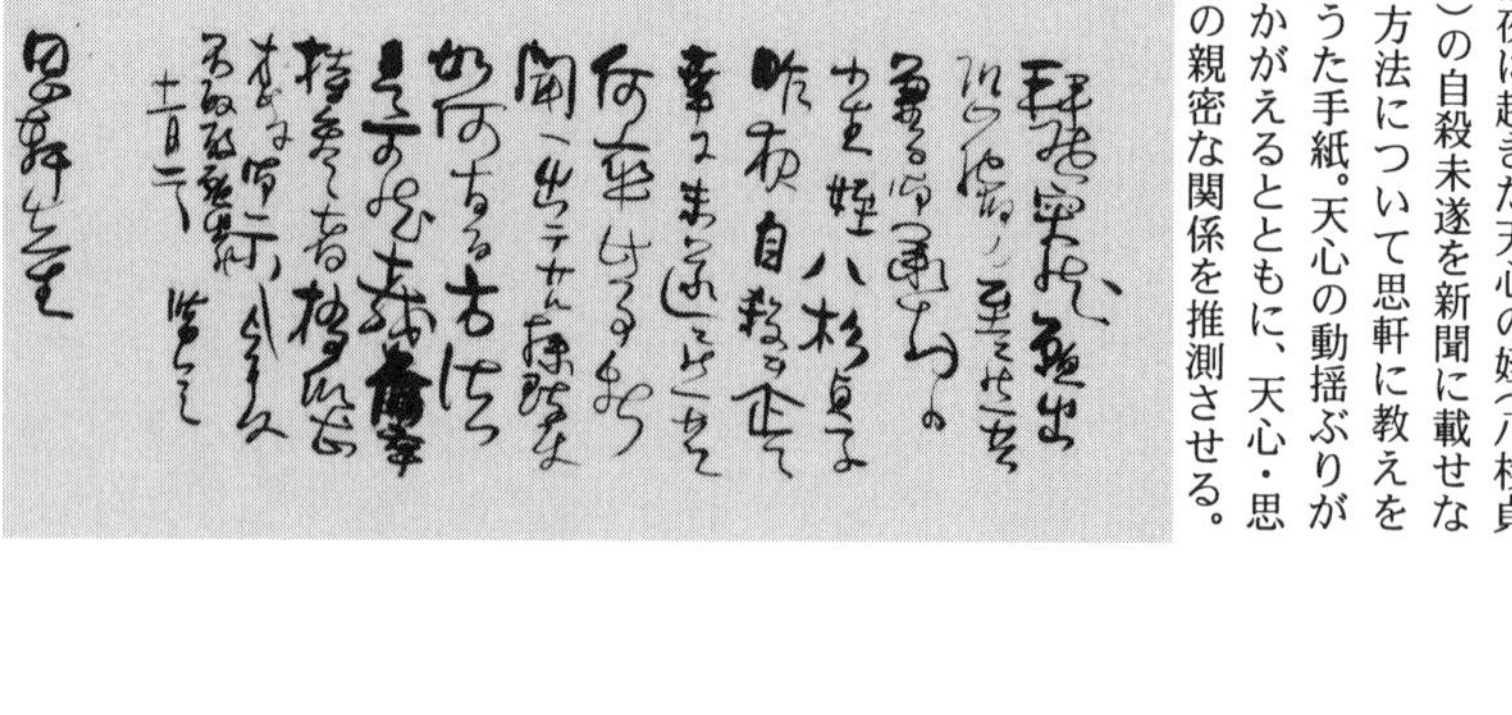

書簡（明治29年11月2日）。前夜に起きた天心の姪（八杉貞子）の自殺未遂を新聞に載せない方法について思軒に教えを請うた手紙。天心の動揺ぶりがうかがえるとともに、天心・思軒の親密な関係を推測させる。

根岸派の川上演劇総見——思軒、音二郎の交際のはじまり

　オッペケペー節で一世を風靡した川上音二郎と思軒が親交を結んだことについては案外知られていない。根岸派の一人で、大の演劇通として知られる関根黙庵（只好）は、自ら目撃した二人の出会いの様子を、次のようなみずみずしい文章で書き残している。

《さて当時の劇評家に根岸党といふものがあつてその連中は故人になつた森田思軒君、幸田露伴君、饗庭篁村君、幸堂得知君、須藤南翠君と僕なんぞで、兎に角評壇に重きをなしてゐたのでした。此の根岸党が大変市中で評判をする川上の芝居を芸術視しないのみならず、新聞紙上へ筆を取るのも屑《いさぎよ》しとしない位であつたから、妙にすね込んで見物さへしなかつたのです。だから思軒君の国会、篁村君の朝日、露伴君と僕のゐた改進党の新聞には、川上の劇評を載せなかつたものですから、流石《さすが》の川上もこれには多少神経を悩ましてゐたらしかつたのです。》

　川上はそこで、同じ根岸派の久保田米僊を介して、川上芝居の見物を懇請する。根岸派の面々はこれを受け入れて、いよいよその総見という日をむかえる。

《それから我々根岸党が見物の日に、川上がどうか先生方に一度お目に掛つて置きたいから、打出したら柳橋の某旗亭へお出で願ひたいと申込んだのです。すると我々の方では、成程川上は面白さうな奴だから会つても好いが、併し向うから奢《おご》られるのは嫌だから、一つ割前で行かうぢやないかと思軒君が言ひ出したので、それが好いとなつて、露伴君だけは差支へが出来て帰られました。さて向うからは川上と藤沢が来て割前で飲む事となりましたが、そも〳〵これが僕と川上との初対面であつたのです。此の席上で川上は早くも思軒君に取り入つて、何か西洋の物を一つ書いて下さいなぞと頼み込みますと、思軒君も大いに気乗りがして西洋劇の気焔などを吐かれ、こゝに於いて根岸党はこれまでの態度を一変して、興行の度に、川上の為めに受持の紙上で声援を与へる事になりました。》（「思《おもひ》で多き川上君」）

川上音二郎

川上座「瞽使者」上演の辻番付。明治29年9月上演。早稲田大学演劇博物館にはこのときの上演台本が所蔵されている。

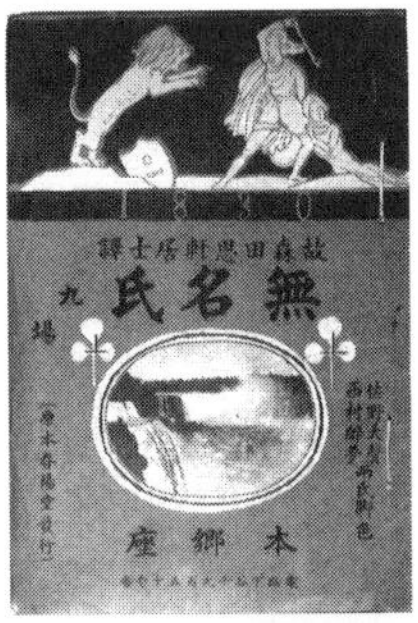

高田実一座上演の「無名氏」のプログラム（明治39年9月、本郷座）

川上座

井伊容峰一座上演の「瞽使者」プログラム（明治45年5月、新富座）

『萬朝報』へ

明治二十九年十一月、黒岩涙香の『萬朝報』に迎えられ、それが思軒にとっての最後の記者生活となる（実際には、古参記者の抵抗にあったため、出社せずに記事だけを送るということになった）。涙香がいかに思軒の存在を重視していたかは、その支払った給料が月額百円という高給であったことからもうかがえる。当時、新聞記者の月給は十五円ぐらいが相場であったというから、思軒に与えた百円というのは単なる客員記者の俸給としては法外に高い。涙香にとって、思軒の「品格」は何ものにも代えがたい宝であったということになる。『萬朝報《よろずちょうほう》』に掲げられた「*IN MEMORIAM*」と題する英文の追悼文によると思軒が朝報社に入社したのは明治二十九年の十一月とあり、同社に在職した期間はわずか一年ほどにすぎなかった。しかし、その間に涙香は思軒を真の友とみなすまでになった。そのことは、涙香が思軒に対する追悼の文章をこんな言葉で結んでいるのをみてもわかる。「友として思軒の如く良なるは世復《また》有ること莫《な》し、思軒を失ふの悲しみは思軒を友とせし人に非ざれば知る能はざる所なり、哀夫《かなしいかな》」。

黒岩涙香

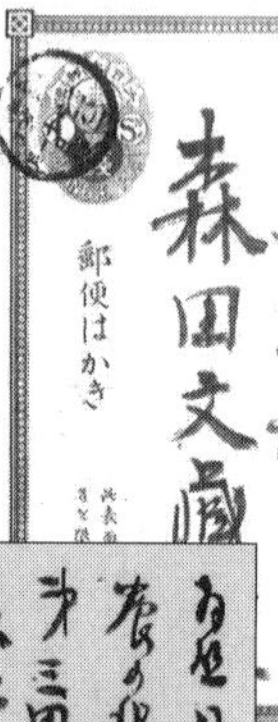

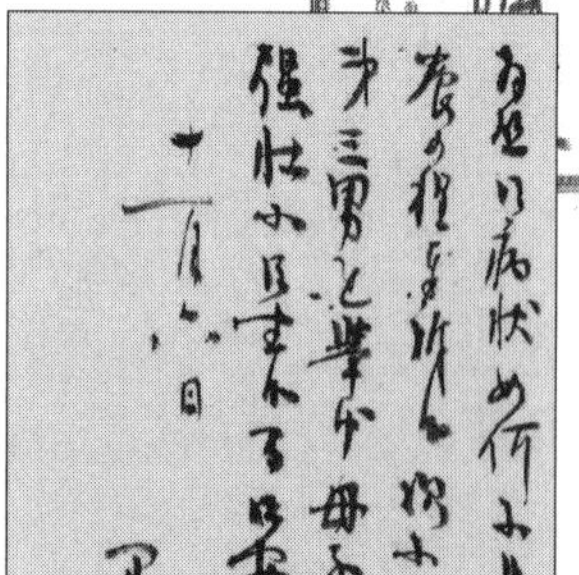
涙香が思軒に宛てた葉書（30年11月6日消印）病状を気づかう言葉がみえる。

思軒の没後未亡人の豊に宛てた書簡と葉書。涙香は思軒の没後遺族の世話をよく焼いた。娘の下子が成人して作家の白石実三と結婚する際にも、田山花袋とともに仲人を引き受けている。

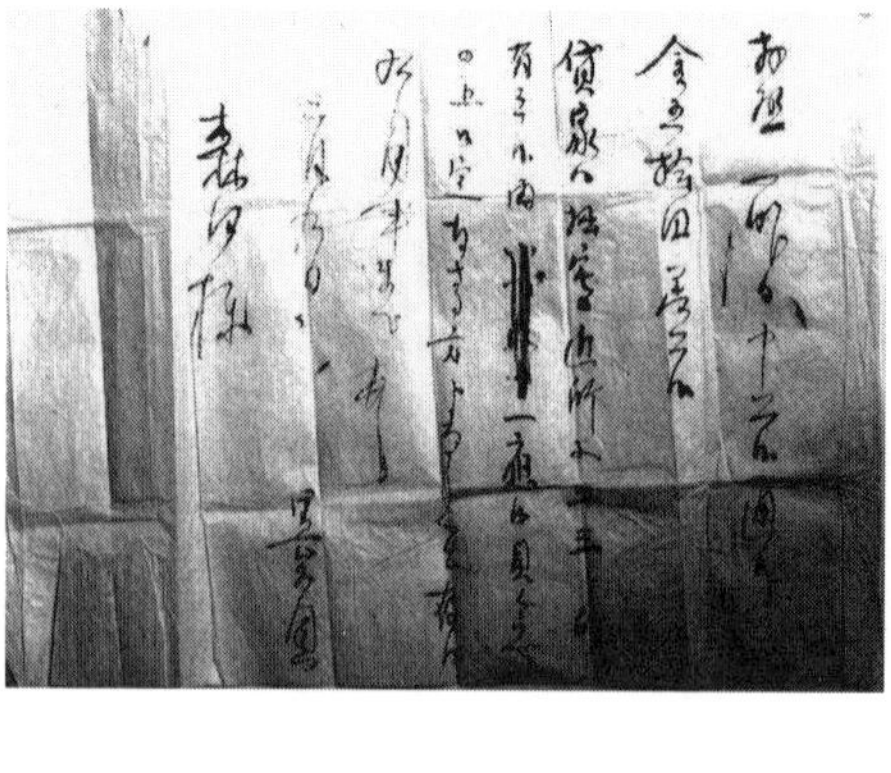

拝啓　一昨日申上候通り金五拾円差上候、貸家ハ拙宅の近所に二三ケ所有之候由、一応御見くらべの上御定なさる方よろしくと存候
頓首
右用事まで
三月九日　黒岩周六
森田様

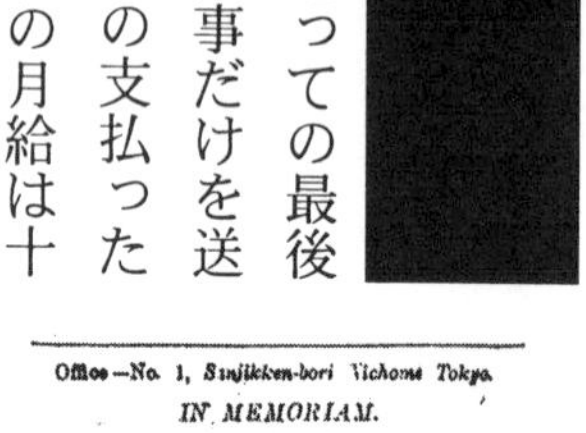

Office—No. 1, Sanjikken-bori Nichome Tokyo.

IN MEMORIAM.

We have to announce with deepest regret the death by illness of Mr. Bunzō Morita, which took place on the 14th instant. Mr. Morita was one of the editors of this paper, having joined us in November, last year. Since then, he worked for our paper chiefly in the capacity of the literary and dramatic critic. What service he rendered to the field of literature and drama in that capacity, we shall not try to estimate, for we are confident that the reading public is fully aware of it. He was one of the most eminent literati of present Japan, having been well versed in Chinese classics, beside possessing a good knowledge of English literature. As a translator of western literature he had no peers and his service to our literature in this direction is invaluable. Of his life and work we shall write more fully later on.

『萬朝報』の英文欄に掲載された「*IN MEMORIAM*」と題する追悼文（明治30年11月16日）

思軒と涙香――受け継がれた志

思軒は、大作『レ・ミゼラブル』にも早くから関心を寄せて、四十歳になったら翻訳に手をつけたいと周囲にもらしていたが、それを果たさぬまま病をえて、三十六歳という若さで逝った。自分の筆の力はいまだユゴーの苦心の傑作を訳するところにまで達していない（『懐旧』序文）という慎重な姿勢が災いし、最後まで目的を果たすことができずにこの世を去った。思軒と涙香の関係がにわかに重要性を帯びてくるのは、この思軒のやり残した仕事を「親友」の涙香が引き継いだという事実に注目したときである。二人がともに慶應義塾に学んだことも、思軒が涙香の朝報社に雇われたことも、あるいは、思軒が涙香の家に花札を引きに行ってそののちに腸チフスを発症して急逝したことも、二人を結びつける一つの要素にはちがいないが、それを分かちがたいものとするほどの決定的な要因とはなっていない。思軒と涙香という二人の文学者をむすぶ絆は、やはり、彼らが心血を注いだ翻訳文学上の仕事ということでなければならない。

涙香は、思軒の逝った五年後の明治三十五年十月、自ら発行する『萬朝報』に『レ・ミゼラブル』の翻訳の連載を開始する。それを題して「噫無情《ああむじょう》」という。この翻訳が思軒のやり残した仕事の延長線上にあったことは、それが単行本となったときの「小引」に涙香自らこう記しているのをみてもわかる。「若し我が日本にミゼラブルの一書を翻訳する必要ありとせば、必ずや人力を以て社会に地獄を作り、男子は労働の為に健康を損し、女子は飢渇のために徳操を失し、到る処に無智と貧苦との災害を存する今の時にこそあるなれ」と。これは、思軒が「クラウド」という作品をとおして、日本の読者に訴えようとしたこととまったく同趣旨のものである。その作品が単行化された際の序文の中で、思軒はこう訴える。「曰くクラウド、曰くユーベル、皆な粉々として現に諸君の前に群行せり。……独り恨む所のものは之を採拾し、之にシムパサイズし、之を精究殫《たん》論して、以て一世の眼を開く宏博にして、深切なるユーゴー先生無き耳《のみ》」と。

思軒も涙香も、ユゴーになりかわって日本の民衆に「社会組織」の真のありかたを問いただそうとしたのだ。ただ、違うのは、思軒は思軒の文体と翻訳態度をもって、また、涙香は涙香のそれをもって行ったことである。そのことが当時の読者にとってはどれほど幸運なことであったか。漢文脈の響きになれた明治二十年代の読者は、思軒の力強い文章をとおして、ユゴーの思想に親しんだ。漢文体が下火になり、言文一致体が大きな潮流となっていく明治三十年代の読者は、涙香の口語まじりのくだけた文章によりそれをわがものとしていった。日本の読者は、思軒と涙香という福澤門下の文学者の連携により、十九世紀最大の文学作品を身近な書物の一つに加えることができたのである。

『噫無情』前後編（扶桑社、明治39年1月）
背表紙と後編口絵

終焉

明治三十年十一月、思軒は、涙香宅で花札を楽しんで帰宅したのち、腸チフスにかかり、急性の腹膜炎を併発して急逝する。主治医のほかに、親友の森鷗外とその弟森篤次郎（医師にして劇評家の三木竹二）が付き添って懸命な治療にあたったが、十一月十四日早朝、ついに不帰の客となった。行年三十六歳。葬儀は十一月十七日、下谷区中根岸の世尊寺で営まれた。

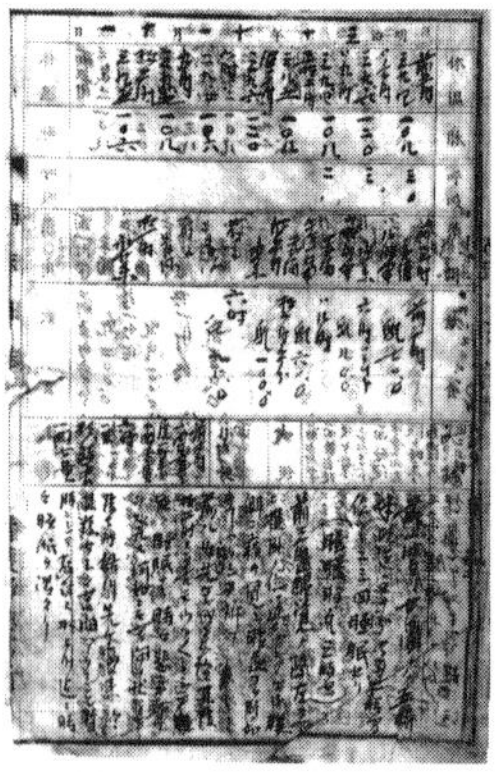

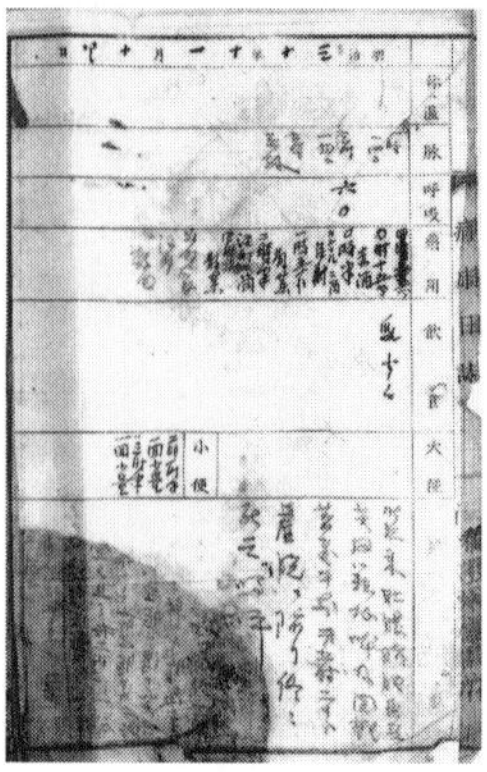

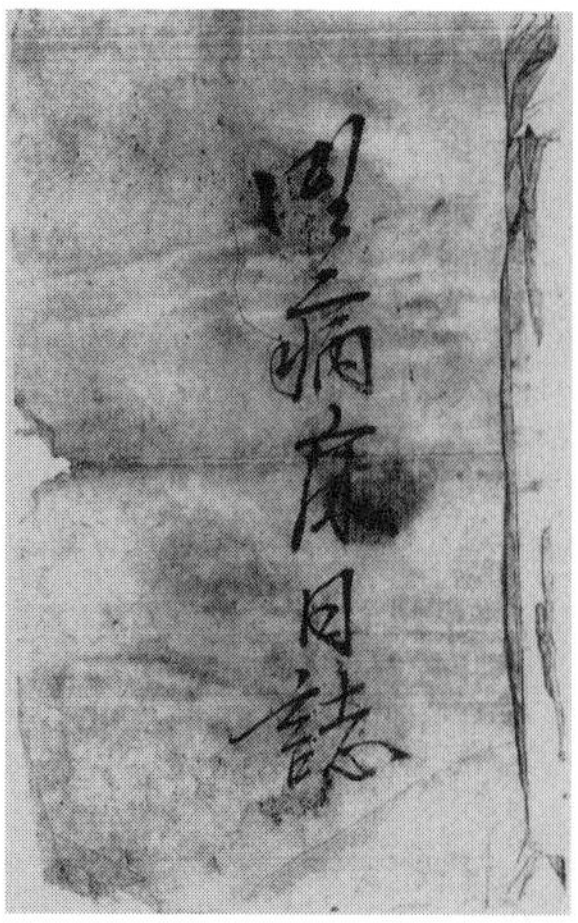

「御病床日誌」
11 月 7 日から亡くなる 14 日早朝までの、体温、脈、呼吸、投薬、飲食、病状等が詳細に書きとめられている。10 日夜頃から腹痛を訴え、主治医の緑川医師と森篤次郎医師が頻繁に往診して治療に当たる様子がしるされている。

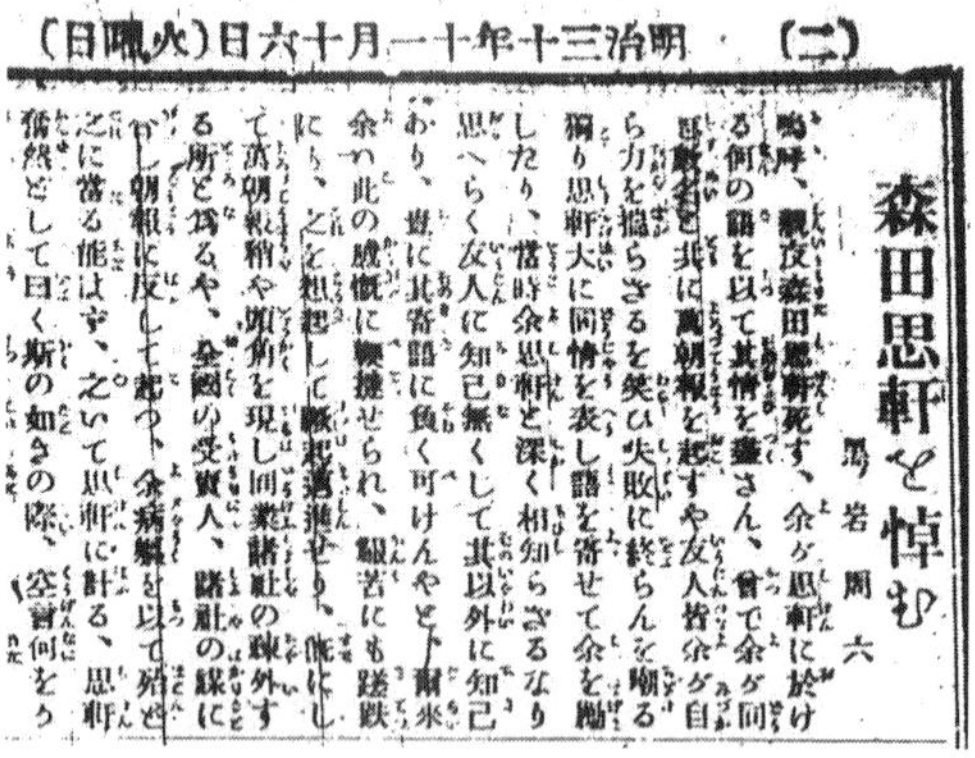

（二）　明治三十年十一月十六日（火曜日）

森田思軒を悼む　黒岩周六

嗚呼、親友森田思軒死す、余が思軒に於ける何の語を以て其情を盡さん、曾て余が同志數名と共に萬朝報を起すや友人皆余が自ら力を揣らざるを笑ひ失敗に終らんを嘲る、獨り思軒大に同情を表し語を寄せて余を勵したり、當時余思軒と深く相知らざるなり、思へらく友人に知己無くして其以外に知己あり、豈に其寄語に負く可けんやと、爾來余は此の感慨に鞭撻せられ、艱苦にも蹉跌にも、之を想起して蹶起邁進せり、旣にして萬朝報稍や頭角を現し同業諸社の疎外する所と爲るや、全國の受賣人、諸社の謀に合し朝報に反して起つ、余病氣を以て殆ど之に當る能はず、之いて思軒に計る、思軒奮然として曰く斯の如きの際、空言何をか

『萬朝報』（明治 30 年 11 月 16 日）に掲載された黒岩涙香の追悼文
《嗚呼、親友森田思軒死す、余が思軒に於ける何の語を以て其情を尽さん、曾て余が同志数名と共に萬朝報を起すや友人皆余が自ら力を揣《はか》らざるを笑ひ失敗に終らんを嘲る、独り思軒大に同情を表し語を寄せて余を励したり、当時余思軒を深く相知らざるなり、思へらく友人に知己無くして其《その》以外に知己あり、豈に其寄語に負《そむ》く可けんやと、爾来余は此の感慨に鞭撻せられ、艱苦にも蹉跌にも、之を想起して蹶起《けつき》邁進せり、既にして萬朝報稍《や》や頭角を現し同業諸社の疎外する所と為るや、全国の受売人、諸社の謀《はかりごと》に合し朝報に反して起《た》つ、余病気を以て殆ど之に当る能はず、之《ゆ》いて思軒に計る、思軒奮然として曰く斯の如きの際、空言何をか為さん、余身を以て之に当らんと、来りて朝報社に入れり、世人驚いて相伝へて曰く、名士朝報社に入る、朝報復た侮る可らずと、思軒の入社、朝報社の意を強くせしこと実に百万の兵のみならざるなり、爾来思軒孜々として意を記事の改良に致し、新案百出同業をして目を刮《くわつ》せしむ、先に朝報社を疎外せし者、風を望んで散じ朝報の行路頓《とみ》に安く、声価亦前日に百倍す》

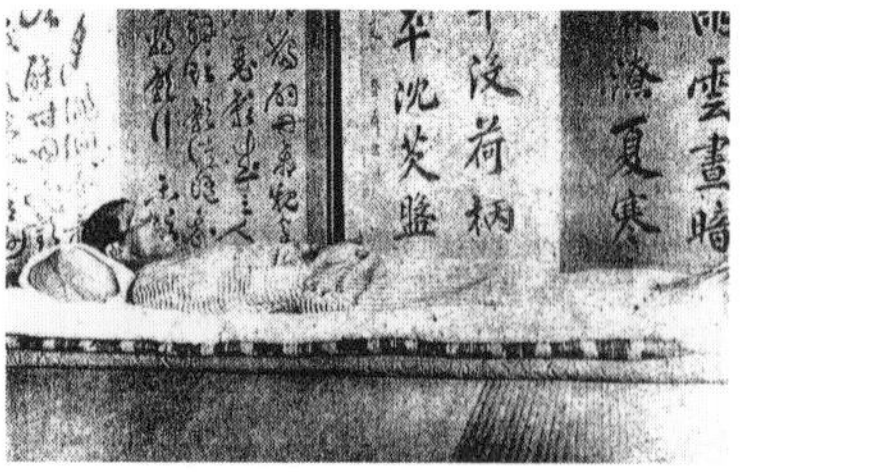

臨終直後の写真（岡倉天心が小川一真に依頼して撮影したとされる）

森田文藏氏逝く

思軒森田文藏氏は我が新文學を興すに於て大ゐに力あり而かも尙ほ洋義に富みたれば將來氏が我文學界に contribute することは定めて多からむとは吾人の竊かに囑望する所なりしに溘然として逝く吁哀哉カーライルが蘇國の貧詩人バルンスを追悼する辭に云く克勝者なる者は多くは天下の人が是れ無く共益支なき一種の人間なり又不世出の才智を具へ拔山倒海の大志を畜ふるも私利是れ圖り絕えて人類に向て同情の念なき者は吾人に敬愛の念を起さしめず徐ろ見積りて人の驚嘆を促がす迄なり其倒るゝや恰かもピラミッドの頹覆するが如く多少の悲哀と畏懼を以て見物せらるゝ迄なり然るに世路の險を踏み飢れ轗軻落魄の中に死する議詩人バルンスの如きは永く後世子孫をして追悼の情に堪へざらしむと蓋し武人の赫々たる功業は彼れ一時なり學者文人の功業は死後に傳はり百歲の下人心を感動せしむ其得喪固より同日の論にあらず思軒氏の如きは生前文學界の Star として推されたる者之を以てバルンスの一生涯に比するは不倫なりと雖ども其得がたき才思を充分伸ばすに逮あらずして空しく地下に歸らすに至てはバルンスと同一軌なり誰が一掬の暗涙を催さゞらむ故吉田熊六氏と森田氏とは同窓の友にして同じく報知社に於て矢野龍溪氏の幕下と爲り爾來此二人は形影相伴ふが如く一は俗才を以て一は學才を以て genius の名ありし者然るに吉田氏先づ夭折し今又森田氏早世す邦家の爲めに惜しみても尙ほ餘まりあり嗚呼悲哉

磯辺弥一郎「森田文蔵氏逝く」『中外英字新聞』（明治30年11月30日）

矢野龍渓（特命全権公使時代）

龍渓が思軒の訃報に接し清国から遺族に送った手紙。明治三十年三月、外務大臣大隈重信に懇望され、特命全権大使に就任した龍渓は、同年五月、北京大使館に入る。半年後、そこで思軒の死を知りこの手紙をしたためた。明治三十年十一月十八日朝十一時とある。

拝啓　只今我邦より電信相達シ文蔵様御事、御逝去之由承知致シ、唯々驚愕之外無御座候。一向ニ御不快之御様子も前知不致、或ハ突然之御発病にも可被為在候哉。孰ニシテモ残念之次第。当時小生、小栗共不在にて御看病之御手伝も出来不申、実ニ遺憾之事ニ存申候。何卒此上御障り無之様奉祈候。拙宅之者共小生名代トシテ万事御世話致候様申通シ置候得共、不取敢御悔ミ申上度、草々頓首

十一月十八日朝十一時　矢野

森田様　御遺族様　御中

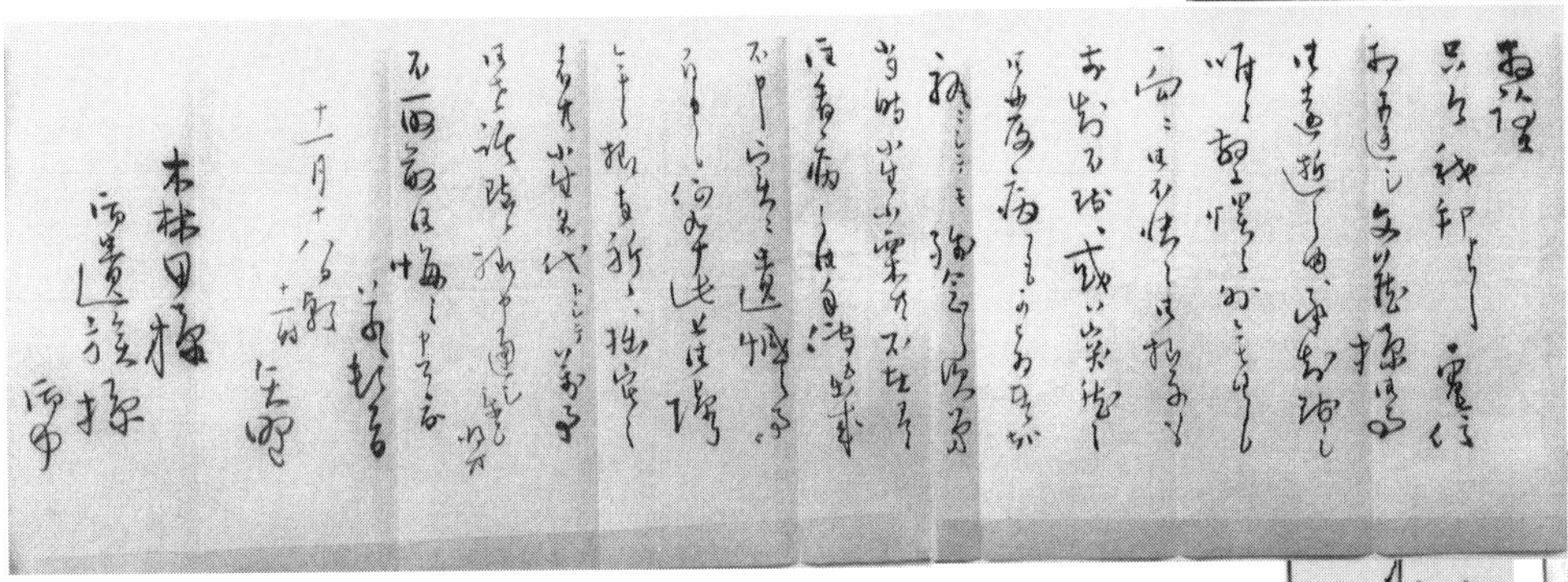

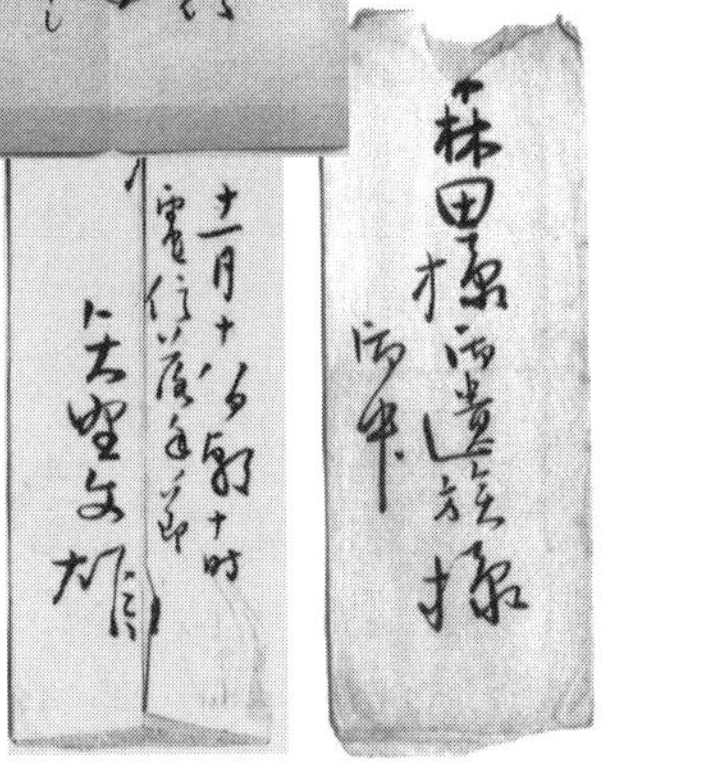

葬儀後の近親者。前列右から豊未亡人、下子。

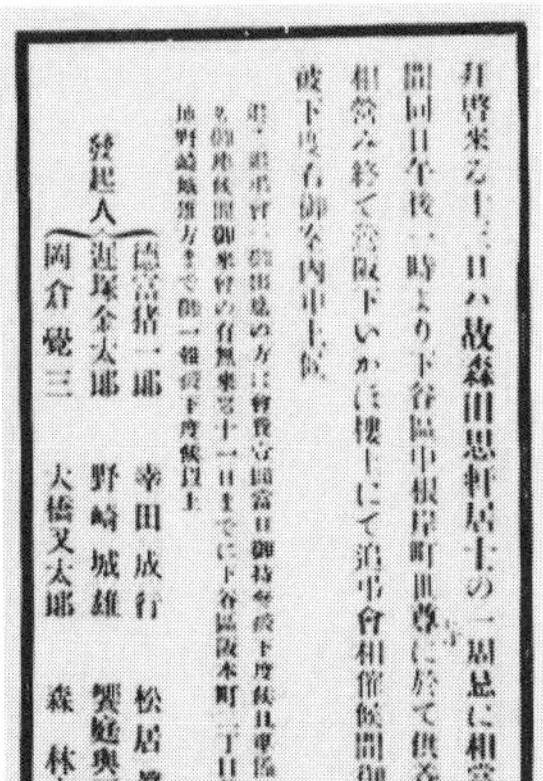

拝啓来る十三日ハ故森田思軒居士の一周忌に相當り候間同日午後一時より下谷區中根岸町世尊寺に於て供養法會相營み終て階下いかほ樓上にて追弔會相催候間御出席被下度右御案内申上候

発起人 徳富猪一郎	幸田成行	松居眞玄
遅塚金太郎	野崎城雄	饗庭與三郎
岡倉覺三	大橋又太郎	森林太郎

一周忌の案内状。発起人として、蘇峰、露伴、篁村、天心、鷗外らの名がある。

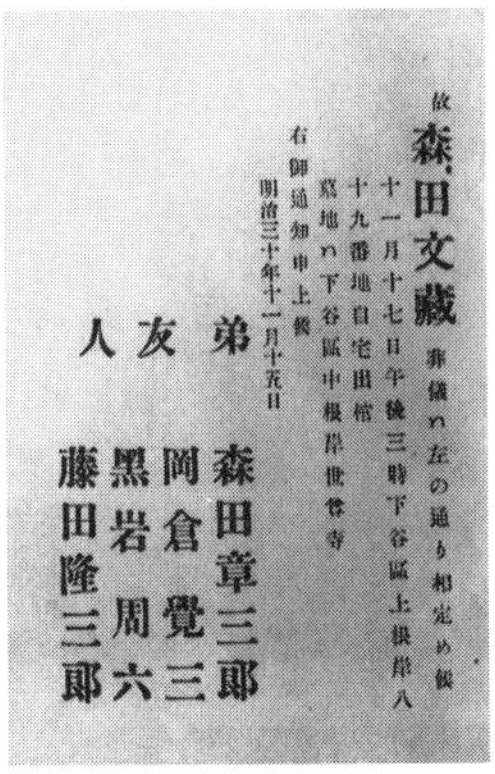

故森田文藏　葬儀ハ左の通り相定め候

十一月十七日午後三時下谷區上根岸八十九番地自宅出棺

墓地ハ下谷區中根岸世尊寺

右御通知申上候

明治三十年十一月十五日

弟　森田章三郎

友人　岡倉覺三　黒岩周六　藤田隆三郎

葬儀通知（右端）。11月17日午後3時自宅出棺。墓地は下谷区中根岸の世尊寺。世話人として、岡倉覚三（天心）、黒岩周六（涙香）、藤田隆三郎（大審院判事）の名。葬儀では依田学海の漢文による弔辞「森田思軒ヲ祭ル文」を、遅塚麗水が代読した。

世尊寺（現在の東京都台東区根岸）にある思軒の墓。戒名は、思軒の用いた庵号「白蓮庵」と雅号「思軒居士」を使い、中をつなぐ「浄明」を補って「白蓮院浄明思軒居士」と名づけられた。鷗外と露伴の考案したものという（森田章三郎『思軒森田文蔵小伝』）。

笠岡市笠岡にある森田家の墓。分骨された思軒の墓がある。左右の側面に依田学海の墓碑銘が刻まれている。昭和 46 年 6 月に市の史跡に指定された。

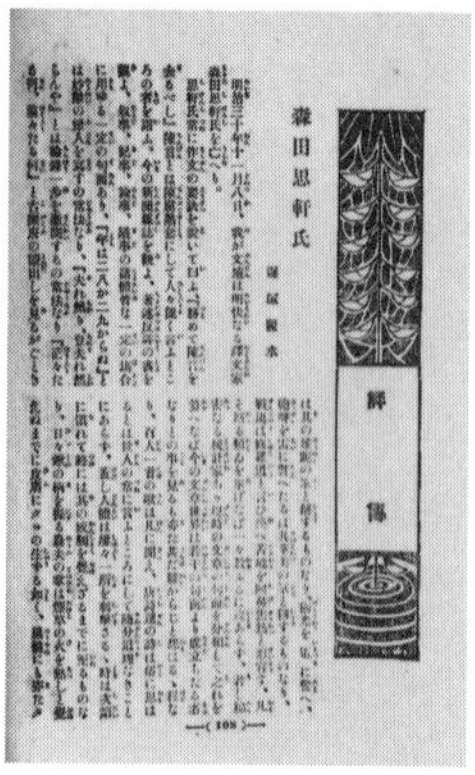

『文章世界』（明治39年3月）の表紙とその「評伝」欄に載せられた遅塚麗水の「森田思軒氏」。その一節を左に紹介する。

遅塚麗水評

《氏は至極の潔癖家なりき、此の癖延《ひ》いて交遊の間にも及びぬ、酒を嗜み、煙草《たばこ》を好む、筆を執る時、沢《つや》好きパイプを啣《ふく》まざることなし、報知社に在りし時、机上に酒を盛りたる土瓶を置きて且つ飲み且つ論説雑報を処理すること秋風の落葉を掃《はら》ふがごとかりき、衣服道楽の人なりき、芝居好の人なりき、常に人に語りて曰《い》ふ、若し団十郎菊五郎の芝居さへ到所にあらば、吾が履《くつ》は城中の土を踏まざるも可なるにと。》

《或時書斎に在りて頻《しき》りに翻訳の筆を執り居たるに、百方思索するも其の意義を伝ふること能はず、苦心の余り吾を忘れ坐を起《た》ちて、手を抗《あ》げ足を蹋《あ》げて鶴啄鷺立《かくたくろりつ》の態《さま》をなし、其の妻君が襖子《ふすま》の内に異響をあるを聞き、隙《すき》より覗《うかゞ》ひ見て良人《をっと》或ひは狂せるかと怪しみ且つ驚きしことありといへるほど熱心なりき、又た其の終に妥当適切な訳語を得ざることある時は、其の侭になし措きて妻君と談話の際などに、フト其の意義に適中せる言語を聴き出し、是れなり〱と掌《て》を抵《う》つて直ちに之を用ゆるを例とするなど、江戸児なる其の細君は何時も思軒氏の訳語の相談役となれりといふ。》

未完に終わった思軒全集

明治四十年五月、『思軒全集』第一巻が刊行される（初版の出版元は堺屋石割書店であったが、すぐに版権が移されて再版は金尾文淵堂から刊行）。手元の再版（同年七月刊）の巻末を見ると、「思軒全集　全五巻」の広告が掲載され、そこには「第一巻　翻訳小説／第二巻　小品及漫筆／第三巻　嘉坡通信／第四巻　嘉坡通信／第五巻　書簡集」と巻構成が示されている。予約制が採用され、明治四十年七月二十五日「予約終結」とある。期日になっても、思うように予約者が集まらなかったのか、本全集は第一巻が出ただけでとうとう続巻は刊行されなかった。「書簡集」などの資料集も含まれていただけに、それが完全なかたちで刊行されていたならば、散逸した資料（たとえば、昭和九年の段階で数十通も保管されていたと白石実三が伝える岡倉天心の書簡）なども今日に伝えられ、明治文化研究史上の貴重な資料となっていたにちがいない。しかし、そうはいうものの、刊行された第一巻の冒頭には、鷗外、蘇峰、露伴と、生前親交のあった三人の文豪が序文を掲載しており、それが思軒の業績や人となりを知る上で欠かせない資料となっている。

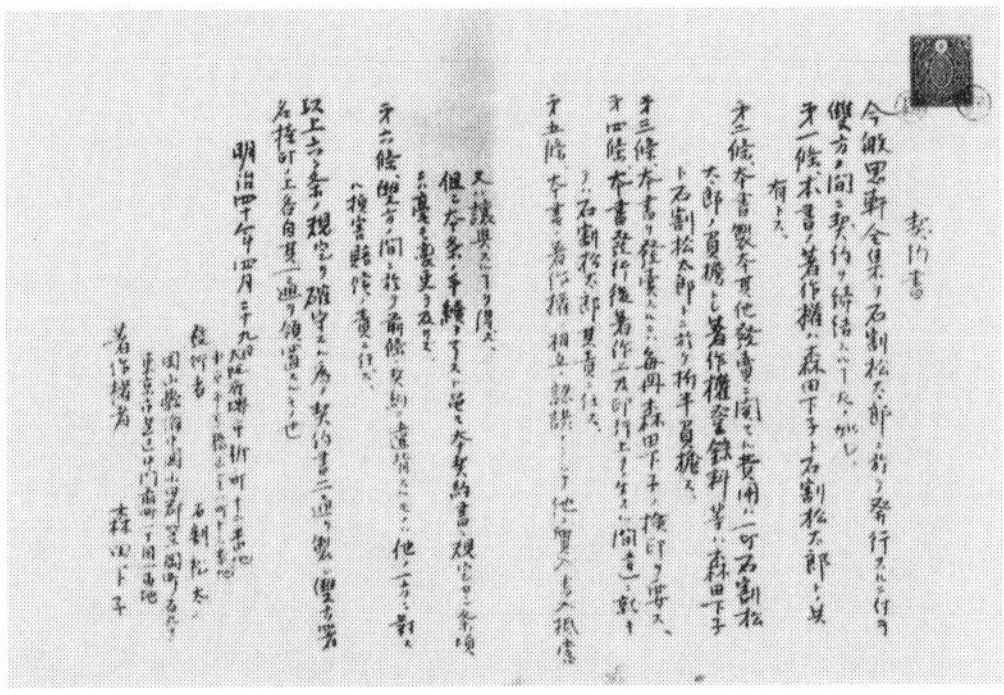

娘の下子が石割松太郎と交わした全集出版の契約書
白石家には、石割松太郎、金尾文淵堂と交わした契約書が３通残されている。弟の章三郎は、実家から「千円」を工面してなんとか出版したい旨を遅塚麗水に相談したが、「ソウなさらぬ方が宜しからう」という返事であった。千円出してもできないものはできないというのがその趣旨であったという（『思軒森田文蔵小伝』）。これもまた時代の流れというものか。

『思軒全集　巻一』（堺屋石割書店、明治40年5月）。「随見録」「探偵ユーベル」「クラウド」「懐旧」「死刑前の六時間」「大東号航海日誌」「大叛魁」「間一髪」など11編を収める。
『思軒全集　巻一』再版（金尾文淵堂、明治40年7月）に掲載された全集の広告。

森鷗外評

《居士善く英書を読む。こは慶應支塾に学びて得つるなり。存ずる所の文、翻訳多し。……ROMANTIK《ロオマンチック》派の文若くは所謂科学小説の類なりき。奇異幻怪の事を行るに、簡錬刻画、漢語を駆使する文をもてす。HUGO《ユウゴオ》の如き、POE《ポオ》の如き、JULES《ジユウル》 VERNE《ヴエルヌ》の如き、一たび鎔炉に投じて出すときは、異采人の目を奪へり。然れども居士の志す所は、必ずしも此に在らざりき。居士は夙く述作もて新なる地彊を拓かんことを期したりき。……居士が能く文芸史家たり、能く開明史家たる面目をば、頼山陽及其時代の一篇に徴して知りぬべし。居士好みて英国の哲学書を読む。病に臥す前数日、手猶NOVUM《ノオウム》 ORGANON《オルガノン》を釈《と》かざりきと云ふ。天年を居士に借さば、その造詣する所、是の如きに止まらざりしならん。惜しい哉。》（源高湛〔森鷗外〕「思軒文の巻端に書す」）

徳富蘇峰評

《余は文壇の批評家として、最も思軒居士に推服す、思軒言はず、言へば往々にして中る。／思軒の頭脳は、鋭にして敏、精にして明。……／思軒の学は漢七欧三、若し之を顛倒せば、恐らくは今日の思軒にあらじ。》（徳富蘇峰、無題）

遺族のその後

明治四十四年九月、思軒の遺児下子（思軒没時七歳）は、黒岩涙香、田山花袋の両文壇名士の媒酌のもとに、早稲田大学出身の作家白石実三と結婚をする。ときに実三二十六歳、下子は二十一歳であった。二人は四男一女に恵まれるが、長男の誕生に際しては、涙香が「染吉」「男也《おなり》」の名前を提案、白石家により後者が選ばれて、長男の名は男也と命名された。金銭的な援助に加えて、媒酌人、名づけ親と、涙香は、後見人として最後までよく遺族の面倒をみた。ちなみに、思軒の未亡人豊と涙香夫人すがは大変気が合う仲であったらしく、しばしば白石家を訪れ、歓談している様子が目撃されている。実三の長男・男也氏は、昭和十八年に静子さんと結婚、第二次大戦のまっただ中とあって翌年二月に出征するが、残された豊、下子、静子の女性三名は、戦火の中を必死に思軒の遺品を守り抜いた（実三は昭和十二年に他界）。今日数百点に及ぶ思軒の遺品を目にすることができるのは、まさにこの三人の涙ぐましいまでの努力のおかげである。彼女たちは、空襲警報のたびに防空壕へと遺品を運び、いよいよそれが危なくなると、貨車に乗せて実三の実家のある群馬県の安中町へと移動させた。お陰で、明治文化の本質を問い直す貴重な資料が今の世に伝えられることになった。

田山花袋と実三。実三は早稲田大学在学中から花袋に師事していた。

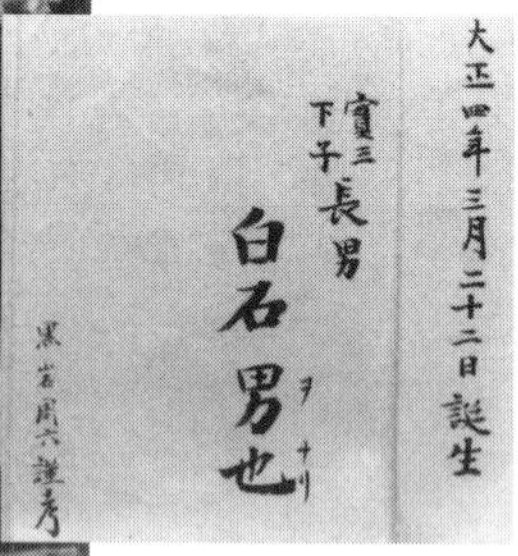

大正四年三月二十二日誕生
實三 下子 長男
白石男也《ヲナリ》
黒岩周六謹考

男也命名書
黒岩周六謹考とある。

実三・下子の結婚記念写真（日比谷大神宮）
前列左から豊、田山花袋、黒岩涙香、実三、下子、涙香夫人、花袋夫人。

男也・静子の結婚記念写真（昭和18年3月）

豊（左）と下子（右）

備中国笠岡
——森田家三代とその周辺——

谷口　靖彦

森田思軒の故山備中国笠岡は、山陽道の一部で、瀬戸内海に望み、三方に展けた良港を有する土地として知られていた。西側は備後国福山（現在の福山市）と境を接し、東側は同じ備中国の浅口郡を間にはさんで倉敷（現在の倉敷市）に近接している。現在、人口四十二万五千人の倉敷市に対して、笠岡市は六万九百人というから、大きさからいえば、その差は歴然としている。が、歴史的観点から見ると、この二つの町は似たような歩みをたどって来たと言えなくもない。

笠岡と倉敷はかつては天領で、周囲の藩領だった土地を併合して大きな町に発展して来た。江戸期には港や後背地からの物産の集積地として栄えたのである。北前船も出入りしていたはずである。そして大坂（大阪）もそれほど遠い存在ではなかったはずである。

瀬戸内海に臨む海岸線の港湾部では、江戸時代から干拓が始められていたが、現代に近づくにつれ、時代の要請で干拓が急速に進んだ。児島湾の干拓は中学校の教科書にも載ったため、全国的に有名である。笠岡の本格的な干拓はだいぶ遅れてなされ、それも農地使用を主目的としたこともあって、今もってその活用は伸び悩んでいるが、この土地に適合した農業や工業の発展が期待されている。

土地に対する見方には、行政上からの場合と文化的背景を視野に置いた場合の二通りの見方が可能であるが、日々の生活や文化的活動ということでは、行政上の区分は時に障害となりかねない。江戸時代から幕末・明治に至る笠岡の人々の文化的背景や生活圏を考えてみると、特にその感が深い。

福山城下と神辺《かんなべ》（深安郡）、笠岡と井原（西江原）の四つの点を結んでみると、そこに共通の文化圏があったことが分かる。江戸時代であれば、福山はその城下町と藩校があるゆえに、神辺は菅茶山の廉塾があるゆえに、笠岡は門前町と代官所と郷校敬業館があるゆえに、井原は興譲館があるゆえに、私たちにとって重要なのである。この四つの文化の発進地に住む者たち、あるいは関係する者たちが相互にかかわり合いながら、一つの文化圏がそこに形成されていたと考えられるのである。そして、その延長線上に、広島、玉島、倉敷、岡山はもとよりのこと、大坂や江戸があったのである。

明治以降では、それらの土地と関係のある儒者や医師や神官や資産家あるいは名望家のうちでも開明的な人々によ

三十歳頃の思軒（明治23年）

古城山公園から笠岡港・JR笠岡駅を望む（平成17・3・3）

る、政治や教育や文化での啓蒙的活動が他の地域以上に効果的に進められたようだ。私たちはその様子を森田家三代のそれぞれの人物との知友関係のうちに跡付けてみることができる。思軒の祖父、一瓢森田政藏は、孫の章三郎の書いた『思軒森田文藏小傳』によると、親の残した資産で生活し、それを蕩尽するという、あまり香ばしからざる一生を送った人物として描かれている。

《文芸に耽つて家計を修めないのであるから、真面目の人からは家長として指弾は免かれなかつた。年中爐を開き終日釜を掛け、来客には悉く茶を立て、又自分こそ酒を呑まないが、芸人等には惜気もなく振舞ふので、役者力士幇間落語家等食客が絶へなかつた。従つて笠岡を通過する文人墨客は凡て足を止めた。先代佐平が相当資産を造り且つ処理法を確立して置いたと見え、一瓢に此逸楽を許した上、資産は尚年々増大した。》《もっとも、祖父一瓢の付き合い、交友関係には興味深いものがあることまでは否定できないであろう。一瓢の妻は俳人鼯飽春里の孫の登與でなかなかの能筆家であった。一瓢の許には《梁川星巖、貫名海屋、頼山陽も来り遊んだのである。》
（「一瓢と三逕」『思軒森田文藏小傳』）

梁川星巖（寛政元年〜安政五年（一七八九〜一八五八））は、幕末期の漢詩人で尊王論者。美濃の郷士の子で、江戸で古賀精里、山本北山らに学ぶ。尊王攘夷論に共鳴して国事に奔走したが、安政の大獄直前に病没。その詩は有志の間に愛誦された。妻紅蘭も詩人。主著に『星巖集』『星巖遺稿』がある。

貫名海屋（安永七年〜文久三年（一七七八〜一八六三））は、江戸後期の書家・画家。別号菘翁、海客など。阿波の人。幕末期の唐様書の第一人者となり、長崎の日高鐵翁に文人画を学んだ。書の代表作は「左繡」など。画では「雲泉秋景図」（ホノルル美術館蔵）がある。

頼山陽（安永九年〜天保三年（一七八〇〜一八三二））は、江戸後期の儒者・詩人。名は襄。字は子成。通称久太郎。父は広島藩儒頼春水。はじめ叔父頼杏坪に学ぶ。十八歳で尾藤二洲を頼って江戸に出て、翌年帰郷。二十一歳で出奔。罪を得て自宅に幽閉。廃嫡された。一時、菅茶山の廉塾の塾頭をつとめ、文化八（一八一一）年京都で開塾、以後京都を拠点に活動。『日本外史』は幕末の有志者・知識人に広く愛読された。他の主著に『日本政記』（弟子關藤藤陰が補筆にあたる）『山陽詩鈔』がある。

一瓢の山陽好きは有名で、孫は《山陽狂》と言っている。抑も「朝暮庵」という庵号も「一瓢」という雅号も共に山陽の付けたものである。

《山陽最後の遊歴天保二年は、山陽死去の前年で、一瓢は二十九歳であつた。一瓢が漸く風流道を解する頃は、山陽は盛名既に天下に鳴つて居たので、其秘事欠点は聞き及んでも、流行に連れて傾倒したのであらう。》（「一瓢と三逕」）

番町地区からの城山遠望（平成16・11・14）

佐平と末弟章三郎（明治14年）

一瓢は妻の祖父鹽飽春里について、俳句を十年ばかりやったのち、和歌に熱中している。彼が師事したのは關鳧翁《せきふおう》である。

關（天明六年～万延二年（一七八六～一八六一））は、笠岡市吉浜の人。国学者・医師。本姓は關藤。名は政方《まさみち》。号は杏隠・鳧翁など。頼山陽の弟子で福山藩儒の關藤藤陰の兄に当たる。若いころに京に上り、村上伊豆守に医学・漢学を学び、後に笠岡へ帰ってから敬業館教授の小寺清先に国学を学ぶ。歌集には『初日影』『嘉平田舎《かえでやの》詠草』『耳鳴草』など。他の著書に、我が国字音の研究書『傭字例』や『声調篇』がある。

思軒の父三逕森田佐平の生涯は、政治家・官吏のそれであった。章三郎の『思軒小傳』と『笠岡市史』（第三巻）によって、その有能な官吏（政治家）としての経歴はかなり正確に把握できる。ここではむしろ、教育・文化方面での活動のみに焦点を合わせて見てみることにしよう。

≪（佐平は）天才児臭い事は其子思軒よりも長短共に著しかつたが、思軒は順境に恵まれて才華を忌憚なく喚発し得たに反し、三逕は幼少の頃父一瓢の失敗により、森田家一門が不幸の底に突き落された余殃を受けて、甚だいぢけた趣があり、且つ登場した舞台が三逕の最も短所欠点である商店であつたので中年までは世間からは馬鹿と思はれて居た。三逕の最も優れた点は人物であるけれども、之は苦境に処して陶冶された事が大半の原因をなして居るから、此点は別として天禀の長所は画技であり次いで学才である。≫（同上）

父佐平は画家志望であった、と章三郎は言っている。けれども、祖父の一瓢は、自分の生活ぶりは棚上げにして、長男が画家の道を進むことは好まず、商人の道を選ばせている。森田家の本家の家業である質屋を継いでいた祖父の末弟の宗四郎の下で修業し、独立するが、比較的暇な時間があるためか、店番しながら本に親しみ、独学で相当量の読書をしたという。幕末より明治にかけての頃には書籍商に転じ、十五年頃まで続けたらしい。佐平の武士嫌いは何に由来するのか分からないが、画才を伸ばせなかった分、学才は自学で伸ばすことができた。

もっとも、大久保に大叔父吉藏こと森田豐久がいた。この叔父のことは子の思軒が、随筆「尤憶記」で書いているが、独学で国学・漢学に通じ、果ては西洋理学や医学にまで及んでいたらしい。吉藏が幼少期の思軒に与えた影響は、父佐平に劣るものではなかったようで、私たちにとっても忘れられない存在となっている。明治六年の実測に基づく「小田郡笠岡村絵図」の測量方は森田豐久と書かれており、私たちの興味をもっともそそる点となっている。

ところで佐平の画才は、末子章三郎によると、≪驚くべきものである≫（同上）と言う。五歳の時の紙箱の蓋に描いた「金時」とか、十四歳以降の「西湖十二景図」や笠岡の「吸

藤陰關藤先生碑（福山市立図書館敷地内）

江山眞景」「山水帖」など、残された絵を実際に見ての話のようで、まずは信用してもよいであろう。絵は模写が多く、《遊歴画工所持の粉本を模寫したもの》（同上）だという。人から借りた『芥子園畫傳』の模写（十五歳の時か）や、「四君子及び花鳥」を模写した三巻は製本され、それには儒者阪谷朗廬の題字があるという。この一事から、阪谷と森田家のつながりが前からあったことが分かる。

　思軒の母校興譲館の二代目館長、警軒坂田丈平と佐平との関係がいつ始まったか不明だが、佐平が笠岡周辺で行った教育・文化活動において行動を共にすることが多かったと思われる。二人が確実に参加していた団体は細謹社で、福山の医師窪田次郎らの提唱により民衆の啓蒙と教化のために書籍の販売と出版を行う、会員の出資による会社であった。笠岡に本店を持ち、分店が福山と玉島に設けられたが、これ以上の発展があったかどうか分からないが、明治十五年まで活動を続けている。

　佐平が参加した団体には、外に愈止社《ゆししゃ》がある。衛生思想の普及を目的とするもので、医師たちの参加が目立つ。佐平は「資金総括」が担当であったようだ。ここには坂田の名はないが、窪田次郎らの発案によるものである。坂田の参加した団体は、養蚕伝習、蛙鳴群、細謹社の三つが知られている。蛙鳴群《あめいくん》は窪田次郎の発案で生まれた政治学習を目的にした結社である。自由民権運動には、一方に請願運動があり、また他方にこのような学習活動もあったのである。岡山での自由民権運動を語る場合には、種々の請願、学習活動、啓蒙活動の三つの側面から考えるべきで、その中心に窪田次郎という指導的人物がいたのである。

　この蛙鳴群には、明治七年十二月に、小田県下、山陽道沿いの小豪農層・神官・僧侶・医師・儒者といった知識階級の人々が参加している。自由民権、地方民会の開設、地租改正の三つのことがここでは学習されている。坂田は、蛙鳴群の統率者として権群長（まとめ役）に選ばれている。ここでの主要議題が地方官会議の傍聴を要求することにあったことは私たちの目を引く点である。詳しいことは省略するが、そのような運動があった結果、佐平（佐平は副戸長として）外二名が明治八年六月に東京に出向いている。その時の記録が佐平の「東行雑記」（所蔵者不明）である。

　書籍商として佐平は次のようなものを刊行している。

1『小田縣新聞』創刊号～第13号（明治6・1～明治7・4）
2『童蒙習字本』（森田書店、明治6・3）
3『日用々文章』（森田書店、明治6・3）
4『訴答必携』（森田書店、明治7・5）
5 田中岩太郎『童蒙會話篇』（森田文藏梓、明治8・1）

　右に掲げた1は、小田県庁が発表する「公令」の外、「論説」「投書」「叢談」などの欄も設けられていた。権令の矢野光儀が《官報や公報の代用として発行させた》（『笠岡市史』第三巻）と言われる。

　5は、息子の思軒を名義人にして出版されたものと思われるが、本人はこの時期、大阪慶應義塾在学中であった。著者の田中は福山の人間で、福山の小学校の教科書として

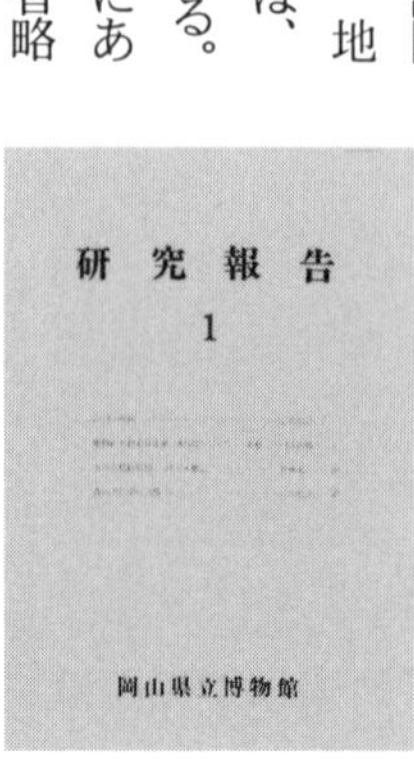

富岡敬之「森田思軒関係書簡」が掲載された『岡山県立博物館研究報告』第一号（昭和53・10）

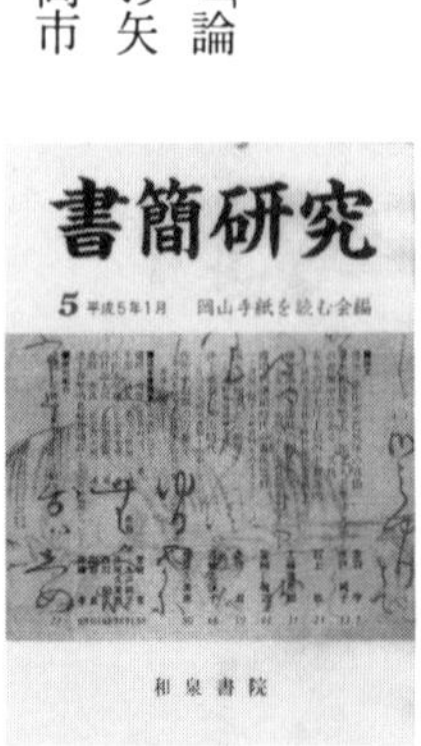

富岡敬之「備中興譲館時代の森田思軒」が掲載された『書簡研究』第5号（岡山手紙を読む会編、和泉書院、平成5・1）

使用されたと見られている。

佐平の関係で最後に触れておかなくてはならないのは、その妻の実家のことである。

妻の直は佐平とは従兄妹にあたり、直の母は小寺清之の次女なのである。小寺家は江戸期の教諭所（庶民に開放された成人教育の施設）として設けられた郷校敬業館の教授を勤めた家柄で、清之は国学者で陣屋稲荷の神官、その弟は神辺の廉塾で頼山陽と同門といったように、学者一族の出であった。章三郎が物した小伝「一瓢と三逕」は、外祖母から得た話を元にしているという。

ここでいよいよ思軒こと森田文藏に登場してもらうことにする。文藏は文久元年（一八六一）七月二十日、備中国小田郡笠岡村百九十二番邸（現・岡山県笠岡市笠岡）で、父佐平、母直の長男として生まれた。文久年間に生まれたので、文藏と命名されたという。現在の広島銀行笠岡中央支店の駅前出張所のある場所が生家跡である。明治六（一八七三）年四月、小田県で測量された笠岡村の絵図で見ると、思軒の生家は、当時の讃岐小路と角小路とに挟まれた道路のほぼ中間にあったらしい。思軒の生まれた頃は、二百メートルほど南へ行くとすぐ海だった。笠岡湾に白い帆の大小さまざまな船が出入りし、潮の香りのする海沿いに笠岡の町並みがあった。西の浜と住吉新田の間に笠岡の港が入り組んであり、西破戸（波止）、中破戸、東破戸に船がつながれ、米、雑貨、海産物、材木などの積み荷を上げ下ろしした。笠岡の東本町、八軒屋町から石橋町、西本町へかけての裏側の浜筋には、白壁の倉庫群が連なっていた。今のJR笠岡駅付近に残っている一部の家屋が往時をしのばせる。

思軒の生家は鞆屋という屋号をもち、質屋や本屋を営む商家ながら由緒のただしい地方の名家であった。父佐平は商人に似合わず学問好きな読書人で、書画にすぐれ三逕と号した。暇があれば、店の帳場格子に左ひじをついて、本を読みふける癖があったため、いつからか背骨が歪曲してしまった父佐平の姿を、幼児の頃から思軒は見馴れていた。画才のすぐれていた佐平が「おやじ（一瓢）が画工にしてくれていたら、わしは直入（田能村直入《たのむらちょくにゅう》）にはなれておったのに」という生涯の遺憾としていた嘆声まじりの愚痴を、思軒は何度も聞かされて育った。

もう一人、強烈な影響を与えた人物がいる。母方の叔父吉藏である。笠岡町の北、大久保に隠居していて薬草を栽培し、漢方医の心得もあった。物にこだわらない性格で、国学、漢学にも通じ一家言をもつ知識人であった。

幼い思軒は、この叔父になつき、その隠宅をよく訪れた。とくに地震のたびに避難所にした。短くて三、四日、長くて十日から一カ月近く滞在する。吉藏も利発な思軒をかわいがり、和漢の古典を枕頭で読み聞かせた。思軒は吉藏に口授された中国の伝奇小説である『三國志』『水滸傳』『西遊記』などに興味をそそられ、物語のあらすじや人物、地名までほぼ暗記してしまったという。

不精な叔父の家はほこりっぽくて潔癖な思軒は閉口するが、この風来山人こと平賀源内を思わせる奇人を終生、敬愛していた。後年、思軒は随筆「尤憶記《ゆうおくき》」に「郷里の井

谷口靖彦編著『笠岡歴史の散歩みち』（笠岡東ロータリークラブ、平成11・1）

田能村直入〔文化11年（一八一四）〜明治40（一九〇七）〕

豊後（大分県）竹田の庄屋三宮氏の家に生れる。九歳の時、文人画家田能村竹田（一七七七〜一九三五）に画と『唐詩選』を学んだ。竹田に愛され、田能村姓を冒すことになったといわれる。天保5年に竹田と大坂に出て、中齋大塩平八郎や篠崎小竹の下に学ぶ。明治元年、京都に移り、伝統的な南画を描く。明治13年、京都府画学校の摂理兼画学講談担当となるが、17年に辞職して南宗画学校を創立する。32年に富岡鐵齋らと日本南画協会を結成した。竹田や浦上玉堂のあとを継ぎ、近代南画の成立に大いに貢献するところがあった。

「大久保」「古荒祠」など印象的な美しい文章を書き、郷里の風景や懐かしい人物を回想している。

笠岡の近代化は、明治四（一八七一）年の廃藩置県が始まりであろう。笠岡は、近世中期から幕末まで、およそ百七十年間にわたって幕府の直轄地として、四十二代の代官支配を受けてきた。

明治維新の変革で、明治元年五月、倉敷県に属したが、同四年の廃藩置県により、備中十一郡（小田・後月・浅口・都宇・窪屋・上房・阿賀・哲多・下道・賀陽・川上）と備後六郡（沼隈・深津・安那・品治・芦田・神石）の旧県を統一して深津県が設置され、その管轄となった。翌五年六月、深津県は小田県と改められ、県庁が笠岡に置かれた。こうして、人口五十四万五千人、石高五十万石余りの大きな県が生まれた。県庁は初め福山（備後国深津郡）に予定されていたが、管内の西に偏り過ぎているので、地勢上、東に倉敷・玉島、西に福山・鞆の諸港をもち、やや狭いが土地が乾燥していて、そのうえ旧幕時代の陣屋の建物など利用に便利なことから、笠岡に決まったのである（『笠岡市史』第三巻）。

当時、明治政府は、「富国強兵」「殖産興業」「文明開化」の三つのスローガンを掲げて、近代化を推進し、欧米列強に伍していこうとした。廃藩置県によって中央集権制を強め、「学制」「徴兵令」「地租改正」の三大改革をつぎつぎに実行した。

そうした中で、明治五年から同八年までの約四年間の小田県政時代は、短い期間であったが、笠岡にとっては画期的な時期であり、「小田県時代」と呼んでよい。

開明的な知識人といわれた、小田県権令の矢野光儀によって先進的な施策が進められ、民衆側からは、森田佐平（思軒の父）、窪田次郎（医師・啓蒙家）、坂田警軒（興譲館二代目館長）、北村七郎（細謹社支配人）、小野亮（医師）、三村立庵（医師）らが、自由民権運動ないしは啓蒙的な活動を展開した。

たとえば、矢野権令は、養蚕の奨励や笠岡製糸場の創設をはじめ、西日本で初めての小田県展覧会の開催をしたり、『小田縣新聞』を発行させたりした。民衆側は書籍店を経営する団体、細謹社を創設したり、民撰議院の開設を矢野権令に建白して、臨時民撰議院（県会）の開設を実現したりした。

この頃、備前、美作、備中は、岡山県、北条県、小田県の三県として残っていたが、明治八年に小田県、翌九年に北条県が岡山県に合併され、岡山県は一県にまとまった。備後六郡は同九年、広島県に編入され、これ以後岡山・広島両県の県域は変らぬまま現在に至っている。

このような小田県時代を背景に、思軒は少年期を過ごしたのである。

明治五年（一八七二）、思軒十一歳のとき、小学校の前身である啓蒙所に入学する。啓蒙所は旧福山藩内で創設された民間有志の出資による啓蒙社が経営した庶民の私塾で、学制が敷かれて次第に小学校が整備されるまで、小田県内

「思徳之碑」
思軒の母方の祖母の実家である小寺家ゆかりの郷校、敬業館（平成5年8月に塾舎が復元された）の裏庭には、二本の石碑が立っている。一つは初代教授栖園小寺清先の功績をたたえた「栖園先生之碑」で、他の一つは敬業館の生みの親、江戸中期の幕府代官早川八郎左衛門の業績と建碑の由来を刻む「思徳之碑」——撰文は小寺清先。書は頼山陽のもの。

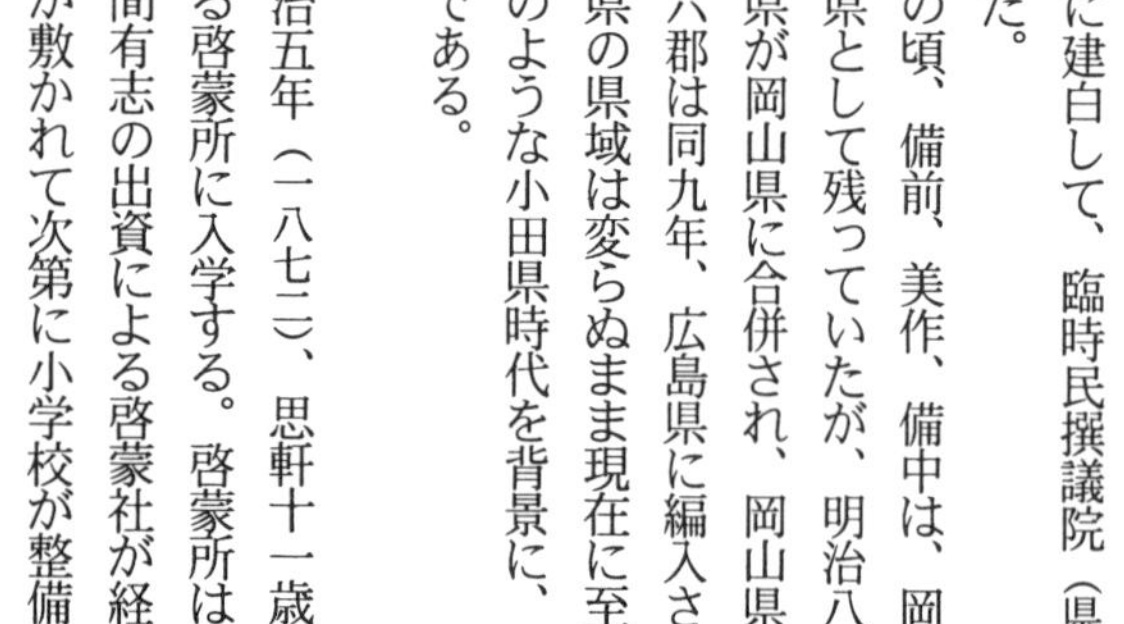
風景のすぐれた笠岡沖の諸島

の各地に設けられていた。笠岡では遍照寺内にあった。思軒の父佐平の叔父宗四郎の長男森田晋三が開設者であった。

十一歳で小学校入学というのは、現代からみると奇妙だが、明治初期のまだ学校制度が確立していない頃は、これまでの寺子屋へ通うか、思軒のように父親からの口授という形での自宅学習をしたようである。当時の啓蒙所での学習内容は、漢学塾に似たもので、漢文の教科書を声をはりあげて繰り返して読む「素読」や「句読」を学ぶ学習法であった。ここで思軒は、五十川左武郎から漢学を学んだ。

啓蒙所での教師五十川左武郎は、訒堂《じんどう》と号した漢学者で、備後福山の人。井原の興譲館で初代館長阪谷朗廬に師事し、のち江戸の昌平黌で学ぶ。文章をよくし、談論風発の雄弁家であった。戊辰の役ごろから明治初年にかけて帰郷。啓蒙所の教育を引き受け、小田県の巡教師を坂田警軒とともに務めた。後年、大阪や堺方面に出て、関西の漢学振興に寄与した。著者に『竹雨山房文鈔』がある。

「天は人の上に人を造らず、人の下に人を造らず」という書き出しで始まる福澤諭吉の『学問のすゝめ』は、当時、世間に広く流布していた。福山県当時から啓蒙所では『学問のすゝめ』を独自に印刷し、教科書として使用して効果を上げていた。ところが、慶應義塾の福澤諭吉がこれを知って、「著者の許諾なくして無断で印刷・発行したのは見逃すことができない」と激怒し、事宜によっては法廷を煩わしかねない様子であったので、慶應義塾に在学中の福山の出身者から早く謝罪の方策を考えるべし」と警告してきた。

これを聞いた小田県権令矢野光儀はたいへん憂慮した。そこで小田県学務係の杉山新十郎が、福山誠之館の英語教師の招聘の件で上京したさい、福澤諭吉に面会して陳謝に努めた。はじめは、なかなか了承されなかったが、時間をかけて示談に努めた結果、すこしも私利によるものではないと認め、諭吉は面前ですぐに筆をとって、「譲与願出書」をしたため、私蔵版『学問のすゝめ』を小田県管内の福山学校に三〇〇部に限り活字で印刷を了承したと署名する。さらに、啓蒙所の現況を詳しく聞き「天下に先立ち天晴れの功名をあげたり」と何度も賞賛し、別に土産として『学問のすゝめ』一〇〇部を寄贈した。（「啓蒙社及啓蒙所設立の由来」『備後史談』第14巻第6号、昭和13年刊）

この逸話は、学制頒布以前に管内に普及していた啓蒙所の設備や授業内容が充実しており、当時の教育に対する小田県の先進性を物語るものである。

明治七年（一八七四）、思軒十四歳の時、五十川訒堂は、父佐平を訪ね、「文蔵君には啓蒙所としては、すでに教え尽くして最早授けるべき何ものをも残さないからお返しする。そしてこの際、特に勧告する。これほどの学才を田舎に埋めておくのは如何にしても惜しい。ぜひ都に出して修業させてもらいたい」というのであった。父佐平は非常に感激してついに思軒を大阪に出すことにした。以前、小田県権令であった矢野光儀の子息龍溪矢野文雄が慶應義塾大阪分校長として、思軒の入学後、赴任している。

阪谷朗廬手植の紅梅樹（興譲館高等学校）

ところで、笠岡の地にキリスト教の伝道が開始されたのは明治八（一八七五）年頃であると言う。

《そのころ旧笠岡町内に新しい知識を求める風潮が盛んになり森田思軒氏ら数名の人が在留宣教師を迎えてキリスト教の思想を聴く会を開いた。笠岡に初めてキリスト教が入ったのはこの時である。また、同じころ、笠岡の陶器商・柚木吉郎が大阪へ商用に出かけた際、キリスト教の説教を聴き感動し、のちに京都の同志社に足を運び新島襄に会い伝道の為に応援を求めた》（『（日本キリスト教団）笠岡教会百二十周年記念誌』）

この明治八年は、思軒十四歳の時で、慶應義塾大阪分校の徳島移転にともない、徳島へ転校した年である。思軒は前年の明治七年、慶應義塾大阪分校に入学する。ここでは「英書・訳書・洋算・和算」の四課目を教えた。このとき、思軒は初めて英語を学んだ。この大阪分校は、その後一年にして阿波の徳島に移転する。そこで一年すごすと、東京・三田の慶應義塾の本校に入塾する。つまり、大阪に一年、徳島に一年、東京に一年、十三歳から十六歳までの三年間に英語の基礎を学んだのである。

《後年、思軒は明治文壇の先覚者として、又殊に翻訳の大家として、世の称賛をあびたけれど其英語の基礎は此十四歳から十七歳（十三歳から十六歳の誤り——筆者注）までの三ケ年間、然かも不完全極まる当事の義塾の英語教育を受けたのに過ぎぬのである。思軒も明治初期の諸名士と一般、自習自得の学問であつた、然かもそれで晩年浪人翻訳生活時代には、翻訳前の通読には一時間二十頁の速力で奔読して居た。当時の諸士は何事も気力でやつて居たのではあるまいか。》（森田章三郎『思軒森田文藏小傳』）

慶應義塾はもと豊前中津藩士の福澤諭吉が安政五（一八五八）年江戸の築地、鉄砲洲の同藩奥平家の中屋敷内に開いた蘭学の家塾が始まりである。のち英学を教える塾に転じ、慶応四年（一八六八）四月に芝新銭座に移り、時の年号にちなんで塾名を「慶應義塾」と呼ぶようになった（明治改元は九月、それまでは慶応四年）。

明治四年、芝区三田に移転した。当時は日本で第一等の英学塾として知られた。一時はわが国の学問を代表する観があった。のち明治二十三年、大学部を設け、文学・理財・法律の三科を置く。私立の総合大学の最初で、現在の慶應義塾大学の前身である。

思軒の慶應義塾での恩師は矢野龍溪である。矢野（嘉永三年〜昭和六年（一八五〇〜一九三一））は、政治家・小説家・ジャーナリスト。本名は文雄。大分県出身。慶應義塾卒。大蔵省書記官などを経て、明治十五（一八八二）年『郵便報知新聞』社長。大隈重信の立憲改進党の結成に参画。文学による民権思想の啓蒙をはかり、明治十六年〜十七年、政治小説『經國美談』を発表、大好評を得た。外遊後、新聞の大衆化を促進する一方、国際的な冒険小説『浮城物語』

「森田思軒顕彰コーナー」パンフレット（笠岡市立図書館）

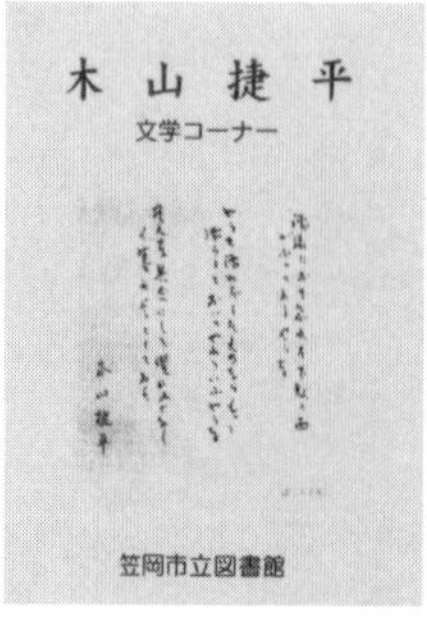

笠岡が生んだもう一人の文学者を顕彰する「木山捷平文学コーナー」パンフレット（笠岡市立図書館）

を発表。のち宮内省御用掛、駐清公使をつとめた。ほかに寓意小説『新社會』がある。

思軒は、明治十（一八七七）年四月、突然に慶應を退いて笠岡に帰郷した。十六歳の時である。中退の理由は、よくわからない。冤罪説もあるが、真相はナゾのままで明らかでない。

慶應義塾を退いて郷里笠岡に帰ってきた思軒は、それからの二年間ほどは無為に過ごしたようである。突然に帰郷してきた事情ははっきりしないが、初めての挫折感の克服に悩んだのではないだろうか。あるいは、その間に英語の自習や読書三昧の日を送っていたのかも知れない。

郷里における思軒の活動に関して最もよく出てくるのが、備中玉島の一族、廣井（母の妹、芳の婚家）・龜山（母の妹、兼の婚家）の両家である。玉島（現・倉敷市）は、県西に偏った笠岡よりも、江戸時代以来、港町として栄えて来た。

廣井家は当時、現在の倉敷市玉島本町にあって、永木屋と号し、玉島における有力商人の家だったようである。廣井栄次郎は思軒の母直の妹の芳（出店こと森田彦蔵の二女）の婚家である。また、養子廣井富太郎は思軒の妹久の夫である。

もう一つの親戚、富屋と号する龜山家もまた玉島における豪商の一軒であり、龜山源平は思軒の母直の妹、兼の婚家先であった。また、五男四女のうち、三男国四郎は、思軒の妹郷の婚家先であった。この国四郎と郷との縁談は廣井家の仲介によるものであった。

思軒は、願ってもない良縁と大喜びし、幸い、一通りの教育ある者と思軒が述べた末妹郷は、ミッションスクールの神戸英和女学校（現・神戸女学院大学）出身の才媛であった。思軒は、備中玉島の叔父廣井栄次郎から廣井家先祖代々の合葬墓の墓誌銘を依頼され、起草している。

明治十一（一八七七）年三月一日、西之浦（現・倉敷市）にある親戚・淺木家（母直の妹、嶺の婚家）を訪問している。ここで思軒は翌二日に、西毅一、中川横太郎、林孚一ら自由民権家の演説会が開催されることを知る。「自分は久しく演説していないので、明日はここに来て、いささか弁をふるいたい」と言って翌日の参会を約束してから、玉島にいったん引き返して、親戚の龜山家に泊まっていることが、思軒から父佐平宛の手紙で判る（富岡敬之「森田思軒の社会的背景——玉島の一族について——」）。

この手紙から、思軒がすでに政治への強い関心を抱いており、その武器として慶應義塾で鍛えた弁舌に、少なからず自信を持っていたことがうかがえる。

明治十八（一八八五）年六月、報知社の全国農村の疲弊状況の実態調査特集である「惨状親察報告」の中国地方特派員として西下した思軒は、まず廣井家を訪れ、笠岡の生家に立ち寄る前の二日間をここに滞在する。この取材に自費を投じなければならなかった思軒にとっては、経済的にも、恰好の拠点であったのである。

この明治十八年から翌十九年にかけては、清国における天津条約締結の探訪、ついで国内では山陽道の窮状親察、そして欧米巡遊と東奔西走の多忙な取材活動の連続であっ

『笠岡史談』第参号（昭和44・4）

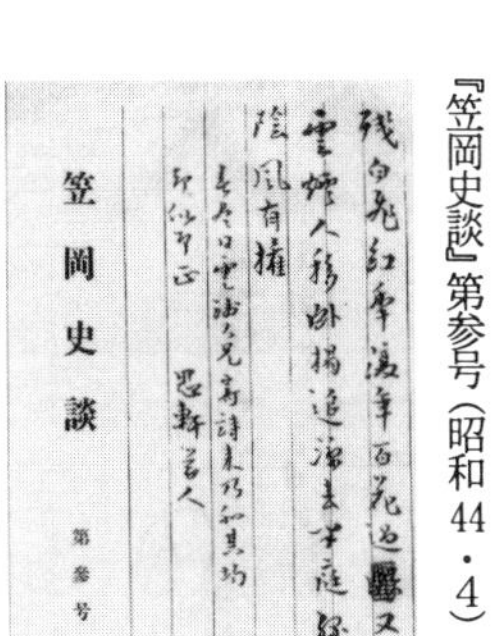

『笠岡史談』第参号表紙解説

残白飛紅年また年
百花過眼また雲煙
人は臥榻に移り涼を追ふて去る
半庭の緑陰、風権（頬）にあり

森田思軒が明治十五年四月、興譲館を退学し、同年秋龍渓矢野文雄先生の薦めに応じ報知新聞に入社するまで約半歳、笠岡西本町の父母の許に在って、かつての塾生らと詩を交えたその中の一首である。時に思軒二十二才。

所蔵並びに解説　小林好夫

た。これらの取材活動には、実家の森田家はもちろん、玉島の廣井、龜山家などの親戚から資金を融通してもらい、多額の私費を取材活動に投入したのである。

父佐平は、かねてから親交のあった興譲館館長の坂田警軒に手紙で入塾の照会をしている。慶應義塾を退いて郷里笠岡に帰ってきた思軒を興譲館で漢学を学ばせるべく準備をととのえるためであった。

興譲館初代館長阪谷朗廬《さかたにろうろ》（文政五年～明治十四年（一八二二～一八八一））は、備中川上郡九名村（現・岡山県美星町）に生まれた。通称は希八郎、名は素《しろし》。六歳で父良哉に従って大坂に赴き、奥野小山、大塩平八郎に学ぶ。十一歳で江戸に移り、昌谷精溪の門に入る。次いで古賀侗庵に師事した。二十六歳のとき、母の病で帰郷、後月郡簗瀬村桜谷（現・岡山県後月郡芳井町）に桜渓塾を開く。嘉永六（一八五三）年初代館長として興譲館に招かれる。翌安政元年、幕府の儒官、古賀謹一郎（号茶溪）が幕府の命令で長崎へ行って帰る途中、朗廬を訪ねた際、「興譲館」と書いた扁額を残した。それ以後、これが館名になった。現在の井原市西江原町にある私立興譲館高等学校の前身である。（現在、校門に掲げられている木額は、朗廬と親交のあった実業家、澁澤栄一の書いたものである。）朗廬は、明治元（一八六八）年広島藩主から藩儒に迎えられ、妻子を連れて赴任する。その際、興譲館の督学を甥の坂田警軒に託した。

朗廬は、宋の大儒、朱子の「白鹿洞書院、掲示」の信条を、興譲館の教育方針としてきた。毎朝、師弟ともども講堂に会して朝礼を行い、一斉に「白鹿洞書院、掲示」を唱えてから、その日の課業に入った。

現在、校門前の道の向こう側に「天下の碑」と呼ばれる漢詩碑がある。朗廬の遺徳をしのんで明治百年記念事業として、昭和四十三年に建てられたものである。朗廬の「天下奇策有り　勉めて私意を除くを要す　天下奇策無し　平均只両字」の五言絶句が大きな石碑に刻んである。これは「世の中には良い分別があるという者がいるが、この良い分別の中には私利私欲も含まれている。だからこれを除かねばならない。世の中には真の意味で奇策などあるはずはない。あるのは只平均、つまり右にも左にも偏しない中道の二字があるだけだ」（四代目館長・山下敏鎌氏解読）という意味である。幕末のころ、攘夷、開国に国論が二分し、世間が騒がしい中で、「中正の精神を守れ」と戒めた言葉だという。

この館祖阪谷朗廬の教えが過激に走らない温厚篤実な校風となり、私学の独自性と伝統を守り続けてきた興譲館の建学の精神を表わしている。

思軒が、興譲館に入った時の館長は、二代目の坂田警軒であった。警軒は、名を丈平という。別号は九邨。天保十（一八三九）年五月、備中国川上郡九名村に生まれた。興譲館に学んだ後、肥後熊本の木下犀潭の門に入って俊才が認められ、次いで江戸で安井息軒に学び、帰って岡山藩池田家の賓師となる。明治元年、阪谷朗廬が広島藩に赴く際、

阪谷朗廬と明六社

朗廬阪谷素は明治元年、広島藩主から賓師として招かれ広島に赴くが、その後、東京に出て官吏（陸軍・文部・司法省）となる一方、東京在住の優れた知識人たち（森有禮・福澤諭吉・中村正直・西村茂樹など）の集まりである明六社の定員となり、機関誌『明六雑誌』には、「民撰議院ヲ立ルニハ先政体ヲ定ムベキノ疑問」など二十本の評論を寄せた。

懇望されて興譲館長を継いだ。明治八年、山田方谷に招かれて、備前閑谷精舎（閑谷学校の後身）で隔月に講義する。同十二年、岡山県会議員に選ばれ、ついで初代議長となる。同十九年、京都同志社の講師を務める。同二十三年、衆議院議員に選ばれた。その後、慶應義塾、高等師範学校、斯文学会、哲学館などの講師となる。明治三十二年八月、六十一歳のとき、東京で病没する。墓は青山墓地にある。警軒の墓碑銘は、二松学舎を興し東宮侍講をつとめた文学博士、三島毅（中洲）の撰文である。

警軒は、漢学者としての評価が高いが、自由民権運動の指導者でもあった。明治七年六月、当時、小田県学校督事であった警軒は、県内の開明的知識人である窪田次郎、北村七郎、小野亮、三村立庵らとはかって、小田県における民撰議院の開設を要求する建白書を小田県権令矢野光儀に提出する。さらに警軒は、窪田らと備中・備後地方に小結社「蛙鳴群」を結成して、政治・経済問題の学習を行い、地域住民の啓蒙、民権思想の普及に指導的役割を果たした。

思軒は、このような坂田警軒を漢学の師として、三年間、興譲館で学んだのである。

当時の学科については、「十八史略、日本外史、詩經、韓非子は隔月輪講。左傳、蒙求は毎日輪講。毎月一度は詩文会を開く」（『興譲館百二十年史』）とある。

思軒は、輪読、輪講に日頃からみっちりと励み、周到な準備を整えて輪講の場に臨んだ。このほか、毎月十五日を定例日として開かれる「詩文会」で漢詩、漢文を鍛えたから、めきめきと漢学の実力を身につけ、入塾二年目には早くも頭角を現わして都講《とこう》（塾頭）になっていた。

興譲館時代、詩文に抜群の文才を発揮して「館中第一の詩人」といわれた思軒の秀才ぶりを伝えるエピソードがある。たとえば、一本の線香が燃え尽きる間に百編の詩を作ったという「一線百詩」、一眼で三行ずつ文章を速読し、すばやく文の意味を理解したという「一眼三行」の賛辞が残っている。

もっとも思軒の師、坂田警軒も「漢学を吾が興譲館に修め、強記夙成、詩文は等輩に優越す。期するに後來の頼子成を以てす。君も亦、自ら小成して安んぜず」（『警軒文鈔』）と、後年、思軒墓碑銘の稿文に記して、江戸末期の文豪頼山陽になぞらえて、思軒の学才をほめている。

慶應義塾で英語、興譲館で漢学を学んだ思軒の学識は、後に徳富蘇峰に「漢七欧三（漢学が七割、洋学が三割の学識）、若し之を転倒せば、恐らく今日の思軒にあらじ」（『思軒全集』第1巻「序」）と評された。後年、翻訳家として西洋文学の措辞文脈（ことばの使い方や文章の筋道）を工夫して、漢文まじりの逐語訳の周密文体を完成させる基礎は、この興譲館時代に培われたのであった。翻訳のほかにも、漢詩、随筆、批評、論説、新聞記事など多彩な文才を縦横に発揮しているが、これらは凡て、みっちりと修得した漢学の素養によるものである。

興譲館の詩文会で、思軒と文才を競いあった学友に津島温がいた。字は知卿、通称は治三郎といい、天行と号した。思軒より一歳年長で、思軒が入塾したとき、すでに同輩の間で頭角をあらわし、都講をしていた。広く群書をあさる

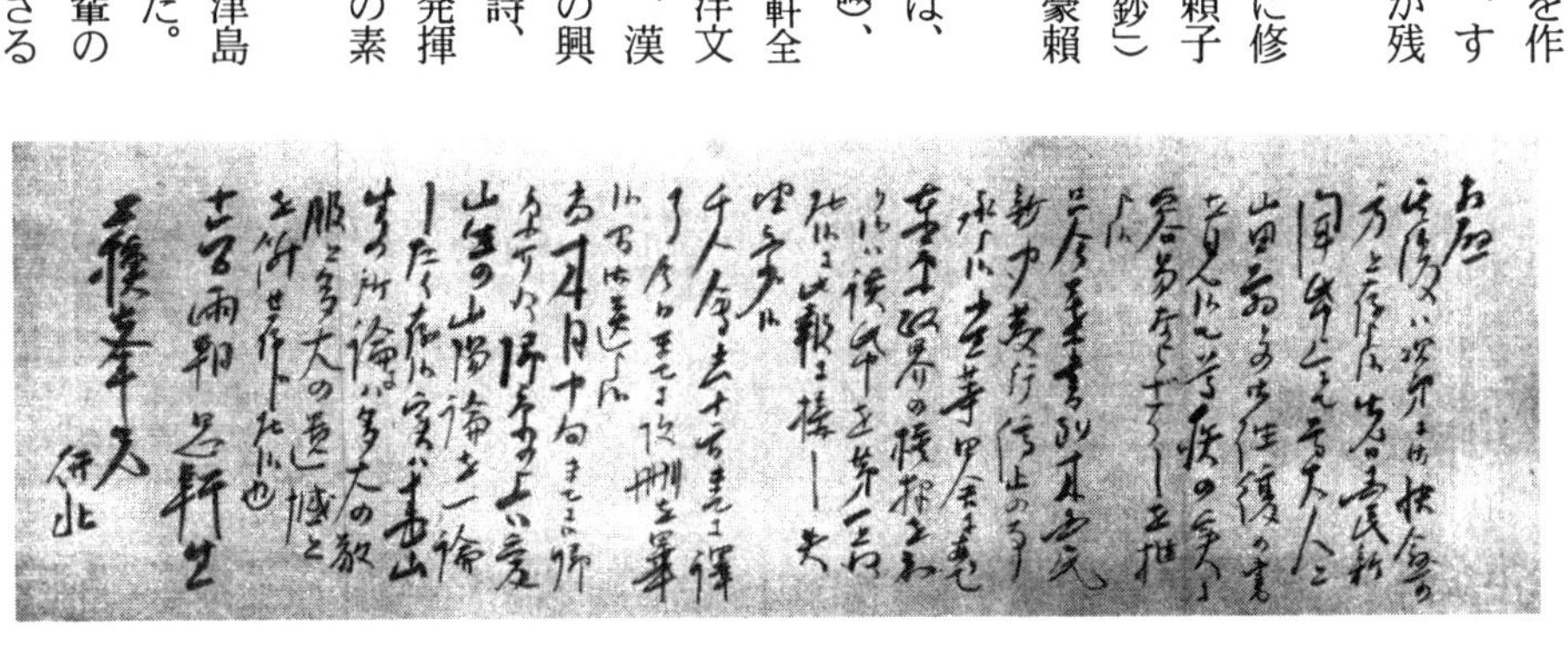

徳富蘇峰宛思軒書簡（明治26年2月16日消印）（思軒『頼山陽及其時代』民友社、明治31・5より）

読書家で詩文にすぐれ、他日、師坂田警軒の学問を継ぐ秀才だと将来に望みがかけられていた。思軒とは、互いに詩文を見せて批評しあうほどの親友で、思軒も啓発されることが多く、津島には敬服していた。

津島は興譲館を卒業後、郷里の小田郡新賀村（現・笠岡市新賀）で、私塾「温知舍」を開いて子弟に教えた。関西方面へ漢学界の情勢視察のため上阪するが、病気になって明治十八（一八八五）年大阪から帰国の途中、兵庫県須磨浦の沖で船上から投身する。漢学不振で時流に適さないことを絶望しての自殺だと伝えられる。この時、二十七歳だった。

思軒は後年、随筆「消夏漫筆」に津島温を哀惜した文章を書き、あわせて、東京へ船で帰る途中、須磨沖を通過した時の感慨を詠んだ七言律詩一首を掲げて、旧友津島を懐かしんでいる。津島温の墓は、郷里新賀の静かな山中にあり、墓碑銘は興譲館の恩師坂田警軒が撰文している。

思軒は詩文にすぐれ、才気煥発であったから、塾生たちに妬まれた。あるとき、ひそかにふとん蒸しの制裁の計画が進められていることを、親戚筋の渡辺清太郎から事前に知らされ、夜中に西江原から蛸村峠を越えて、十五、六キロメートルの暗闇の夜道を笠岡西本町の実家まで、いっさんに逃げ帰った。父佐平はこの事件に驚き、その夜、さっそく無断退塾したことを詫びる手紙を、坂田警軒あてに書いている。明治十五年（一八八二）四月二十三日の夜、思軒二十一歳のことであった。その後、坂田警軒は笠岡を訪れて、首謀者を処分することを条件にして、思軒の復学を勧めたようだが、結局はそのまま笠岡に留まったのである。

思軒は、五年前の明治十一年に慶應義塾を中退し、これで二度目の中途退学を経験したのであった。

思軒は、退塾後は急激な心労のためか体調をくずして、四月中旬から五月ごろまで病臥している。その頃、退屈しのぎに詩作したり読書にふけっていたりした。四月から起筆した自筆の詩稿集に「思軒詩稿二」と題をつけている。

この年の十月までに全部で三十一首の漢詩を詠んでいる。しかし、退塾後の思軒は静かに詩を作ったり、本を読んでいただけではなかった。一時は地方の若手弁士として名を挙げた。当時は自由民権運動が全国的に盛んで、笠岡周辺でも政談演説会が流行していた。思軒が学んだ慶應義塾では三田演説館を建てて演説を奨励したし、興譲館では輪講や詩文会で鍛えられたから、思軒は文才ばかりでなく、演説にもすぐれていた。ましてや、二十一歳の青年思軒は、血気盛んな明治書生の典型であった。明治期は地方の青年が立身出世を夢見て、いわゆる「青雲の志」を抱いて首都東京をめざした。笠岡で無聊をかこち、鬱屈していた思軒は、地に潜み時機をうかがって昇天する潜竜のように、再び上京して捲土重来のチャンスをねらっていたのである。

明治十五年の十月、慶應義塾時代の恩師矢野龍溪からの上京を促す勧誘に喜び、思軒は「東遊留別の感を志るす」と題した七言絶句五首を笠岡の父母に残して勇躍上京する。この後、『郵便報知新聞』の報知社に入社し、天津条約の締結の取材、不況と農作物不作による国民の窮状の親察員として山陽道へ出張と忙しい。そしてすぐ、欧米巡遊の旅に出発するのであった。

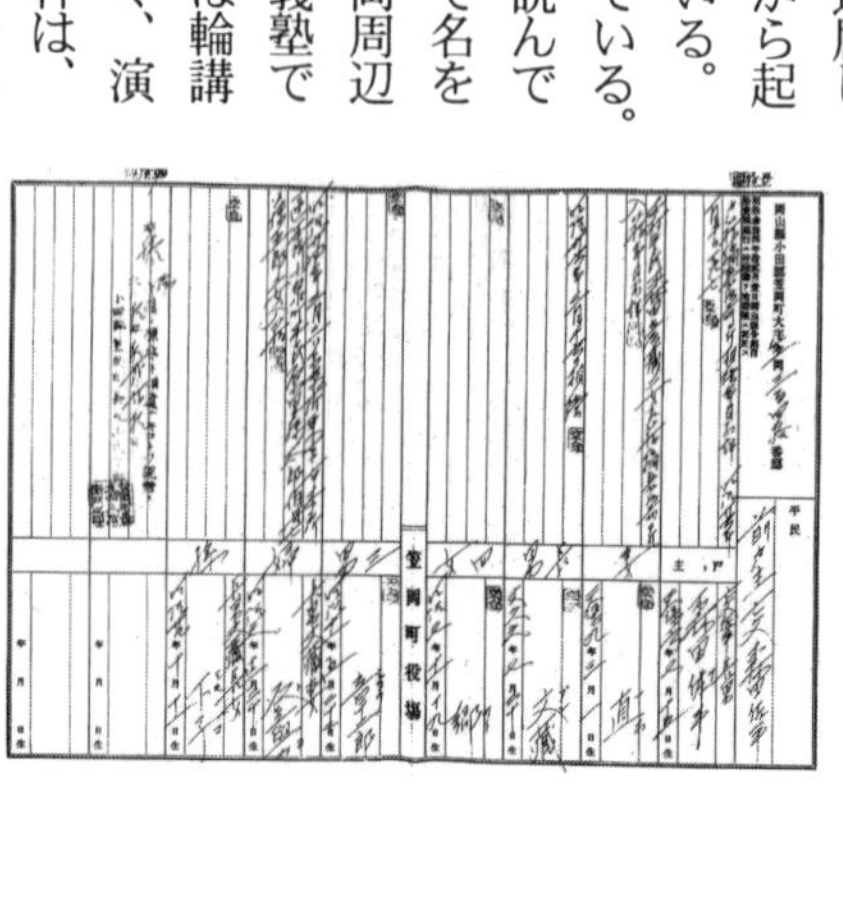

思軒の戸籍謄本（笠岡町役場）
思軒の妻登與の入籍は「明治24年2月3日」であることが分かる。

毎年行なわれている「顕彰講演会」のポスター（平成15年版）

明治二十年代の思軒愛読者

——正宗白鳥の場合——

中林　良雄

歯に衣着せぬ批評で定評を得ている小説家正宗白鳥の直言的批評は、自己の経験に基づくものであるだけに独特の鋭さをもつ反面、悪くすると印象批評に堕しやすい危険性もあった。が、自己の経験に固執し、自分一箇の考えに徹するとき、その批評は私《わたくし》批評とでも呼ぶほかはない、白鳥独自の批評文学を生み出すことになった。たとえば、題名こそ学者先生の論文めいているが、明治文学において翻訳文学が重要な位置を占めていると主張する白鳥ならではの私的翻訳文学史となっている批評文「日本文学に及ぼしたる西洋文学の影響」のなかで、白鳥は次のように言っている——

《自分の好むところに偏するきらひがあるかも知れないが、自然主義前の日本の文壇で最も西洋文学の味ひを伝へて、ある時代の青年の心を魅惑し、或ひは作中の人物に共鳴を覚えさせた翻訳は、二葉亭の「浮草」、小金井きみ子の「浴泉記」、森鷗外の「即興詩人」である。西鶴の影響を受けたといふ紅葉、露伴などの小説によつて得られないものをそれ等の翻訳小説から得た。自国の小説よりも、それ等の外国小説に於て、我々は自己の影を見た。自己の夢を見た。或ひは自己の心に潜んでゐるものを引出される感じがした。従つて文学といふものは、いかに大なる力を有つてゐるかを、我々は痛切に感じさせられた。リツトンやヂスレリーやスコツトやジユール・ヴエルヌや、或ひはユーゴーの翻訳小説から得たものとは異つた影響を、それ等三つの小説から得たと云つていゝのだ。》（『世界文學』（岩波講座　第30巻、昭和8・2）

ここで白鳥が取り上げている翻訳「浮草」は、ロシアの小説家ツルゲーネフの『ルージン』（一八五六年）のことである。自然主義の小説家として認められることになる、いわば出世作となる「何処へ」（『早稲田文學』明治41・1〜4）にはこの作品の影響を認めることができる。二番目の「浴泉記」は、同じロシアの作家レールモントフの『現代の英雄』（一八三九年〜四〇年）の部分訳である。これは全ヨーロッパで一世を風靡したバイロニズムの余韻を伝えるもので、白鳥がまだ東京専門学校（後の早稲田大学）の文学科に在籍中に訪問した田山花袋によって教えられ、旧上野図書館でそれ

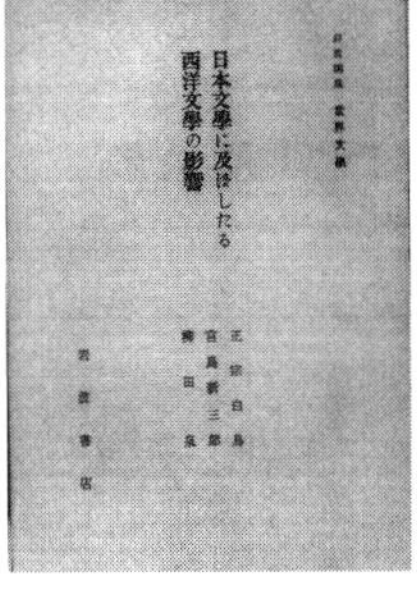

正宗白鳥・宮島新三郎・柳田泉「日本文學に及ぼしたる西洋文學の影響」『世界文學』第30巻（岩波書店、昭和8（一九三三）・2）

が掲載された『しがらみ草紙』の旧号（明治25・10～27・6）を借り出して読んだ作品であった。この『しがらみ草紙』に初訳が掲載されたアンデルセンの『卽興詩人』は、原作よりも優れているといわれているが、白鳥は《明治時代に現はれた「青春の書」》として最高の作品と考えていた。

『卽興詩人』の系列に入るようなロマンチックな翻訳小説として、ほかに、白鳥はユゴーの『懐舊』（思軒訳）とシユビンの「埋木」（鷗外訳）を同時に挙げている。

明治十二年生まれの正宗白鳥が初めて思軒の翻訳に出会ったのは明治二十五年のことである。高等小学校を了え、儒学の伝統を根強く伝える岡山の私立中学校、閑谷黌に入学してからである。その頃、学校の先輩たちが購読していた雑誌は主に『國民之友』だったようだ。一人の先輩は、創刊間もない『早稲田文學』を所持していたが、他人に見せるのをいやがるほど大事にしていたという。たいていの生徒は『國民之友』派で、すでに三宅雪嶺や杉浦重剛ら国粋主義者の集まりである政教社からは『日本人』（創刊は21・4）が出ていたことを考えると、この漢学塾の気風を伝える中学校も、その一面では穏健な改良主義を受け容れていたことが解る。

白鳥が覗いた『國民之友』では、すでにユゴーの『ビュグ・ジャルガル』が翻訳に一家言を有する思軒によって『懐舊』と題されて、この年の一月より連載開始となっていた。白鳥は連載の途中から読み始めたということになるが、すぐに先輩らから一月十三日以降の旧号を借りて読み直したはずである。後年、その時のことを回顧して、白鳥は次のように言っている——

《『懐舊』はユーゴーの『バグジャルガル』といふ小説を英訳から重訳したもので、しかも、思軒独特の生硬な漢文調で訳されていたのだから、甚しく原作離れしてゐたのであらうが、少年の私は、そこに云ひ知れぬ異国情趣を感じて陶然としたのであつた。》（「外国文学鑑賞」『改造』昭和13・11）

白鳥はなにも言っていないようだが、思軒訳との出会いはこれが最初ではなかったはずである。というのも、『國民之友』が明治二十年二月に創刊されてすぐ、それを真似たかに見える児童用雑誌『少年園』が二十一年十一月に創刊されていて、それを創刊号から購読していたからである。二十四年九月号には、思軒と山縣五十雄の共訳でヴェルヌの「余が少時」（全二回）が載っていた。ヴェルヌは思軒がユゴーに出会う前の最も重要な作家であり、思軒のヴェルヌもので最も有名な翻訳が『十五少年』であるのは言うまでもない。

しかしながら、白鳥が思軒のヴェルヌものにそれほど関心を抱いた様子はなさそうである。白鳥の関心は『國民之友』（あるいは『國民新聞』）の周辺をあまり出ることはなかったからである。したがって白鳥が次に取り上げることになる思軒訳は、八カ月後の同誌に発表されたアーヴィン

芥川龍之介編『近代日本文藝讀本』第三巻（興文社、大正14年）

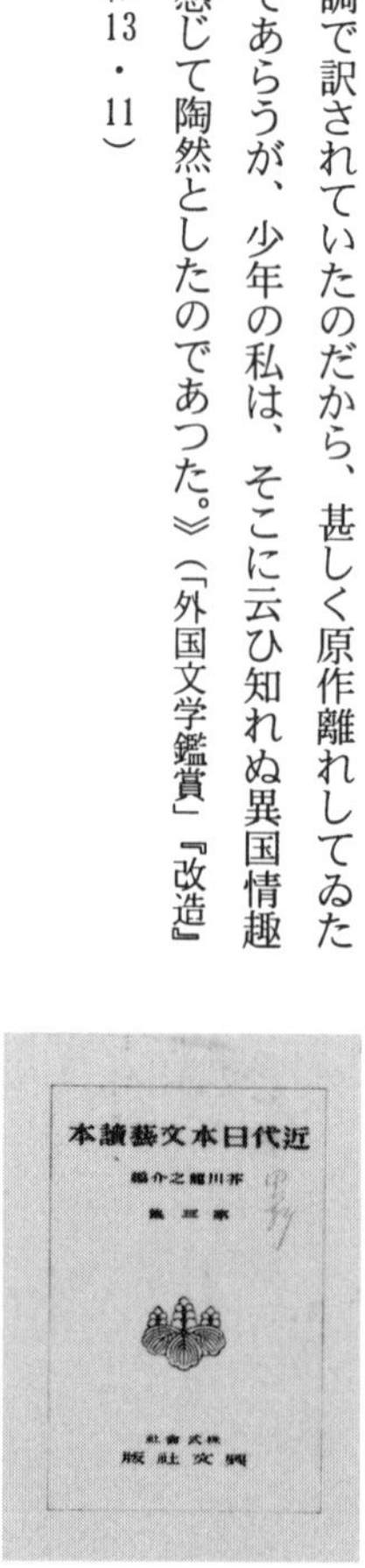

第三集の序
この集に収めた作品中、森田思軒の「ルイ・フィリップ王の出奔」は森鷗外、二葉亭四迷等の散文翻訳の外に日本の小説に影響を与へた散文翻訳の一つである。思軒の文章は文法上の規則を無視した場合も稀ではない。が、編者は奇峭を極めた原文の面目を保存する為に一語も改竄を加へぬことにした。

大正十四年十月　編者記
（芥川龍之介）

グの「肥大紳士」（明治26・1・13／23）である。思軒はホーソーンやポーやディケンズといった英米の作家の短篇を手がけているが、これはその部類（西文小品）に入る一篇と見られる。このアーヴィングの翻訳では、『懐舊』の翻訳とは異なる工夫がなされている点が注目される。それは森鷗外がドイツ三部作の一篇「舞姫」（『國民之友』明治23・1）において達成した和文脈を生かした欧文体に近い翻訳文体で訳されていて、スケッチ風（あるいは随筆風）の文章が要求する繊細微妙な表現に適した文体となっていた。白鳥はその時の読後感を次のように記している――

《私には、それまでに読み耽つてゐたさまぐ〵な日本の小説とは異つたところに、清新な芸術味を覚えた。小説らしい趣向のない何でもない世相描写の面白味を、私ははじめて感得したのである。》（「明治時代の外国文学印象」『學術の日本』第一篇、昭和17・4）

明治の二十年代より三十年代にかけての翻訳文学で白鳥が先に挙げた三作品のうち、『卽興詩人』は芸術的に優れた翻訳といえよう。『浮草』と「浴泉記」は、どちらかといえば、内容においてより重要であったといえよう。しかし、その選択には自然主義の作家としての白鳥というバイヤスが確かにかかっているのかも知れない。では、もっと一般的な観点に立って選択を行なうとしたら、どういうことになるだろうか。

同じ二葉亭訳であっても、まずツルゲーネフの「あひびき」（明治二十一年）を挙げるのが、翻訳史の上では、穏当と見なせるのではないだろうか。そして、思軒自身が取り上げていた若松賤子訳、バーネットの『小公子』（初訳、明治二十四年）がその次に挙げられるのではないだろうか。そしてその後に鷗外訳『卽興詩人』（明治二十五年〜三十四年）が続くであろう。だが、この三作に到るまでの翻訳をこれに付け加えるとするなら、漢文読み下し体の流れをくむ周密文体の一成果として思軒の『懐舊』（あるいは二葉亭の推賞してやまない『探偵ユーベル』）を挙げることができるに違いない。もっとも思軒自身は彼より前の先駆的作品として藤田茂吉・尾崎庸夫訳、リットンの『諷世嘲俗繫思談』（明治十八年）に注目していることも言っておくべきであろう。思軒はある翻訳（リットン『夜と朝』明治22〜23、初版／26・10訂正再版）に寄せた「叙」の中で次のように言っていたのである――《今日無数ノ周密文体ハ其ノ紀元ヲ此ニ（『繫思談』を指す――筆者註）遡求セザルヲ得ズ。》

白鳥は同時代人として思軒の忠実な愛読者であったとは必ずしも言えない。むしろ『國民之友』あるいは民友社文学の愛読者であったと言ったほうが真実に近いであろう。しかしながら二葉亭や鷗外と同一レベルの翻訳家あるいは批評家として思軒を見ていたことは間違いない。だから後年批評家として明治文学を回顧したとき、思軒の名をまっさきに挙げることができたのである。

白鳥が語る思軒訳の思い出の文章は、すでに二ヵ所より引

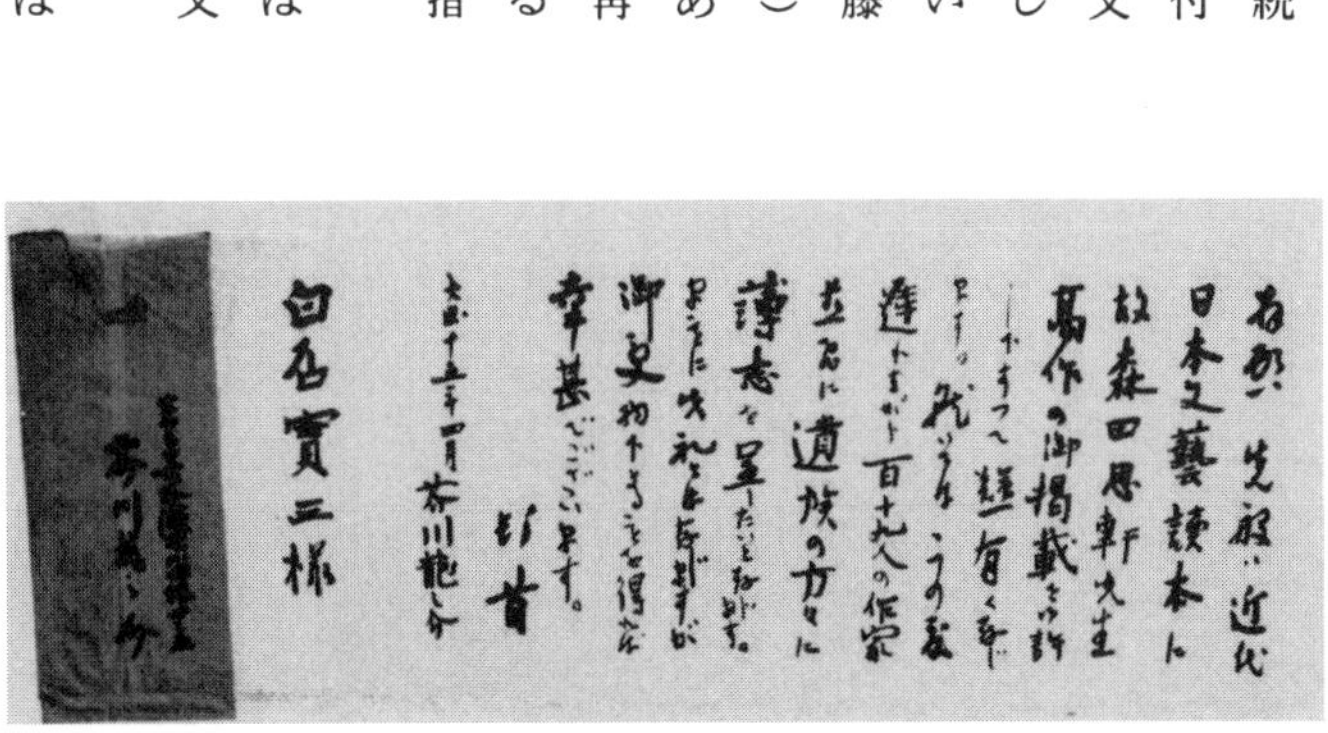

白石實三宛芥川龍之介書簡（大正15年4月）

用しているので、内容にダブりが出ることはやむえないことであるが、別にもう一篇、翻訳という観点から述べられた文章もあることに気づいたので、最後にそれを引用しておこう——

《私は少年時代に森田思軒氏の翻訳によつてユーゴーの小説や随筆を愛読していたのであつた。思軒は独特の漢文調を用ひて、翻訳には随分忠実であつたらしく一度(ママ)『探偵ユーベル』についての翻訳苦心談が「國民の友」に出てゐた。"So"とか"Nonsense"とかいふ一語をも訳しなやんで知人に相談したこと"So he was hungry"といふ意味深き一句を、思慮を費した結果「彼れは飢ゑてゐたりしなり。」と味気なく訳した不満などを書いてゐたのであつたが、後になつて、私は、思軒がユーゴーを英訳から重訳しながらそんなことをいつて居たのだと知つて唖然とした。日本の文壇も爾来進歩して、露独仏伊その他の国々の作物を原語から直接に翻訳するやうになつたのは賀すべきことであるが、まだ皮相な直訳の域を脱し得ないのは遺憾である。思軒の重訳だけの面白味をも出してゐないのが多い。》(「病床雑記」『報知新聞』大正13・5・20～22)

思軒訳のユゴーにせよ、鴎外訳のアンデルセンにせよ、翻訳文学を代表する作品が両方とも重訳によっているというのはなんとも皮肉なことであるが、翻訳文学の初期の移入期に特有の現象と見るべきであろう。翻訳は原文によるべきであるのは当然であるが、要は翻訳の態度にあるのではないだろうか。その点で思軒は翻訳に一家言を有し、当時としては群を抜いて翻訳法において自覚的であり、つねに原理的な理解を求めた二葉亭の注目するところとなったのである。

白鳥は、右の引用文のあとで、翻訳よりも原文で読むことの喜びを語っているが、ゆえなしとしない。翻訳論の行き着く果ては、特に詩歌の翻訳ともなれば、翻訳不可能と言うことになるのが一般だが、それだけに、詩歌の翻訳はより創作的にならざるを得ないのであろう。自国の文学を豊かにするためには、翻訳は、いつの時代であれ、不可欠な行為なのではないか。一国の文学活動においては、一方に創作があるとともに、他方に外国文学の紹介がなければ、優れた創作作品も生まれないことは、すべての国の文学史が証明していることである。ただ創作と翻訳が一人の文学者によってなされることもあれば、それぞれが別の文学者によってなされることもまたあると言うにすぎなく、翻訳もまた一種の創作であると見てよいのではあるまいか。少なくとも明治期の初期、二十年代までは、創作においてあまり見るべきものがなかった時代には、翻訳家も創作家も同等の扱いを受けることが多かったのである。

ただここで注意しなければならないのは、翻訳には二通りの訳し方が存在することである。①原作をできるだけ忠実に味読することを第一とし、研究的に訳すやり方——逐

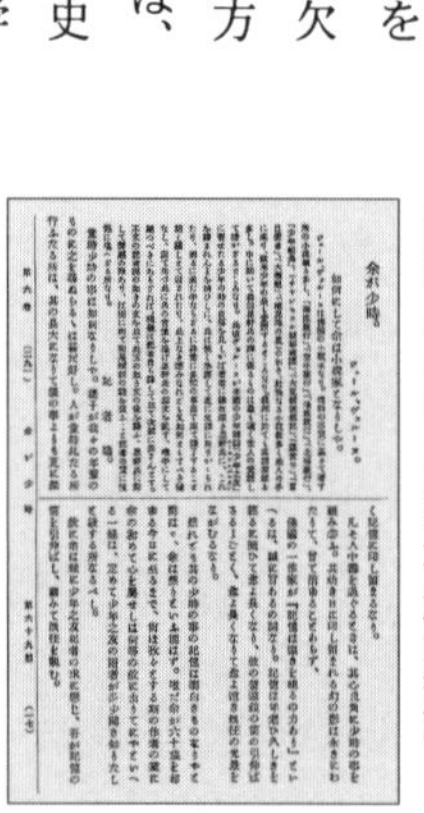

『少年園』に掲載された「余が少時」(明治24・9・3)第1回は思軒が訳すが、第2回(明治24・9・18)は多忙のため訳了できず山縣五十雄が翻訳。

語的な翻訳と、②翻訳そのものが文学作品として鑑賞に耐えるような訳し方——意訳的な翻訳とである。つまり、後者は必ずしも原文を手許に置く必要のない翻訳であるが、前者は、原文を前に置いて、原文を正確に読むための補助役としてある翻訳なのである。この点が翻訳論ではいつもごっちゃに扱われているために、それぞれの主張はいつも並行線をたどるしかないのは残念だと言うしかない。

　白鳥も言っているように、文学作品は、それが書かれた言語で読み味わうしか正しい読み方というものはない。原文を正確に理解するための補助的役割しか翻訳に認めない立場からすると、翻訳文学は一段低く見られがちであるが、外国文学の翻訳によって、どれだけ自国の文学に豊かさが加わるかに思いを到すならば、翻訳文学が担う意義も自ずと理解されよう。誤訳は少ないにこしたことはない。が、大事なことは、どれだけ原作の特質が他の言語に移されているかの点にあるのであって、重訳からのものであっても、原語からの優れた訳がまだ出ていないうちであれば、例えば鷗外訳『即興詩人』のように、長く読みつがれるということもあるのである。

　明治三十年十一月十四日、思軒の急死が新聞紙上に報じられてのち、白鳥は、弟敦夫への手紙の中で、次のように書かずにはいられなかった——《数日前好訳者森田思軒歿しぬ。可惜。》（福武版『正宗白鳥全集』第30巻、昭和61・10）

寺崎廣業「葬列図」
人力車の上は愛娘下子、そのうしろの「お髭の方」が岡倉天心と伝えられている。

思軒　森田文藏年譜

谷口靖彦
中林良雄　編

文久元年（一八六一）0歳

7月20日（太陽暦8月26日）朝〔『命名書』〕、備中国笠岡村一九二番邸（岡山県備中国西第一大区小一区小田郡笠岡村一九二番地〔『慶應義塾入社帳』〕／後に、笠岡町西本町《にしほんちょう》二六〇四番地に町名変更／現・笠岡市中央町二六〇四番地）に、父佐平（三逕、天保6（一八三五）年生れ）と母直（天保9（一八三八）年生れ。佐平と直はイトコ同志。直の母方の小寺家には国学者や漢学者が多い）の第二子、長男として生れる（第一子姉の國は安政5（一八五六）年生れ）。佐平は質屋輌屋を営む（後、書籍商に転じる）。〔森田章三郎『思軒森田文藏小傳』〕

慶応元年（一八六五）4歳

▽**1月21日**、弟安治（安次郎）生れる。

慶応3年（一八六七）6歳

▽**12月19日**、妹久生れる。

慶応4（明治元）年（一八六八）7歳

この年、父や大叔父吉藏（文化11（一八一四）年生れ）から『西遊記』『水滸傳』『三國志』などを口授された。文字を覚えると『三國志』や『南総里見八犬傳』を愛読するようになる。〔思軒「尤憶記《ゆうおくき》」〕

明治3年（一八七〇）9歳

▽**3月15日**、頼山陽らと交遊のあった祖父政藏（一瓢、亨和3（一八〇三）年生れ）が死去する（亨年67歳）。

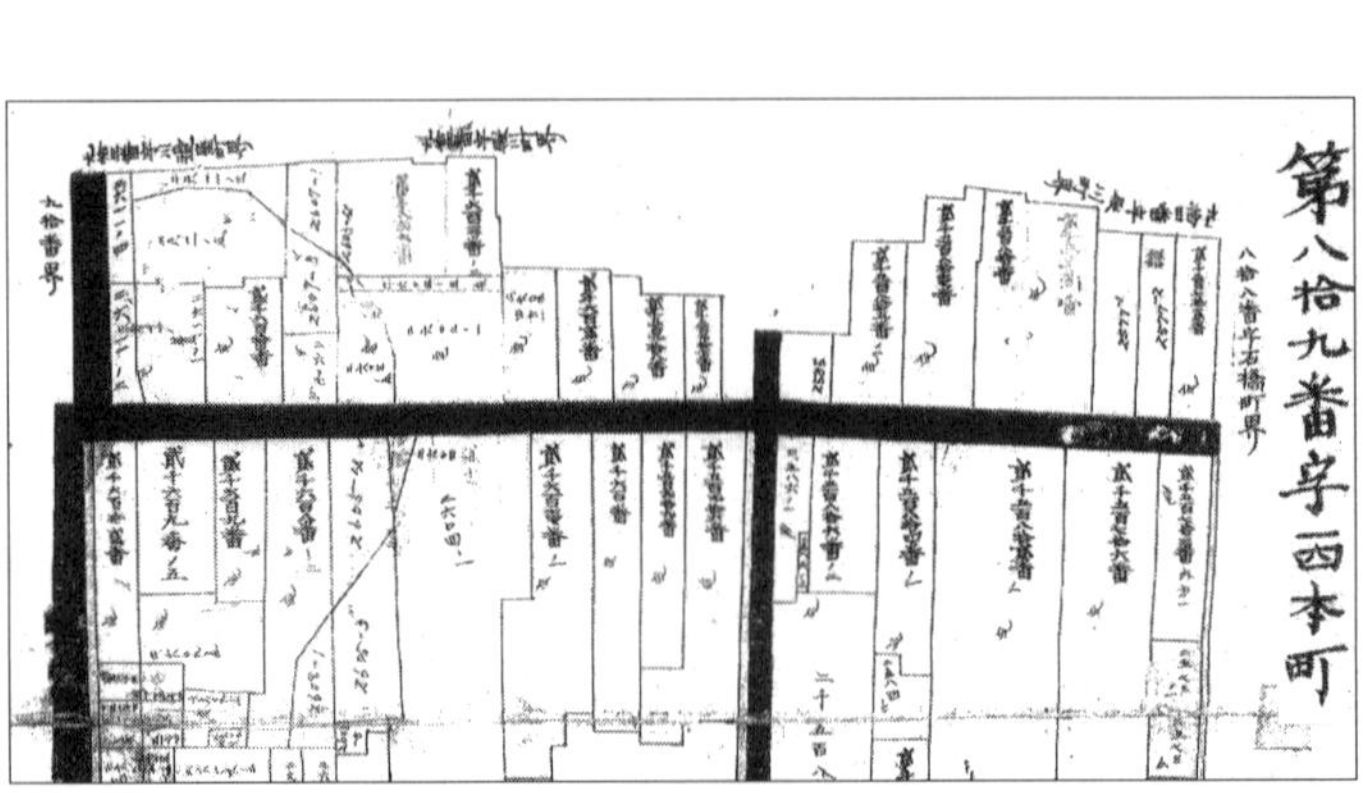

明治34年12月1日地番変更後の森田邸——左手、西側の交差点の拡張工事前の街並（笠岡市役所蔵）

明治4年（一八七一）10歳

▽**9月1日**、祖母登與（文政元（一八一六）年生れ）が死去する（享年53歳）。

▽**11月15日**、廃藩置県により深津県が生れ、県治所が備後国深津郡深津に置かれる。矢野光儀《みつよし》が権令に任命される。〔『笠岡市史』第3巻〕

明治5年（一八七二）11歳

この年、笠岡の遍照寺内に設けられていた啓蒙所（国民皆学を目的とする福山の民間団体である啓蒙社が明治4年、近隣各地に設けた私塾で、5年8月の学制頒布後、「敬業小学」と改称される）に入る。訊堂《じんどう》五十川《いかがわ》左武郎より『大學』『中庸』などを一年間ほど学ぶ（五十川は阪谷朗廬の櫻溪塾と江戸の昌平黌に学んだ開明的な漢学者・教育者で、小田県の巡回教師を勤めたのち大阪師範学校教授となる）。《五十川氏の門にある頃五十川氏外三名と共に笠岡城山に登りて其絶景を賞す時に五十川氏の求めに応じて即時に賞景の詩を作す》〔思軒「（自筆年譜）」〕五十川の後任として「平川氏」が来る。〔同上〕

▽**2月**に、福澤諭吉の『学問のスヽメ』（初篇）が刊行されると、小田県版が6月に刊行され、県内の小学校で教科書に使用された。〔『医師・窪田次郎の自由民権運動』〕

▽**6月22日**、深津県が小田県に改称され、県治所が備中国笠岡村小丸（現・笠岡小学校）に変更される。

▽**9月**、父佐平が細謹社（福山に設けられた啓蒙的な目的で作られた書林会社）の事業に参加する。

明治6年（一八七三）12歳

▽**1月**、佐平が開明的な県令矢野光儀（矢野龍溪《りゅうけい》の父）の下で『小田縣新聞』（法令などを掲載する。13号まで継続か）を発行。前年5月、兵庫県令神田孝平の推進の下で『神戸新聞』が発刊されていた。

▽**1月**より、犬養毅が小田県地券局の筆生（雇出仕《やといしゅっし》）となる。（8月春まで勤務。月給6円。笠岡で初めて洋学に触れる。同年7月初旬、上京して共慣義塾に入り、後慶應義塾に転じた。）

江戸時代笠岡の庶民の学校「敬業館」扁額（笠岡小学校蔵）

明治7年（一八七四）13歳

▽**6月**、佐平が小田県第一大区第一小区（笠岡）戸長となる。（前年より副戸長であった。）

この年、敬業小学（元啓蒙所）を了えると、**5月29日**、慶應義塾大阪分校（現・中央区安堂寺二丁目。明治6・11・1開校〜8・7・？移転）に入社。〔「慶應義塾入社帳」〕北浜二丁目に下宿（後に、入寮）、英学に励む。進学は五十川の勧めによるという。〔章三郎『思軒森田文蔵小傳』〕

▽**7月**、佐平が第一大区副区長となる。

▽**11月19日**、妹郷《さと》生れる。

▽**12月**、小田郡に結社「蛙鳴群《あめいぐん》」が設立され、興譲館館長坂田警軒が権群長（統率者）となる。自由民権、地方民会の開設、地租改正などを学習することを目的に、毎月福山の北、神辺《かんなべ》の寺院で集会がもたれた。〔有元正雄ほか『明治期地方啓蒙思想家の研究』〕

『（坂田）警軒文鈔』全3冊（中巻に「森田思軒墓碣録」を収める）

明治8年（一八七五）14歳

▽**1月**、田中岩太郎『童蒙會話篇』（森田文蔵梓）が刊行される。（明治初期の小学校用教科書として使用された。）〔『医師・窪田次郎の自由民権運動』〕

▽**4月19日**、大叔父吉藏が死去する（享年62歳）。

▽**6月20日〜7月17日**まで、地方官会議が開かれる。小田県からは矢野権令が出席。一県三名以内の傍聴人が許されたため、第一大区副区長の森田佐平と第十五大区区長の林孚一が傍聴する〔森田佐平「東行雑記」（未公刊）〕

7月頃、慶應義塾大阪分校の徳島移転にともない、1月より校長となっていた龍溪矢野文雄と数名の生徒等とともに徳島（名東《みょうどう》郡富田浦《とみだうら》三番地／現・徳島市かちどき橋通り五丁目三番地）へ赴く。（移転は徳島の有力者の要請と旧藩主蜂須賀家の援助によるという。）〔小栗又一『龍溪矢野文雄君傳』〕

▽**12月**、小田県が岡山県に合併されたのに伴い、佐平は西第一大区副区長となる。

この年（**8年**頃と推定されている）、思軒ほかの有志が、ある宣教師を笠岡に招き、キリスト教について聞く夕べを催した。これが笠岡でのキリスト教伝道の始まりといわれている。〔『笠岡基督教会五十年略史』〕

明治9年（一八七六）15歳

3月、分校長矢野と共に上京する。徳島を去るにのぞみ集合写真（3月12日）が撮られた。〔『福澤手帳』第95号に掲載の写真は思軒旧蔵のもの〕（矢野は翌年2月頃、『郵便報知新聞』の報知社に入り、副主筆となる。主筆は藤田茂吉。翌年、矢野が主筆となる。）

4月25日、三田の本校で本科第二等（最上級は一等。保証人は矢野文雄）に編入学〔「義塾入社帳」〕。芝区四国町に下宿した。同宿者に尾崎行雄と大江孝之がいた。《昼は書を読み夜は相携えて寄席に赴き欝を散ず相親むこと自ら深し》〔大江『敬香遺集』〕〔柳田泉「森田思軒伝（記稿）」〕

12月、本科第一等に進級する。（第二等〔4・26～7・27〕での成績は27人中17番――「義塾営業勤惰表」）

明治10年（一八七七）16歳

1月24日付『東京曙新聞』（第９８７０号）に、「三樹譲」の匿名で投書する。塾生の徴兵延期を訴える内容。〔「思軒関係書簡」〕前年、11月7日に、慶應義塾生徒徴兵免除の議についての出願が出されていた。義塾では英書で「文明史、哲学、修身論、高等教育学」などを学ぶ。

▽**1月30日**、西南戦争始まる。

4月頃、「西郷論」を書き、平和の必要を力説した――《ああ、たくみに仮面を修め天下の人士を瞞着す。これ詐術の有り余るなり。惜しいかな、知恵足らず、みだりに兵を動かして、身、臭名を残す。噫々》〔「森田思軒の『西郷論』」『毎日新聞』中国版、昭和43・1・20〕。

4月13日以後か、突然、義塾を中途退塾し帰郷した。（第一等〔1・10～4・13〕での成績は16名中7番――「義塾営業勤惰表」）一説に《無意識の悪癖》〔柳田「森田思軒伝（記稿）」〕のためという。他に「冤罪説」も唱えられているが、真相は不明である。

明治11年（一八七八）17歳

▽**5月21日**、弟章三郎生れる。この頃、父佐平は小田郡第一大区務所（笠岡村）の区長と学区取締を務める。〔『笠岡市史』第3巻〕また、佐平が愈止社（窪田次郎を社長とする医学の講習所）に入会する。〔有元ほか『明治期地方啓蒙思想家の研究』〕

一九九七年春の企画展カタログ『医師・窪田次郎の自由民権運動』（広島県立博物館）
福山を中心とする自由民権運動の実態が詳細に明かされる展覧。写真中央は若き日の坂田警軒。

明治12年（一八七九）18歳

2月、岡山県後月《しろつき》郡井原《いばら》村西江原《にしえばら》の漢学塾興譲館《こうじょうかん》に入る。父佐平と親交のある二代目館長の警軒坂田丈平より漢学を学ぶ。（坂田は漢学者として知られるほか、自由民権運動などの政治活動や啓蒙活動でも知られた。初代館長阪谷朗盧は朱子学者で、中正を守ることを興譲館建学の精神とした。）〔『興譲館百二十年史』〕

明治13年（一八八〇）19歳

詩人、薄田泣菫の遠威で、漢詩文に優れ、都講《とこう》（塾生の長）となっていた津島温（安政5～明治18・8・16）と交わる。新賀《しんが》村（現・笠岡市新賀）で私塾温知舎を開いたが、漢学の将来に不安を覚え、須磨沖で投身自殺（享年27歳）を計ったといわれる。〔思軒「消夏漫筆」〕思軒は月2回（第2、第4日曜日）の「詩文会」で才能を発揮し、《館中第一の詩人》（柳田泉）となり、やがては都講に選ばれる。この年、あるいは翌年（14年）の夏休みは寮に残り、『普書』《（ママ）》（全53冊）を読破した。読了後、美作温泉に遊ぶ。避暑中、詩作に耽る――《行季の中唯た山陽の手抄の杜韓蘇詩一部あり》〔「消夏慢筆」〕。〔柳田「森田思軒伝（記稿）」〕

明治15年（一八八二）21歳

1月17日発行の『南風新誌』（第5号）に漢詩「不寝偶感」を寄せ、「潜龍」の心境をもらす。（『南風新誌』は岡山で刊行されていた漢詩専門の雑誌と思われる。）（同上）

▽**3月17日**、父佐平が岡山県県会議員に当選する。

4月13日夜、塾生たちの反感を買い、布団蒸しの計画が実行されようとするとき、その直前に親類の者より教えられ、危うく寮を脱出。闇中蛸村峠を越えて自宅に逃げ帰り、館長が首謀者らの処分を約したにもかかわらず、塾には二度と戻らなかった。漢詩作りに励み、詩稿（全31首）を残す。その一方、政治演説会に出入りし、自らも弁士として立つ。〔章三郎『思軒森田文藏小傳』〕《近来笠岡ニモ政説之流行致候》〔「思軒関係書簡」〕

▽**4月16日**、「十四年の政変」で下野した大隈重信が立憲改進党を結成し、総裁となる。また、この頃、矢野龍溪らと『郵便報知新聞』報知社の買収を計る。〔『報知七十年』〕

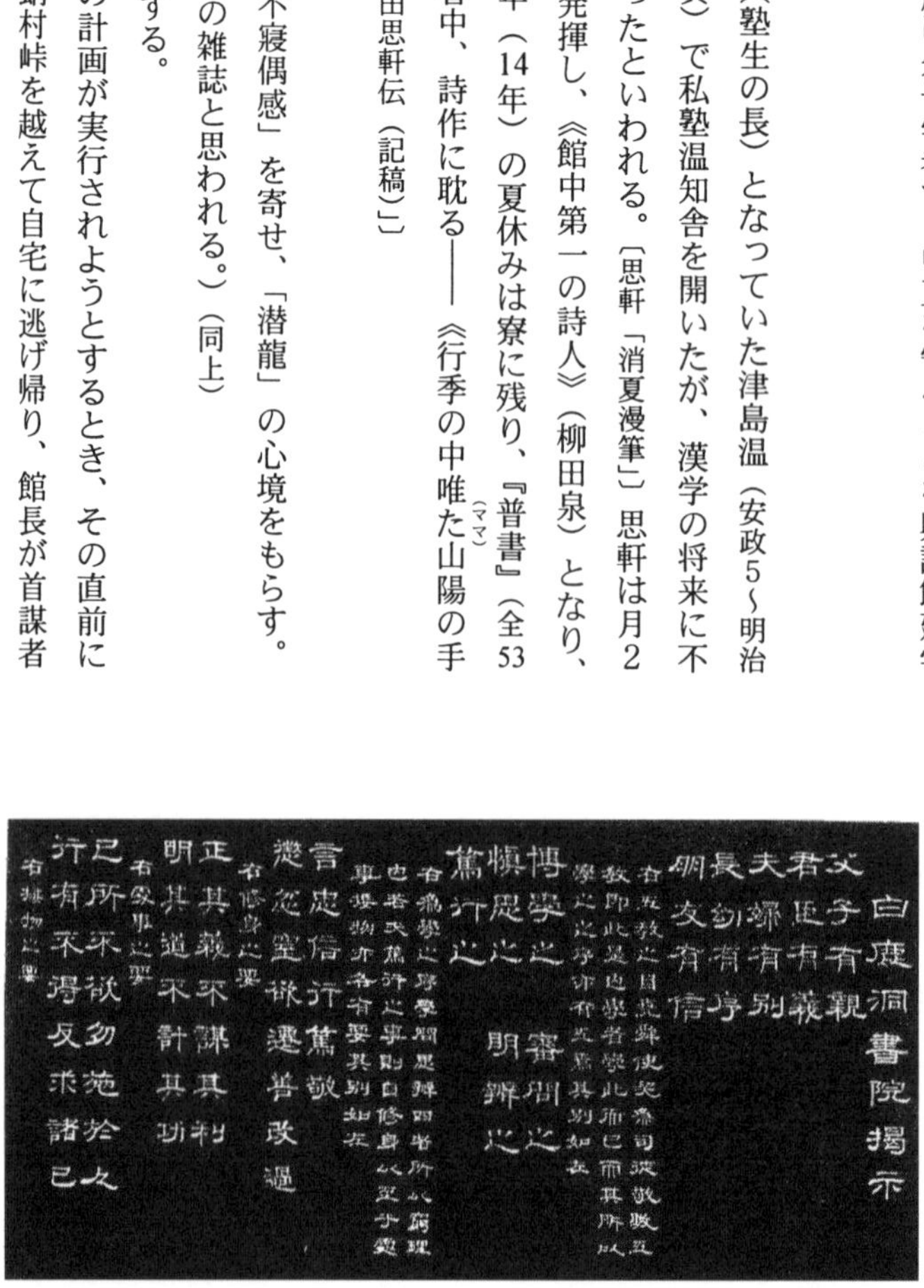

朱子「白鹿洞書院掲示」
興譲館初代館長の阪谷朗盧により校是とされた。

明治16年（一八八三）22歳

6月14日の『山陽新報』の報道で、改進党員前島密、矢野文雄、尾崎行雄らの大阪での遊説を知る。神戸、大阪、京都に出て、上阪中の矢野に会い、上京について相談する。〔「思軒関係書簡」〕

10月、矢野の勧めを受けて再び上京。七言絶句五首「東遊留別の感を志るす」を父母の許に残す。芝区南佐久間町一丁目一三番地（池田トメ方）に下宿し、矢野の指導の下に、英書（万国史・英国史・羅馬史・ギリシア史）を読破する。〔「思軒関係書簡」〕

10月29日付、父宛書簡で、興譲館退塾の当時出回っていた「怪文書」（思軒を中傷するもので現存する）を入手したことを告げる。〔「思軒関係書簡」〕

11月、『郵便報知新聞』報知社（日本橋区薬研掘《やげんぼり》町三三番地。社長は矢野文雄）に入社。論説記者に矢野、藤田茂吉、箕浦勝人、犬養毅、尾崎行雄らがいた。

12月12日付、父佐平宛の手紙で政治的野心のあることを告げるが、矢野の支持がなかなか得られないことを慨嘆する。〔「思軒関係書簡」〕

1月17日、『郵便報知新聞』の「文苑雅賞」欄に漢詩「雑感五首節三」を沉《ちん》(沈)紫生《しせい》の匿名で掲載し、社内で注目される。（筆名は自作の漢詩中の一句「紫陌《しはく》に陸沈して名を知らず」に拠るか。『思軒詩稿二』（未刊）に「沈紫居(生)稿」とある。）〔谷口靖彦『明治の翻訳王 伝記 森田思軒』〕

3月15日刊行の矢野龍溪『齊武名士 經國美談』前編（報知社）に漢文によるギリシアの略史「正史摘節」（沉紫生漢訳）を寄せる。

3月より、本所区向島須崎町七二番地に移る。〔「思軒関係書簡」〕《年齢に於ても私より寧ろ後輩に属すべき人で新聞に関係して居たのは、吉田熹六君・森田文藏君・井上寛一君・枝元長辰君・小栗貞雄君などの人々である。これ等年少気鋭の人々は、一時向島に一家を借りて同居し、「先憂荘」と名づけて、日夕時務を談論講究し、他日風雲を捲起すべき素地を養つて居た。而して森田君は、中途意を政治上に絶ちて、専ら文学に従事し、一流の文士として、世間に重きをなした事もあつたが、今は既に黄泉の客となつた。井上寛一君は、殆ど世間から忘れられたやう

パンフレット「興譲館」（興譲館高等学校）

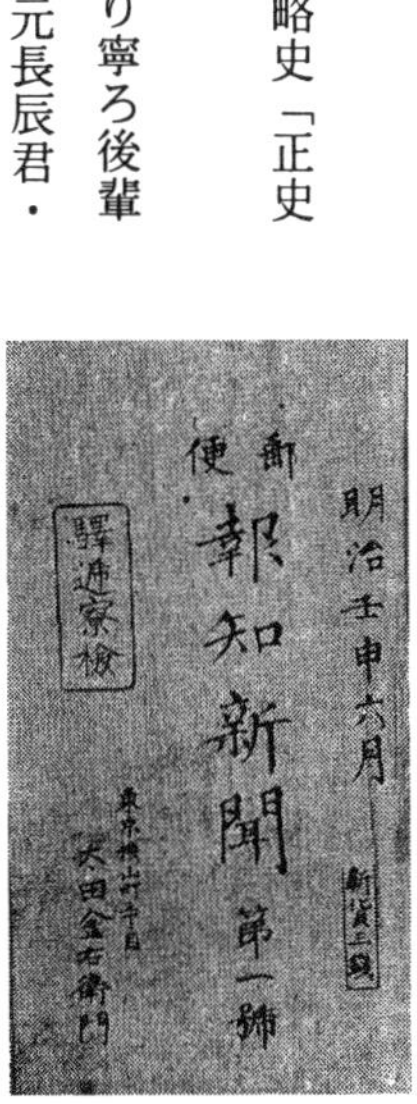

『郵便報知新聞』第1号（明治壬申〔5年〕6月10日創刊号） 版木刷・半紙二つ折六枚綴（初号は表紙共九枚綴・新貨三銭）。

であるが、これまた私の後輩として最も傑出したる一人であつた。もし今日まで生きて居つたならば、頗る有無の材となつたであらうが、この人も不幸にして夭くして死んだ。》（尾崎行雄「明治操觚界の人々」（人物回顧録）『尾崎咢堂全集』第7巻）

8月より、政界入りを決意して、雉子橋際の大隈重信邸に移る。（「思軒関係書簡」）

10月17日付、父佐平宛書簡で立憲改進党に入党したことを告げる。（「思軒関係書簡」）また、この頃に同党の外郭団体「明治協会」にも入会（20日以後）。同協会の機関誌『明治協會雑誌』（月3回発行。第19号からの「監務」は尾崎行雄）の編集を手伝うかたわら、月2回（1日と17日。後に5日と25日に変更される）の「談話会」にも時折は参加する。（「明治協会」は、福澤諭吉の創設した社交団体、交詢社にならい、会長前島密、幹事の田口卯吉、成島柳北、島田三郎、藤田茂吉らにより、明治15年12月17日に発足した。）

10月20日～12月20日までの『明治協會雑誌』（第28号～34号、国立国会図書館蔵）に「ビーコンスフヒールド侯起身ノ事ヲ紀ス」（作者不詳、「訳編」）を獱笑軒《びんしょうけん》学人の筆名で寄せる。最終回末尾に訳編者のことばを記し、「森田文藏」と署名している。

明治17年（一八八四）23歳

2月18日刊行の、龍溪『經國美談』後編（報知社）に「頭評」と跋文（小説論）を寄せ、初めて思軒の筆名を用いる。（元来は自分の書斎に与えた名称。《三思九思せよ》の自戒の意味がこめられている。）（『思軒文稿』（未刊））

2月20日、依田學海が日記の中に次のように記した――《矢野文雄きたりて、經國美談印刷なりしとて、余に一本をおくられたり。装刷ともに美にして、その挿む《ママ》所の絵もまた妙也。森田思軒の評あり。この人は才子にして、備中興譲館にありて坂田丈助に学びしといふ。今矢野に従ひて専ら英学を脩むるとぞ。後世おそるべし。》（『学海日録』第5巻）

▽**4月9日**、父佐平が岡山県県会議長（第五代）に就任。

▽**4月20日**、外遊する矢野龍溪を横浜で見送る。（推定）

9月14日、渡米する特命全権公使の九鬼隆一を岡倉天心らと横浜で見送る。（『岡倉天心全集』第

谷口靖彦『明治の翻訳王 伝記 森田思軒』（思軒の故郷笠岡在住の研究家による最初の標準的な伝記）

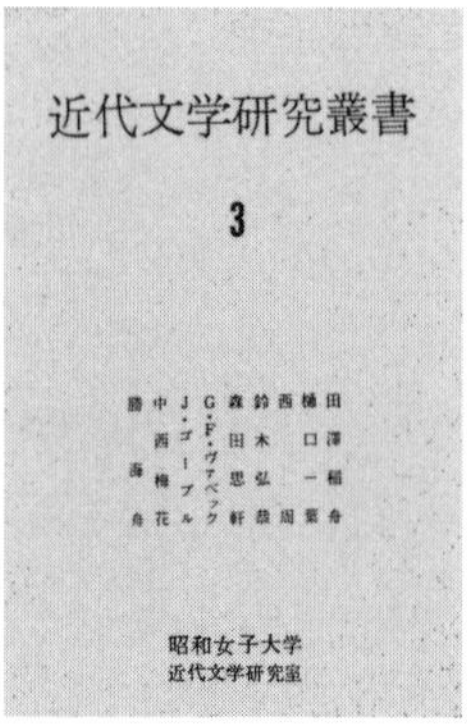

昭和女子大学近代文学研究室編『近代文学研究叢書』第3巻（吉原眞子、湯田純江「森田思軒」を収める。「著作年表」など基礎資料の調査に優れた労作）

6巻による推定〕

12月21日、立憲改進党の臨時会が午前9時より改進党事務所（神田区中猿楽町）で開催され、参加する。政府による政治的抑圧・弾圧と松方内閣のデフレ政策の進行するなかで、本年10月に自由党が解党し、12月17日には改進党の総理大隈重信と副総理河野敏鎌が脱党のやむなきに至り、ここに「解党の是非」が論議された。その結果、《臨時指導部が成立し、仮内規にもとづいて暫定的運営が行われていくこととなった。》（大日方純夫『自由民権運動と立憲改進党』）

明治18年（一八八五）24歳

2月8日～12日、「仏清調和の擬策ヲ読ム」（無署名の「社説」）を『郵便報知』に寄せる。

3月9日、清韓事件の通信員となり、清国（現・中国）に赴く。遣清大使伊藤博文の一行を追って上海・天津・北京と移動し、天津では日清談判の経過と天津条約締結を取材して、4月30日に帰社する。3月～5月まで、「北清紀行」「上海通信」「天津通信」「訪事日録」（5月15日以降は「北京紀行」の副題が付く）などを『郵便報知』に寄せる。

6月、経済不況と農作物の不作による国民疲弊を現地視察するため、報知社の「惨状親察員」の資格で山陽道に派遣される。笠岡よりの「中国筋親察報告」を始め、「惨状親察員報告」「社説　山口県概勢」などを寄せる。

8月5日、明治天皇が岡山に行幸。巡幸通信員も兼ね、「御巡幸拝観の記」ほかの特報を寄せる。

10月～12月にかけて、「社説　惨状原因及び振救方策」（全34回）を他の親察員と連名で執筆、寄稿する。この頃、報知社では、中国人陳雨農を雇入れ、「漢文欄」に力を入れ始める。陳の世話係は思軒であったようで、陳とは紙上で応酬する詩文を取りかわす。〔柳田「森田思軒伝（記稿）」〕

11月6日午後、新橋駅を発ち、7日に横浜港よりフランス郵船（タイナス号）で欧米漫遊の途につく。英国の立憲政治と新聞事情の視察と研究のため訪英中の矢野龍溪の誘いによるもので、ロンドンからの通信事務を担当しながら、矢野の助手を勤める。（旅費一、五〇〇円を父親に

「明治の翻訳王　森田思軒展」（平成15年～16年）（吉備路文学館）

明治19年（一八八六）25歳

工面してもらう。矢野の外遊は『經國美談』の印税収入によるという。）

1月より、「船上日記」（1月〜3月）と「龍動《ロンドン》通信」（3月〜6月）を『郵便報知』に寄せる。

1月より**4月**にかけて、ロンドンの矢野兄弟と合流する。（龍溪の弟、武雄は前年8月に渡英、龍溪の許で助手代りをしていた。）龍溪の欧州視察の記録『周遊雑記』（上巻、報知社、明治19・7／下巻、未完のままとなる）の執筆に武雄とともに協力する。

▽**2月10日**、父佐平が岡山県県会議長（第六代）に就任。

4月29日、矢野とともにベルギー、ドイツ（ベルリン）、フランス（パリ）、イタリア（ローマ）を巡遊。ドイツの客舎でユゴー『レ・ミゼラブル』（英訳版）を読む。《哀史（『レ・ミゼラブル』）を読めるは会《たまた》ま日耳曼《ベルギー》に旅せる時にありき孤窓夜深観てフハンティーンの事に到り顧みて高堂垂白の二親遥かに天崖にあり、或は不肖を夢み不肖を説き種々心を労したまはんことを念へば輙《すな》はち愴然として巻を掩ふを免かれさること屢々なりけり》（「フハンティーンFantineのもと（千八百四十一年）」（『随見録』より）〔『國民之友』明治21・7・20〕につけた思軒の叙から）

ロンドンに戻り、7月1日午後、龍溪・武雄兄弟とリヴァプール港よりニューヨークに向かう。（ニューヨークを発つとき、アップルトン商会で英書二十余冊を購入。）

6月より**8月**まで、「伯林《ベルリン》通信、北欧記蹤」（全5回）を寄せる。

7月31日、サンフランシスコ港より、思軒らが帰途につく。

8月18日夜、思軒らの乗るベルジック号が横浜港に着く。

▽**8月28日**、父佐平が岡山県窪屋郡（現・倉敷市）の郡長となる。

9月15日〜18日、「回航紀要」を寄せる。

▽**9月16日**、矢野文雄「改良意見書」が『郵便報知』の第一面に載る。（帰朝後の矢野が社友に示した紙面改良についての意見が採用されたことによる。この改革案は、矢野がロンドン滞在中に思軒を相談相手にして考えたものという。）〔森於菟「森田思軒の滞欧私信」『明治大正文學研究』（季刊）第22号〕

ロンドンのリージェント・ストリート（一八八四年）

ニューヨークのブロードウェイ（一八六〇年代）

▽**9月19日**、『郵便報知』紙上に「（本社）広告」が掲げられ、「嘉坡《シンガポール》通信　報知叢談」欄（三、四回の読み切り小説の掲載欄）の新設と予定の執筆者の紹介がなされた。矢野をはじめ藤田鳴鶴（茂吉）、箕浦青洲（勝人）、加藤城陽（政之助）、枝元虬岳（長辰）、矢野三峡（貞雄）、井上孤山（寛一）、尾崎學堂（行雄）など9名の中に思軒の名も見える。これは矢野による『郵便報知』の大改革の一環としての企画で、同紙が経営難に陥っていたため、①購読料の大幅な値下げ、②政党新聞からの脱皮（政論本位から報道主義への転換）が計られたことによる。大《おお》新聞では最初の平談俗語の小説欄である「叢談」欄は、やがて思軒が主宰する紙面と化す。

9月頃、上京した徳富蘇峰が矢野に会うため彼の寄宿する雉子橋際の大隈邸（麹町区飯田町一丁目一番地）を訪問。その時、思軒も矢野の所にいた、と伝えられる。〔蘇峰「思軒君を悼む」／「二万号記念」『報知新聞』昭和7・9・29〕

10月12日～20日、「印度太子舎摩《チャルマ》の物語」（作者不詳）を「報知叢談」欄に寄せる。これにより本格的な翻訳活動が始まるが、この翻訳に対する読者の評判は《固陋迂文》ときわめて不良であった。〔原抱一庵「王子村舎雑話」〕

明治20年（一八八七）26歳

1月18日～2月3日、アプレイアス「金驢譚《きんろものがたり》」（『黄金の驢馬』抄訳）を「叢談」欄に発表。（この和訳は、金沢の少年泉鏡花の心を捉えて放さなかったという。）〔鏡花「いろ扱ひ」〕

4月3日、立憲改進党の第三回大会が浅草の鷗游館で午後3時30分より開かれ、参加する。議案の第一より第三までの賛成演説を思軒が行ない、可決された。

5月5日、明治協会の大親睦会が九段坂の富士見軒で午後5時から開かれ、参加する。前島密、箕浦勝人、尾崎行雄らが出席する。前年9月で雑誌発行と談話会の開催が経済的理由で休止していたが、正式の廃止が決まり、事実上の会の解散となる。〔大日方純夫『自由民権運動と立憲改進党』〕

5月、西滸生の筆名で『郵便報知』に連載されていた西洋事情の案内記『西洋風俗記』（駸々堂

若き日の蘇峰徳富猪一郎（明治19年夏）〔『蘇峰自伝』中央公論社より〕

雉子橋南詰め——背景は高速道路をはさんで共立女子大学校舎を望む（池田智撮影）

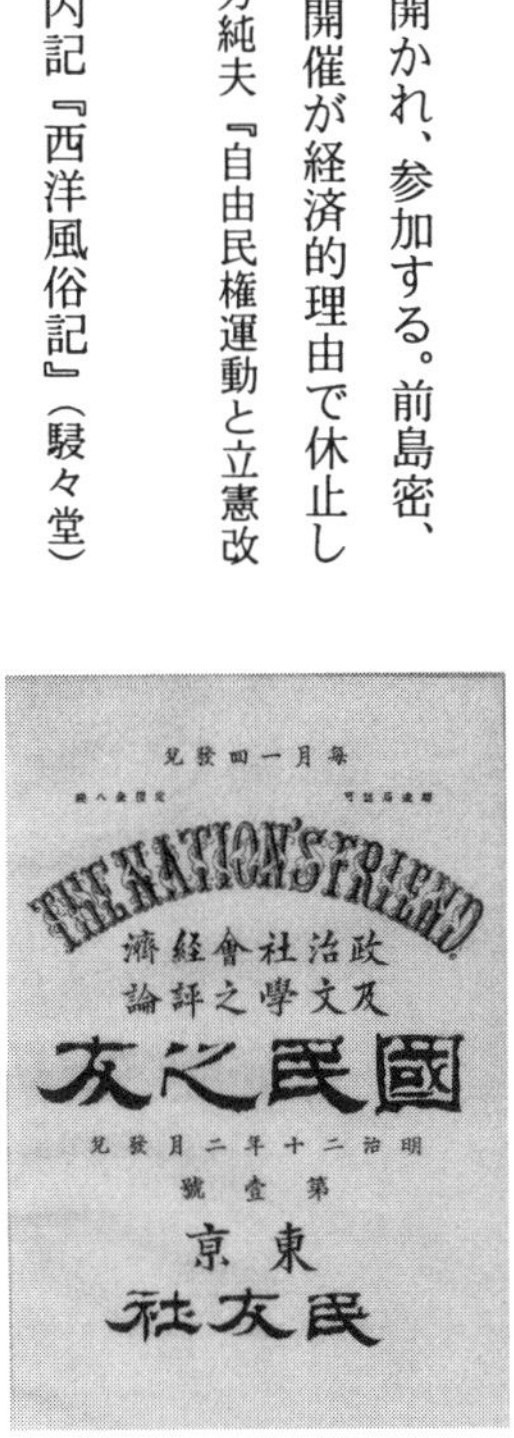

『國民之友』創刊号（表紙）（明治20年2月）

が出版される。

5月~12月まで、科学冒険小説家のジュール・ヴェルヌの作品4篇を訳す（3月~5月「仏、曼、二学士の譚《はなし》」(*Les cinq cents Millions de la Bégum*)／5月~7月「天外異譚」(*Hector Servadac*)／8月~9月「煙波の裏」(*Les Forceurs de Blocus*)／9月~12月「盲目使者」(*Michael Strogoff*)──このうち「仏、曼、二学士の譚」は9月に『鐵世界』（集成社）として、「盲目使者」は翌年5月『瞽使者《こししゃ》』上篇、24年に下篇（報知社）として刊行される。）この頃より、矢野社長に翻訳家として信用され始める。〔抱一庵「王子村舎雑話」〕

7月3日──この頃、本所区横網町二丁目七番地に居住。〔「思軒書簡（三）」〕

8月、思軒の書くものに注目していた徳富蘇峰より寄稿を求められ、『國民之友』付録「藻塩草」欄に「文章世界の陳言」を、そしてまた翌月に「小説の自叙躰記述躰」を寄せる。

8月23日頃、二葉亭四迷が徳富蘇峰宅（赤坂区榎坂町）を訪問する。蘇峰が『浮雲』の評を8月15日発行の『國民之友』に載せたことによる。蘇峰の回想によれば、次の通り──《予は長谷川君に対して敬服したることを森田思軒君に告げ、思軒君を紹介せんが為めに、三人予の宅に会談したることを覚えて居る。併し如何なることを会談したるかは、想起する端緒さへも今は失うて居る。長谷川君は『國民之友』の寄書家と為られた。》〔蘇峰「追懐一片」『二葉亭四迷──多方面より見たる長谷川辰之助君及其追懐』〕

9月、蘇峰より龍溪を通じて「リテラリークラブ」（文学会）設立などについて相談を受ける。

▽**10月19日**、思軒の紹介で徳富蘇峰が依田學海を訪問する。〔『学海日録』第7巻〕

10月~12月、「翻訳の心得」「枕頭語」「詩歌文章の神韵」を『國民之友』に発表。

12月27日、『國民之友』（第13号）に次の特別社告が載る──《毎号森田文藏君の記述に係る小説を載せ、更に本誌の光彩を発揚せんことを期す》〔高野悦子『徳富蘇峰とその時代』〕

明治21年（一八八八）27歳

1月~4月、ヴェルヌ「大東号航海日記」を『國民之友』に連載。

2月3日、『國民之友』（第15号）の表紙上に、特別寄書家26名中の一人としてその名を挙げら

若き日の二葉亭四迷（明治17年頃）〔坪内逍遥・内田魯庵編輯『二葉亭四迷』より〕

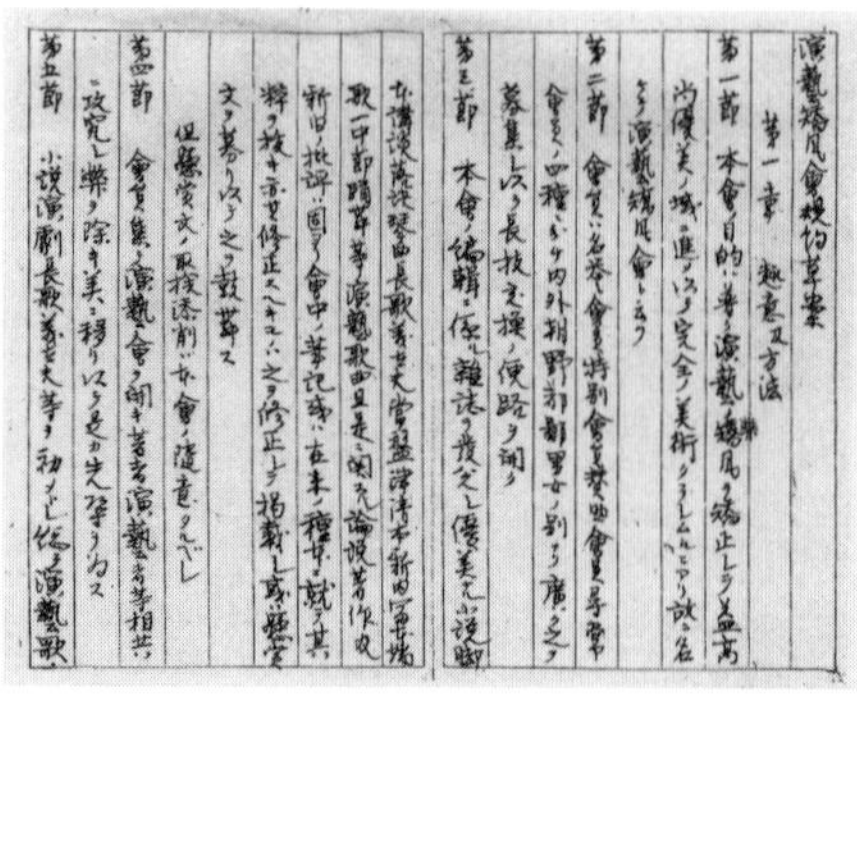

新発見資料「演芸矯風会規約草案」（部分）第一章　趣意及方法／第二章　組織及会計（一部欠）

れる。〔高野『徳富蘇峰とその時代』〕

2月〜4月、ヴェルヌ「大氷塊」（『毛皮の国』）を、**4月〜7月**、「幻影」（作者不詳）を「報知叢談」に連載。

5月5日、近畿地方における古社寺宝物の調査のため、宮内庁図書頭九鬼隆一ほか米人フェノロサ、岡倉天心など総勢30名が出発する。思軒は『郵便報知』の特派員として5月26日、奈良で同調査団に合流する。

6月1日、「奈良より」（5・30発）を『郵便報知』に寄せる。

6月18日、恩師坂田警軒の勤務する同志社で講演（「日本文章の将来」）を行ない、帰途、岡山県窪屋郡（現・倉敷市）郡長となっていた父を倉敷に訪ねる。

6月20日〜22日、天心の助言を得て執筆した「奈良の古美術」を『郵便報知』に寄せる。

5月〜10月、ヴィクトル・ユゴー「随見録」（『見聞録』より）を『國民之友』に連載。この頃、蘇峰より『ユゴー詩集』（英訳版）を借りて読む。〔「思軒書簡（三）」〕

6月、『希臘異聞 金驢譚』（文泉堂）が出版される。

7月8日、鹿鳴館で行なわれた「日本演芸矯風会」の発会式に招かれ、その後委員に選ばれる。委員の中に岡倉天心、高田早苗、饗庭篁村、坪内逍遙らがいた。〔秋庭太郎『日本新劇史』上巻〕

9月8日、「文学会」の第一回会合（幹事役は蘇峰、思軒、朝比奈知泉／毎月第二土曜日に開催）が芝公園の三縁亭で開かれる。出席者——幹事のほか、依田學海、矢野龍溪、竹越三叉、山田美妙、坪内逍遙ら11名。〔美妙「明治文壇叢話」〕

9月——この頃の住居は前年と変わらず、本所区横網町二丁目七番地。〔『岡倉天心全集』第6巻〕

9月〜10月、ヴェルヌ「炭鉱秘事」（『洞窟の子』）を「報知叢談」に連載。（「盲目使者」以来の未知の愛読者、原抱一庵より「炭鉱秘事の評」が送られて来る。その発表場所（書評を主とする雑誌『出版月評』第16号）を紹介し、『郵便報知』記者の職を斡旋する。『出版月評』は明治20年8月、高橋健三、杉浦重剛、陸実らが中心となって明治20年8月に創刊された。思軒は同誌の社友（寄書家）の一人。岡倉天心もまた社友であった。

思軒調のパロディ

《お客様はいづれも作者はお馴染の事でありますから、一々名は申しあげません。もし似ましたら、あれ何屋、誰屋と御判断の上、おほめ詞を願ひ升。まづ最初が……かういふ塩梅に見下しまして……それ、「かげ」を頼むよ。（チャルメラに風琴《おるがん》をあしらふ音、フウピイ、チャロ〳〵ピィチャロ、ブウ）「余は実に驚けり、しかし彼は喜べり」

　なんと甘《うま》いものではございませんか。ヘエ、余り短くて、おわかりになりませんと。これは恐れいりましたな。そんならもう少々つかひませうかな。

　此出所不明の男は、衆人に囲繞《ゐねう》されつゝ飴屋の前を過ぎたりし時、ブツキリを指《ゆびさ》して、「あれが食ひたい」と呼べり。其声のいかにも大にして雷の如くなるに、飴屋の老婆は、無残にも尻餅をつけり。其時衆人中に一個のこざかしげなる童ありて、手を拍って笑ひつゝ、シカク喚べり。「何故に飴屋が尻餅をつくか」と。（後は追々）——》

（一二三四五六〔綠雨〕「文章声音」『讀賣新聞』明治23年1月27日）／森銑三『明治人物閑話』

明治22年
（一八八九）
28歳

9月〜12月にかけて、「和歌を論す《（ママ）》」を『國民之友』に掲載。

11月〜12月頃、原田豊《とよ》（戸籍上では登與。明治元・10・28〔戸籍上は12・20〕〜昭和22・5・4）と結婚。（ただし、戸籍上は24年2月3日。両国の料亭中村樓の仲居、豊との結婚に両親が反対したため、一旦は矢野の養女にして迎える。豊は元水戸藩士（東京士族）原田藤五郎の次女。父藤五郎は本所で川舟御用達を勤め、後に船宿を営んでいたという。）〔白石静子談〕

1月2日発行の『國民之友』に転居広告（≪轉寓　本所小泉町／壱番地原田氏／森田文藏≫）を出す。思軒らは豊の甥原田藤太郎が営む売薬店の二階を新居とした。〔藤井淑禎「森田思軒年譜」／抱一庵「吾の昔」〕

1月、『新小説』（第一期）が「文学同好会」の編集で春陽堂より月二回刊行された。途中、休刊をはさみ、通算28号（明治23・6）まで続く。会員は饗庭篁村、石橋忍月、須藤南翠、森田思軒、依田學海など14名。第一年第四巻までは南翠の単独編集。第五巻から思軒、篁村、南翠の共同編集となる。金港堂の『都の花』（明治21・10創刊）に対抗して企画され、「戯作からの開放」を提唱した。思軒はツョッケ「破茶碗」（1月〜2月、全4回。合綴版が23年中に春陽堂より出版される）やヴェルヌ「大叛魁」（『蒸気の家』）（3月〜11月、全17回。23年9月、春陽堂より出版される）などを寄せた。

1月〜3月にかけて、ユゴー「探偵ユーベル」（『見聞録』より）を『國民之友』に、ヴェルヌ「探征隊」（『グラント船長の子供たち』）を『郵便報知』の「叢談」欄に寄せる。二葉亭四迷が思軒訳「探偵ユーベル」を愛読した（「書目十種」『國民之友』明治22・4）。また四迷は、無署名の「雑誌批評」（『出版月評』23号、明治22・8）で「探偵ユーベル」を激賞した。〔清水茂「官報局時代の二葉亭――さしあたり『出版月評』をめぐって――」〕

▽**2月**、矢野龍溪が政界よりの引退を表明。一年期限の報知社社長に就任する。

4月、ワシントン・アーヴィング「西文小品　旅館の夕」「幽霊新郎」（『スケッチ・ブック』より）を『郵便報知』に寄せる。「今日の文学者」を『國民之友』に発表。

『國民之友』誌上の転居広告（明治22年1月2日）

「江東の中村楼図絵」（東京大学明治新聞雑誌文庫所蔵）〔『図説 中央大学一八八五〜一九八五』昭和60（一九八五）・11より〕

4月中旬頃、慶應義塾出身の『時事新報』記者渡邊治の留守宅より《福澤先生毛筆の稿本一通とユーゴー氏雑著三種を貽《おく》る》（「消夏漫筆」）。「稿本」は、福澤諭吉の長男一太郎の結婚式（4月18日）のスピーチ原稿（『時事新報』に掲載）のこと。「ユーゴー氏雑著」には「クラウド」が含まれていた。三田での後輩の渡邊（号台水。元治元・8・?～明治26・10・?）は21年5月にシェイクスピアの『間違いの喜劇』を『鏡花水月』（集成社）の題で訳し出版。5月には『大阪毎日新聞』の主筆（後には社長）となり下阪。その壮行会で思軒と会ったらしい。22年7月の第一回衆議院選挙に当選した。（但し、戸籍を改竄し年齢を偽わる。）26年10月急逝。（同新聞社の緑岡渡邊巳之次郎は治の養嗣子。後に編集主幹（明治36・11）、取締役（大正10・6）となる。）〔西田長壽編「（年譜）渡邊巳之次郎」〕

5月～6月、チャールズ・ディケンズ「西文小品　伊太利の囚人」（『無商旅人』より）を『國民之友』に発表。

6月～10月、ウィルキー・コリンズ「月珠」（『月長石』）の前篇を「叢談」欄に寄せる。（10月～11月、引き続き後篇が原抱一庵訳で掲載される。）

6月、『探偵ユーベル』（民友社）が出版される。

7月1日、露伴からの紹介を受けて、遅塚麗水を矢野社長に推挙する。麗水は社会部記者（初任給十二円）として報知社に入社する。〔麗水『記者生活　三十七年の回顧』〕

▽**7月24日**、森鷗外が東京美術学校（校長岡倉天心）の専修科美術解剖学講師となる。〔森潤三郎「年譜及び著述目録」〕

8月、「消夏漫筆」「帰省雑記」を『國民之友』に発表。

9月11日に三田英学校の後身として神田区（現・千代田区神田）錦町三丁目一番地に開校となった錦城学校（校長矢野文雄）で漢学と英学の教員を兼任する（25年春まで）。〔「履歴書（草稿）」〕思軒は三田英学校時代より教えていた、ともいう。〔『錦城百年史』昭和59・1〕

9月、「日本演芸協会」の事務委員兼文芸委員となる。「日本演芸矯風会」の微温的・妥協的な改良に不満を抱く高田早苗や天心、逍遙、思軒らを中心に改組が企てられ、24年末まで数回、

最初の歌舞伎座（明治22年11月開館）
（三宅周太郎『新版 演劇五十年史』鱒書房、昭和22・7より）

「私立　錦城學校」の扁額（巖谷一六書）
（錦城学園提供）

演習会が開かれる。時期尚早で解散に至るが、《国劇の特徴を保存しつつ芸術としての向上を図らう》とするものであった。〔逍遙「回憶漫談」〕また、同月出版されたブルワー・リットン『夜と朝』（全12冊。益田克徳訳、若林玵藏速記・刊行）に「叙」をよせ、明治初期翻訳文学の大勢における三変説を打ち出す。

▽**10月9日**――この頃、岡倉天心が《(下谷区根岸）金杉村八番地》（『岡倉天心全集』第6巻）に住む。（天心はその後、数回の転居の後、24年10月頃、同区《中根岸四番地》に新居を建て、31年4月20日、家が類焼に会うまで住む。）

10月13日、「日本演芸協会」の第一回演習会（鹿鳴館）に出席。番組第九、市川團十郎の「紅葉狩」（河竹默阿彌作）に感嘆し、以後團十郎贔屓となる。17日の『郵便報知』に「演芸協会の演習会」を寄せる。〔(「日本演藝協會」演習番組」（白石静子蔵）〕

11月16日、「文学会」で、《本朝の文士の伝記を選すべしといふ事》が論ぜられる。親睦の会を維持すべきであるとの反対論が依田學海より出されるが、《大略森田（思軒）が説に同じけるやうにて》散会となる。〔『学海日録』第7巻〕

12月〜23年6月、（原作者不詳）「毛家荘秘事」（全7回）を『新小説』に発表。

明治23年（一八九〇）29歳

1月1日、早稲田の大隈邸に年賀に赴く。〔思軒「南窓渉筆」〕

1月7日、《森田思軒、國民新聞の客員たるを承諾する旨来談せらる》〔蘇峰のメモより〕〔高野『蘇峰とその時代』〕

1月、フランス作家エミール・スーヴェストル「新年」（『屋根裏の哲人』より）と、「偶読偶書　松花録、舞姫」（『國民之友』新年付録の三篇中、鷗外の「舞姫」を推して《圧巻》と評した）を『郵便報知』に寄せる。

1月〜2月にかけて、ユゴー「クラウド」（『クロード・グー』）を『國民之友』に発表。英訳本『クラウド』を慶應義塾の後輩渡邊治より恵与され、特別の興味を抱いたことに拠る。〔思軒「南窓渉筆」〕

錦城学校校舎設計図（明治22年）（『錦城百年史』より）

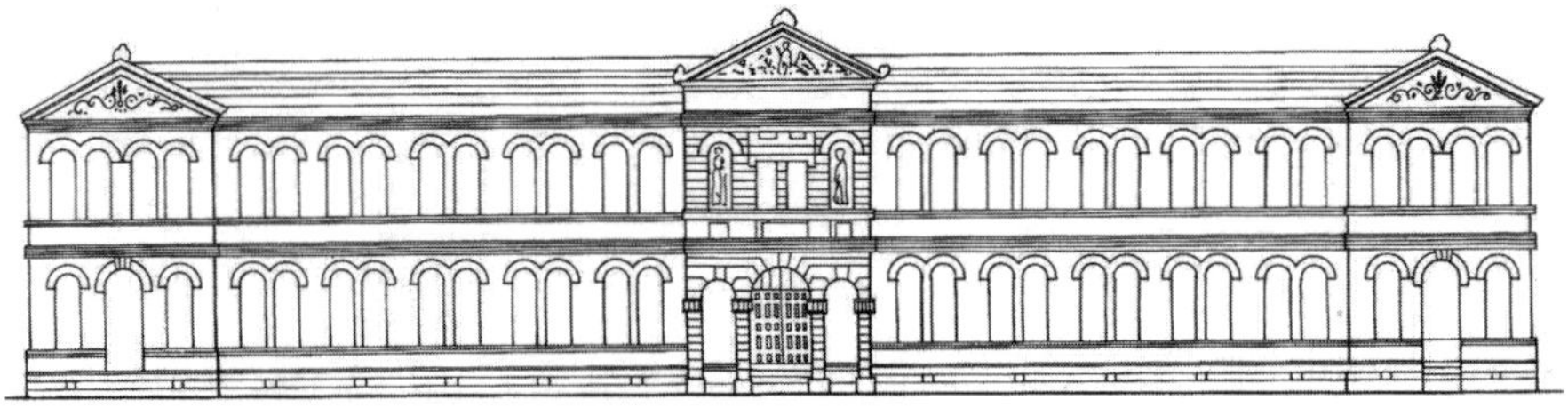

2月頃より下谷区根岸金杉村一六五番地に居住。〔「思軒書簡（一）」〕隣家（一六四番地）にはすでに饗庭篁村が住んでいた。〔思軒「偶書　根岸の犬、一墻を隔てたる主人」〕この頃、錦城学校でユゴーの『レ・ミゼラブル』を講授する。〔手塚昌行「（年譜）森田思軒」〕

3月30日、北区王子駅裏、飛鳥山での錦城学校第一回運動会に参加。〔思軒「錦城学校大運動会を記す」〕

3月～4月、歌舞伎座の三月興行（42日間）の第二週目の大切、團十郎による「京鹿子娘道成寺」の白拍子花子に感嘆する。〔思軒「南窓渉筆」〕

4月16日刊の矢野龍溪『報知異聞　浮城物語』（報知社）に、蘇峰、鷗外、兆民らとともに無題の叙を寄せる。

3月～6月、「南窓渉筆」（全6回）を『國民之友』に発表。

7月7日、『郵便報知』の「社告」が、社の基本方針の変更を告げ、《全く営業一向きの者》に改良される。それに伴い、思軒が編集の「主管」となる。〔「(自筆年譜)」〕

▽**7月21日**、依田學海は、硯友社系の雑誌『江戸紫』の記事について、日記に次のように記した――《江戸紫てふ小雑誌に、当世文壇十傑とて投票の数と名づけしものあり。露伴・紅葉・美妙を八十点とし、余・思軒・三昧を三十点とし、南翠・篁邨を六十点としき。げにと覚ゆ。》〔『学海日録』第7巻〕

8月13日、「尤憶記《ゆうおくき》」（故郷笠岡での幼年時代の回想）を『國民之友』に発表。**18日～19日**、ナサニエル・ホーソーン「昼寝」（"David Swan"）を『郵便報知』に寄せる。

9月より、東京専門学校文学科（この年創設）で「詩経」を講じる。(但し、初年度のみか。)〔『校本　早稲田大学百年史』第一巻下、昭和49・3〕

▽**10月5日**、青年文学会が國民新聞社社員や東京専門学校などの学生を発起人にして設立される。人見一太郎が委員長に選ばれる。

10月19日、青年文学会（第一回例会――錦城学校にて午後1時より）で講演（演題不詳）を依頼されていたが、病気で欠席したため延期される。

森田思軒居士

《明治文壇上に、飜譯小説の權威を印した人で、漢文學の素養は、當時の文壇に、この人の右に出る者はありませんでした。その飜譯は俗にいふ漢文くづしで、しかも一家をなし、漢字を巧みにやさしく遣ひこなしてゐました、著述の外に、神田の錦城學校では、漢文科の莊子の講義を受持つてゐるといふ漢英學者でした、漢文では犬養毅氏も、刀劍記を書いてもらふといつた名家でした、後年根岸派の劇通に交つて、團十郎びいきでした。

性來酒好で、背丈は西洋人のやうに高く、洋服の似合ふ人、眼はへこんで鼻の隆い、齒並びの惡い方でした。》〔篠田鑛造「新聞紙上に初めて小説を載せた一番槍は報知新聞――論説時代より小説時代への先駆」『郵便報知新聞』第二万号、昭和7・9・10〕

思軒居士の尤憶記評（幸田露伴）

《相變らず興到りて即ち筆到るの文なるが、何ぞ其文氣の悠々として逼らざるや。然れども居士の文を一層深く評すれば、一見したところ水髪素顔のすつきりしたる美人輕羅を衣て風に佇ずみ月を仰ぐがごとし。……老婦と題せる一章は、若し予をして筆を執らしめば五六回の小説となすを得べき事なり、然るに二頁ばかりに之をつゞむ、故に又趣味の文外に在るあり。一言全體を評せば、詩に近き好き好隨筆なり。》〔「國民之友夏期付録評」『讀賣新聞』明治23・8・19〕

▽**10月30日**、「教育ニ関スル勅語」が発布される。

11月23日、青年文学会（第二回例会――錦城学校にて午後2時30分より）で、「青年の読書」の講演をする。この日、思軒のほか、徳富蘇峰の「新日本の詩人」の講演もあった。

▽**11月25日**、第一回帝国議会が召集される。

12月14日（日曜日）、根岸倶楽部設立の会合が天心宅であり出席する。〔『岡倉天心全集』第5巻〕

12月16日、東京・横浜市内で電話交換の開始。新聞関係では各新聞社のほか、矢野龍溪と思軒だけが加入する。〔『東京・横浜電話交換加入者名簿』逓信省電務局、明治24〕

明治24年（一八九一）30歳

1月1日、長女下子《しもこ》生れる（戸籍上は10月11日）。スーヴェストル「歳尽」（『屋根裏の哲人』より）を『都の花』に発表。

1月24日、森鷗外が来訪し、「文づかひ」の評を求めるが、思軒は在宅せず、原稿と書評依頼のメモを置いて帰る。〔『文づかひ　森鷗外自筆原稿（全一冊）』（350部限定複製）大阪樟蔭女子大学図書館、平成元・3（思軒旧蔵）〕

1月～2月にかけて、「偶書　梅花詞集序」（中西梅花『新體梅花詩集』（博文館、明治24・3）に鷗外の題言、露伴の跋とともに収載される）「偶書　鷗外の『文づかひ』　三昧《ママ》『桂姫』並ひに西鶴の『約束は雪の朝食』」「偶書『風流魔』に引す　露伴子の西鶴論」など、『郵便報知』に寄せる。

2月25日、『風流魔』に引す」が『しがらみ草紙』に転載される。

▽**3月～11月**、山陽鉄道が姫路～岡山～笠岡～福山まで開通となる。

4月5日／19日、フランシス・ベーコン「西文小品　旅行の説」「西文小品　費の説」（二作とも『随想集』より）が『報知叢話』（『郵便報知』日曜付録）に掲載される。『郵便報知』では4月より、毎日曜日に新聞付録として『報知叢話』（小冊子）を配布することを広告。執筆記者として抱一庵主人・ちぬの浦浪六・麗水生・弦齋居士・三峡學人（小栗貞雄）・思軒居士らの名が発表される。また同月刊『今世名家文鈔』（民友社）中に「昼寝」「泰始皇論」（明治14年

民友記者徳富猪一郎氏（鐵斧生（國木田獨歩））
《森田思軒氏嘗て徳富氏を誉めて曰く「余於蘇峯百不及也而尤不及焉者曰儉曰勤」と之れ思軒氏のみに非ざるなり今日知名の士にして蘇峰氏の倹と勤に及ぶ者決して多くあるなし。世間幾多の名士、玄関構の大なるを競ひ馬車の華美を誇る。吾人後進をして或は彼等真面目に信ずる処ありて其事業をなすか、将た見られん事を欲して立廻はるかの感あらしむ。蓋し蘇峰氏は「勤倹」主義を唱ふる人にして、而て自ら「実行」せる人なり。》（吉岡書籍店、明治24年1月）

森鷗外『文づかひ』新著百種第12号（吉岡書籍店、明治24年1月）

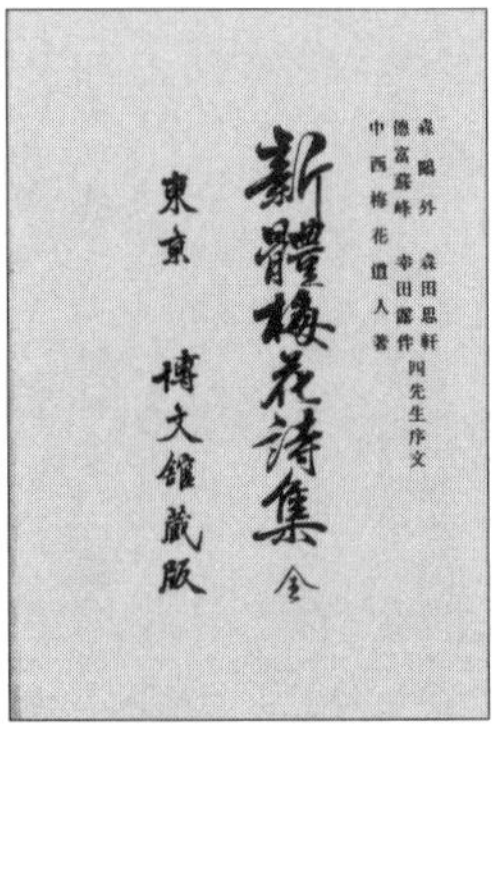

中西梅花『新體梅花詩集』（博文館、明治24年3月）袋表紙

作、興譲館時代の漢文」が選ばれる。

4月〜5月にかけて、「芝居小言　歌舞伎座ソゝリ　團十郎の勧進帳」など、劇評を『郵便報知』に寄せ、劇評家としても認められるようになる。

5月7日〜8日、根岸党が「二日旅行」をする（思軒の外に、篁村・得知・太華・南翠・只好・天心らが参加）。根岸より日本堤・橋場（渡し）・四木・立石・柴又（矢切の渡し）・国府台・真間・八幡（天心が愛馬「若草号」で駆けつけ合流）・中山・船橋（佐渡屋で一泊）。翌日には行徳に出て舟で山谷堀まで行き、根岸の鶯春亭で飲み直す。〔篁村「二日の旅」〕

5月、「社会の罪」を『國民之友』に発表。（4月に「青年文学会」で行なわれた講演に基づく。その主題は、明治15年4月の板垣退助遭難事件の犯人相原尚褧《なおふみ》の行動をユゴー的人道主義に立って擁護し、「社会が犯す罪」の存在を主張することにあった。）

5月30日〜6月3日まで、日光に遊ぶ。（6月6日〜14日、「偶書　日光に遊ぶ記」（全5回）を『郵便報知』に連載）。

6月、『青年文學雑誌』（第3号）に青年文学会での講演筆記（「無題」）が掲載される。「偶書　三日月序」（ちぬの浦浪六『三日月』春陽堂、明治24・7——思軒の勧めで書き、『報知叢話』で連載されると、評判を得た村上浪六の出世作）を『郵便報知』に寄せる。〔抱一庵「吾の昔」／覆面居士『波瀾曲折六十年（浪六傳）』〕

8月〜9月、「雑説」と「漢文漢語」（全2回）を『國民之友』に発表。

▽夏頃、「文学会」は自然消滅したと思われる（24年中は3月と4月の2回のみ開かれる。「青年文学会」は26年3月まで存続した。）〔高野静子『蘇峰とその時代』〕

9月9日（消印）のはがきを妻子の許に出す——妻子は一時「荏原郡入新井村大森八幡《やわた》題目堂」に身を寄せ、貧窮に耐えていた。思軒は社に泊り込んで新聞社の経営行き詰まり（「六万円の負債」）の打開に粉心していたからである。〔「思軒書簡（一）」／「妻子と別居して／思軒一代の苦難」『報知新聞』昭和7・9・29〕

9月27日、『報知叢話』に「覆瓿賸頁　題日本外史論贊藪　詩話一則」を発表する。

『郵便報知』の文士たち

原抱一庵（一八六六〜一九〇四）

遅塚麗水（一八六八〜一九四二）

村井弦齋（一八六三〜一九二七）

村上浪六（一八六五〜一九四四）

10月、『探偵ユーベルおよびクラウド』（民友社）が出版される。「伊太利の囚人」が『第二國民小説』（民友社）に収載される。

11月、（あるいは「二十四年末迄に」か）報知社を退社。（抱一庵、浪六も思軒に従い退社。弦齋は客員となる。）22年2月、矢野が政界より引退後、報知社社長も一年期限で辞任（その後、23年11月、宮内省入り）していたため、実弟の小栗貞雄が社長代理となっていたが、藤田茂吉や犬養毅、尾崎行雄など政論家が大隈に願い出て、編集の実権を握り、政党新聞に逆戻りさせたことによるのであろう。〔**11月27日**、「社告」『郵便報知』／「（思軒自筆）履歴書」〕

11月15日、青年文学会の例会に出席。「文章組立に就ての注意三四個条」を講演する。（10月8日の例会を欠席した埋め合わせのつもりで突然来会したという。）〔『國木田獨歩全集』第10巻〕

「偶書　『小公子』を読む」を『郵便報知』に発表し、若松賤子《しずこ》の口語訳文を絶讃。二葉亭の『浮雲』につぐものと評価した。（F・E・バーネット『小公子』若松しづ子訳、博文館、明治30・1の「江湖の評言」に再録される。）

11月24日付『國民新聞』の宮崎湖處子「小公子」で《翻訳王思軒居士》との尊称を与えられる。

▽**12月**頃、幸田露伴は下谷区谷中村一四五番地（通称、谷中銀杏《ぎんなん》横町。後、同区谷中天王寺町二一番地と町名変更か／現、台東区谷中天王寺町七丁目一八番地二五号）に住む。

12月6日、思軒訳「懐旧」第一回（『國民之友』25年1月13日号）の「例言」を浅草区五郎兵衛町（?）の「蚊睫居《ぶんしょうきょ》」にて執筆する〔抱一庵「吾の昔」〕

12月20日（消印）、転居はがきを出す——《下谷区根岸元金杉村参百九拾壱番地（町名変更後、下根岸町五十番地》（《根岸の癲狂院の裏》）。〔「思軒書簡（三）」／塩谷贊『露伴と遊び』〕

明治25年（一八九二）31歳

1月、「自信」（作者不詳）を『國民之友』に、「耳の芝居目の芝居」を宮崎三昧、三木竹二ら編集の『歌舞伎新報』（1月5日号）に発表。同号に掲載された「特別寄稿諸家姓名」には思軒のほか、岡倉覚三、依田學海、高田早苗、饗庭篁村、森鷗外らの名が見える。（思軒の批評に応えて、鷗外が本格的な演劇論「思軒居士が耳の芝居目の芝居」（『しがらみ草紙』第29号、明治25・

「社告」『青年文學』第9号（明治25年7月15日）《本集は当代文学者諸先生が明治二十三年以来青年文学会場に於て演説せられたる文学談なり》〔『國木田獨歩全集』第10巻より〕

ナサニエル・ホーソーン（一八〇四〜一八六四）〔岡村愛藏編『スヰントン氏英文學詳解』興文社、明治44・10より〕

2）を発表する。）
1月〜10月まで、ユゴー「懐旧」（原題『ビュグ・ジャルガル』）を『國民之友』に発表。
1月〜2月、「我邦に於る漢学の現在及び将来」（24年12月20日、早稲田文学会での講演草稿）を『早稲田文學』に発表。
1月、「墓碣銘一首」を『國民之友』に発表。
2月、『同志社文學雑誌』第52号の「記事」欄に、《○森田思軒居士の来校》が記録されている。
2月、「批評家に就て」（23年11月23日、青年文学会での講演「青年の読書」での一節を摘録）を『青年文學』（『青年文學雑誌』の改題）第4号に発表。
▽**2月15日**、第二回臨時総選挙が行なわれる。激戦となり、内相品川彌二郎による官憲の選挙干渉が行なわれる。（父佐平も県庁に呼び出され、与党候補者の支援を指示されるが拒絶した。これにより勇名をはせる。）（章三郎『思軒森田文藏小傳』）
2月23日、上野の忍川で行なわれた戯曲会（澤野座の芝居の合評会）に出席。篁村・三昧・南翠・只好・得知・米僊らが参集した。（塩谷贊『露伴と遊び』）
3月28日、歌舞伎座での観劇会に出席。篁村・三昧・南翠・只好・米僊・太華らも参加した（同右）
4月、「日本現時の文学(1)」が『同志社文學雑誌』第53号に載る。（同志社大学『人文科学』第1巻第2号、一九六九——但し、後続は発表されなかったらしい。）
4月〜5月、ホーソーン「西文小品　観物師《みせものし》の函」（"Fancy's Show Box"）を『文學』に発表。
6月末〜9月（推定）、倉敷の父佐平を見舞う。（思軒訳「懐旧」第40〜59回——《備中倉數にて　思軒居士訳》『國民之友』）
9月〜11月、「思軒居士の書簡」（内容は翻訳時評）「春秋」「公羊伝穀梁伝及び左伝」（全2回）を『早稲田文學』に発表。
11月〜12月、ホーソーン「用達会社」を『國民之友』に発表。
11月20日朝、根岸党の面々と妙義山登山の旅に出る。（須藤南翠が大阪朝日新聞社入社のため、

二〇〇四〜〇五年の「ヴィクトル・ユゴーとロマン派展」（東京富士美術館）の入場券

『用達会社』評（てつぷ〈國木田獨歩〉）
《『用達会社』は寥々たる短章なり。原作者はホウソーン訳者は思軒居士なり。載せて国民之友紙上三回となりて現はる。章句の難渋に加へて、意味亦た浅からず、全編偶意を以て成るが故に、一読して容易に其意を了する能はず、為めに多少世人の注目を遠けしと思はるれど、決して再読三読の価値なき者に非ず。》（『青年文學』第15号、明治26・1・15）

送別会を兼ねた旅行で、南翠ほか幸堂得知、幸田露伴、関根只好、久保田米僊、富岡永洗、高橋太華、森田思軒が参加。12月、南翠に献呈された合作紀行文『草鞋記程《そうあいきてい》』（私家版）が50部印刷される。）

11月23日より始まった川上座の壮士芝居の総見を根岸党が行ない、再認識する。川上演劇に対して批判的であった根岸党に川上が要請したことによる。〔牧村史陽『川上音二郎』中巻〕

▽**11月**、鷗外がアンデルセン『即興詩人』の連載（『しがらみ草紙』誌上）を開始する。

12月、「歌舞伎座の慈善芝居を観る」「訳本『罪と罰』」を『國會』に発表。この頃、國會新聞社（京橋区南鍋町一丁目六番地）の客員となる。（『國會』は『朝日新聞』の社長村山龍平により理想の新聞として明治23年11月25日、帝国議会開院の当日に創刊された。幸田露伴が創刊当時より入社していたが、内紛が起こり、経営が悪化したため今回の人事となったという。）〔『朝日新聞七十年史』〕エンゲル「滑稽氏」、同「不思議の後家」を『國民之友』に発表。『懐舊』（民友社）が出版される。

明治26年（一八九三）32歳

1月～7月まで、ブラッドン女史「隔簾影《かげぼうし》」（『オードレイ婦人の秘密』）を『國會』に寄せる。〔伊原青々園「故思軒居士の面影」〕

1月、アディスン「一シリング銀貨の履歴」とアーヴィング「肥大紳士」を『國民之友』に発表。

1月10日、父佐平、肺気腫の再発により死去（享年58歳）。思軒は、前年暮より帰郷していた。岡倉天心より悔み状が届く――《粛啓　此度御不幸之趣承リ驚愕之至ニ耐ヘス奉存候　不取敢御悔申上候　恐惶々々／明治二十六年一月十六日》〔『岡倉天心全集』第6巻〕

▽**2月10日**、佐平が正七位に叙せられる。〔『笠岡市史』第3巻〕

2月～4月、マライア・エッジワース「千人会」が『國民之友』に連載される。

4月1日～17日、根岸党の月ヶ瀬旅行に参加。思軒ほか露伴、只好、太華、得知、篁村、永洗、南翠、そして楢崎海運の八名。奈良月ヶ瀬の梅と吉野・嵐山の桜を賞でる。〔野田宇太郎「明治

『國會』時代の思軒

《（末廣）鉄腸は手薄の、しかも世間的には無名の若手記者を統率して社勢の立て直しに奮闘したが、この間編集長格として鉄腸の片腕を勤めたのは翻訳文学で知られた森田思軒であった。思軒は、報知新聞社長の矢野龍渓を助け同紙の改革をなしとげて編集の実権を握り、すぐれた手腕を認められていたが、二十五年十二月「国会」に迎えられていた。三宅・志賀ら退社のあと、実質的に紙面の低下は免れなかったにせよ、ともかくもその後二年半、外目にはあまり体裁をくずさず、孤城を持ちこたえたのは、思軒の力があずかって大きかった。が、このような鉄腸・思軒、それに露伴らの努力も空しく、その後の「国会」は次第に経営困難の度を加えていった。》〔『朝日新聞の九十年』より〕

ワシントン・アーヴィング（一七八三～一八五九）〔岡村愛蔵編『スヰントン氏英文學詳解』明治44・10より〕

の紀行文学』）帰京後、**4月～6月**まで「探花日暦」を『國民之友』に発表。
5月13日頃、下谷区上根岸町八九番地に移り住む。（御隠殿跡に近く、地所続きに画家で書家の中村不折が大正2年より居住――現在、旧宅跡は書道博物館。思軒は住居を白蓮庵と名付ける。）〔思軒書簡（三）〕
6月、「用達会社」が『第三國民小説』（民友社）に収載される。
6月～27年7月、「山陽論に就て」を『國民之友』に連載（全26回）。（山路愛山の「頼襄を論ず」（『國民之友』明治26・1）に対する反論。同じく、北村透谷も「人生に相渉《あいわた》るとは何の謂《いい》ぞ」で愛山に反論した。）
7月～12月、ヴェルヌ「入雲異譚」（『不思議の島』）を『日本之少年』に連載。この間の翻訳の口述筆記を伊原青々園に依頼する。〔青々園「故思軒居士の面影」〕
8月～12月、「入谷の朝顔　栄次郎の巳代吉」「白蓮庵雑話」など九篇を『國會』に寄せる。

明治27年（一八九四）33歳

1月～8月まで、ヴェルヌ「無名氏」を『國會』に連載。（没後、31年9月、春陽堂より刊行される。）
2月～4月、「帰展余事」と「戯房雑話」を『國民之友』に発表。
4月、「千人会」が『第四國民小説』（民友社）に収載される。
▽**8月1日**、日清戦争始まる。（**28年4月17日**、講和条約が調印される。）
9月、「曝書渉筆」を「國民新聞」（2日～27日）に発表
10月～28年3月、「鎖国以前の日本人」「鎖国中の海外消息」と「寛政中の世界環航者」（これは翻訳か?）を『國民之友』に発表。

明治28年（一八九五）34歳

1月、「光陰」を『國民之友』に、「支邦の落語」を『家庭雑誌』に発表。
1月～2月、「紀元前の著名なる航海者」（翻訳か?）を『太陽』に発表。
3月、「芝居のかた」を『歌舞伎新報』（1610号、3月5日号）に寄せる。

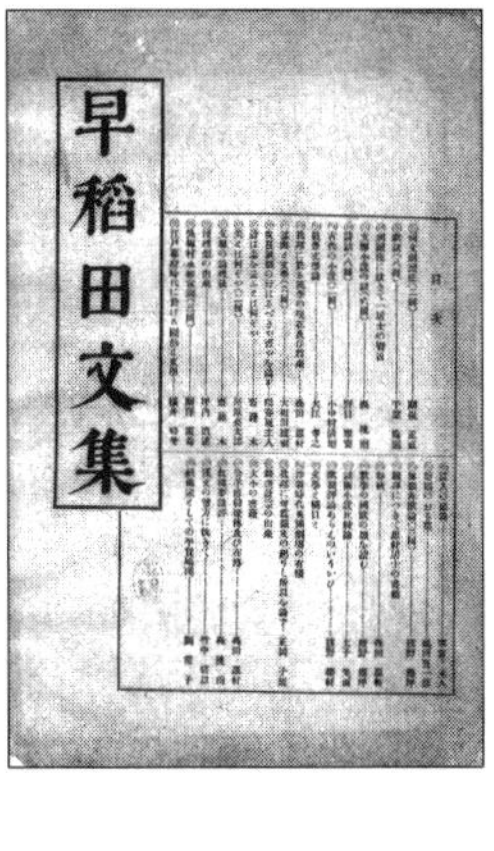

『早稲田文集』（有斐閣書房、明治26年10月）思軒が『早稲田文學』に寄せた評論三篇が収録される。

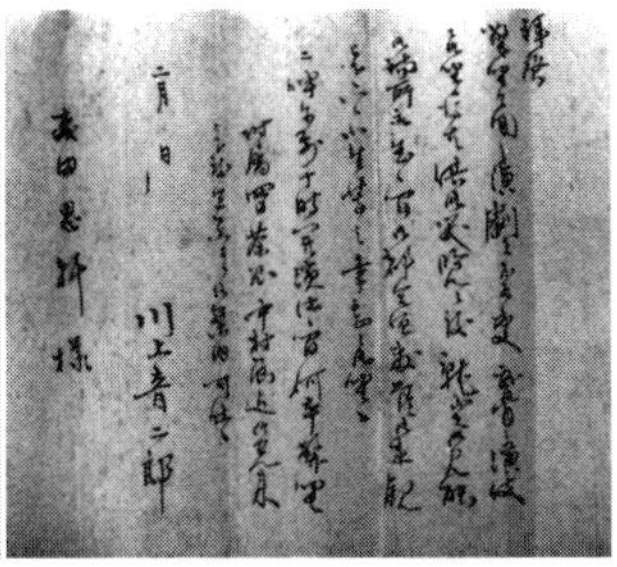
思軒宛川上音二郎書簡

川上音二郎一座「因果灯籠」
（思軒訳「幻影」の脚色化）
歌舞伎座、明治28年5月～6月

明治29年（一八九六）35歳

4月〜6月、（作者不詳）「海賊」を『國會』に寄せる。
5月17日より、思軒訳「幻影」（作者不詳）を広岡柳香が脚色した「因果灯籠《まわりどうろう》」が、川上音二郎一座により、歌舞伎座で上演される。（一番目の藤澤浅二郎「威海衛陥落」が時好に投じて23日間打ち続け、芝居が「報道記録メディア」として優れていることが証明される。「因果灯籠」については、饗庭篁村がその劇評で初めて川上演劇の《急進歩》に触れ、注目する。）〔篁村『竹の屋劇評集』〕
5月〜6月、（作者不詳）「亜歴セルカーク」（ダニエル・デフォー『ロビンスン・クルーソー漂流記』の主人公の実在のモデル、アレキサンダー・セルカークの物語）を『太陽』に発表。
12月15日、『國會』が終刊し、『東京朝日新聞』と合併するのに伴い、国会新聞社を退社する。

1月、E・A・ポー「秘密書類」（「盗まれた手紙」）を『名家談叢』（第5号付録）に、「偶書」を『國民之友』に発表。
2月、ポーの「間一髪」（「陥穽と振り子」）を『太陽』に発表。
3月〜6月、ヴェルヌ「冒険奇談 十五少年」（『二年間の学校休暇』）を『少年世界』に連載。
4月、「寛政中の世界環航者」が『第七國民小説』（民友社）に収載される。
5月、「小公子の翻訳者若松賤子《しずこ》君（故巖本夫人追悼会席上 森田文藏述）」が『女學雑誌』に掲載される。若松（巖本嘉志子）はこの年2月10日に死去していた。（『小公子』若松しづ子訳、博文館、明治30・1の巻末付録「『小公子』に対する江湖の評言」中に再録。）
▽**春**、末弟の章三郎が京都同志社を中退して上京。錦城学校に転入する。
6月14日、川上座（神田区三崎町三丁目一番地）の落成式に招かれ、福地櫻癡、依田學海とともに祝辞を読む。〔川上音二郎書簡（思軒宛）〕
8月、ディケンズ「牢帰り」を『家庭雑誌』に発表。（思軒唯一の口語訳の試みとなる。）
8月〜30年2月、ユゴー「死刑前の六時間」（『死刑囚最後の日』）を『國民之友』に発表。（没後、大正15年2月、東京堂より「名著文学集」の一巻として刊行される。）

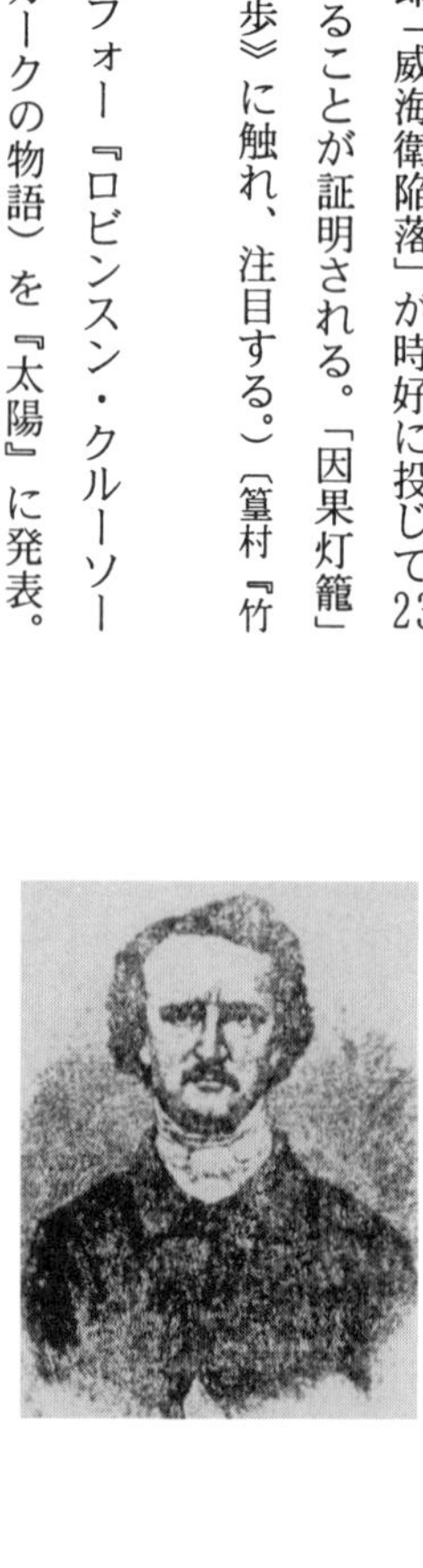

エドガー・アラン・ポー（一八〇九〜一八四九）〔『中學世界』明治38・9より〕

朗読会のディケンズ（一八五〇年代）

「雲中語」（『めさまし草』巻の八）合評欄「三人冗語」を拡大し、評者として露伴、緑雨、鷗外のほかに學海、篁村、紅葉、思軒の四人が加わり、総勢七人となる。

9月～30年11月、『めさまし草』（主宰者森鷗外）の「雲中語」（匿名批評）の評者の一人となる。鷗外のほかに露伴、緑雨、學海、紅葉、篁村らがいた。

9月22日より、ヴェルヌ『瞽使者《こしや》』が川上音二郎一座により川上座で上演される。（尾崎紅葉「虚実心冷熱《うそまことこころのれいねつ》」（「冷熱」）も同時に上演されるが、戦争熱が冷めはじめ、新派人気にやや翳りが見られるようになる。）

11月10日、「入社の初めに当たりて」を『萬朝報《よろずちょうほう》』に発表。社主黒岩涙香の破格の待遇（月額百円）での入社となる。〔「妻子と別居して／思軒一代の苦難」『報知』〕同紙の短篇小説の募集では選者となる。〔思軒「作家苦心談」〕原抱一庵も同じ頃に入社する。〔大塚豊子編「(年譜)原抱一庵」〕

12月18日、『十五少年』（博文館）が出版される。

明治30年（一八九七）36歳

1月、スーヴェストル「一月一日」（『屋根裏の哲人』より）を『新小説』に発表。『間一髪』（「袖珍小説　第二篇」博文館）が出版される（「亞《(ママ)》歴山セルカーク」を併載）。

2月、「新小説各評」（『新小説』）に参加（學海、忍月、逍遙、鷗外、露伴、紅葉、思軒の七名による合評）。〔『鷗外全集』第24巻〕

4月～5月、「寛政前後の漢文界」を『國民之友』に発表。

5月21日、思軒訳によるヴェルヌ『鐵世界』を脚色した「鐵世界」が川上一座により神田三崎町の川上座で上演された。同地区に大劇場東京座が進出したこともあり、五分の入りでしかなかった。〔牧村史陽『川上音二郎』中巻〕

4月、「目なし児」（15日）、「歌舞伎座の侠客春雨傘」（28日）を『萬朝報』に寄せる。

5月、「廣津柳浪の『あにき』」（11日／14日）「宮戸座の二番狂言」（23日）を同紙に寄せる。

5月～6月、「歌舞伎座合評」（『新作文庫』）に参加。（評者は篁村、三木竹二、幸堂得知、鷗外、思軒ほか二名。3月7日、思軒宅での合評会での速記による合評）。〔『鷗外全集』第24巻〕

5月28日～7月10日、「坪内逍遙の『牧の方』」（全7回）を『萬朝報』に寄せる。

5月～31年4月、合評「標新領異録」（『めさまし草』巻之十七～二十七）に参加。思軒が参加

緑雨と金銭トラブル

《（明治二十九年）十二月末、八年前来の金銭上のトラブルが法律問題化し、幸田露伴、森田思軒、森鷗外等に助成を依頼。思軒、大橋乙羽、松原二十三階堂等の助けで一応落着をみる。》

（「年譜」『齋藤緑雨全集』巻8より）

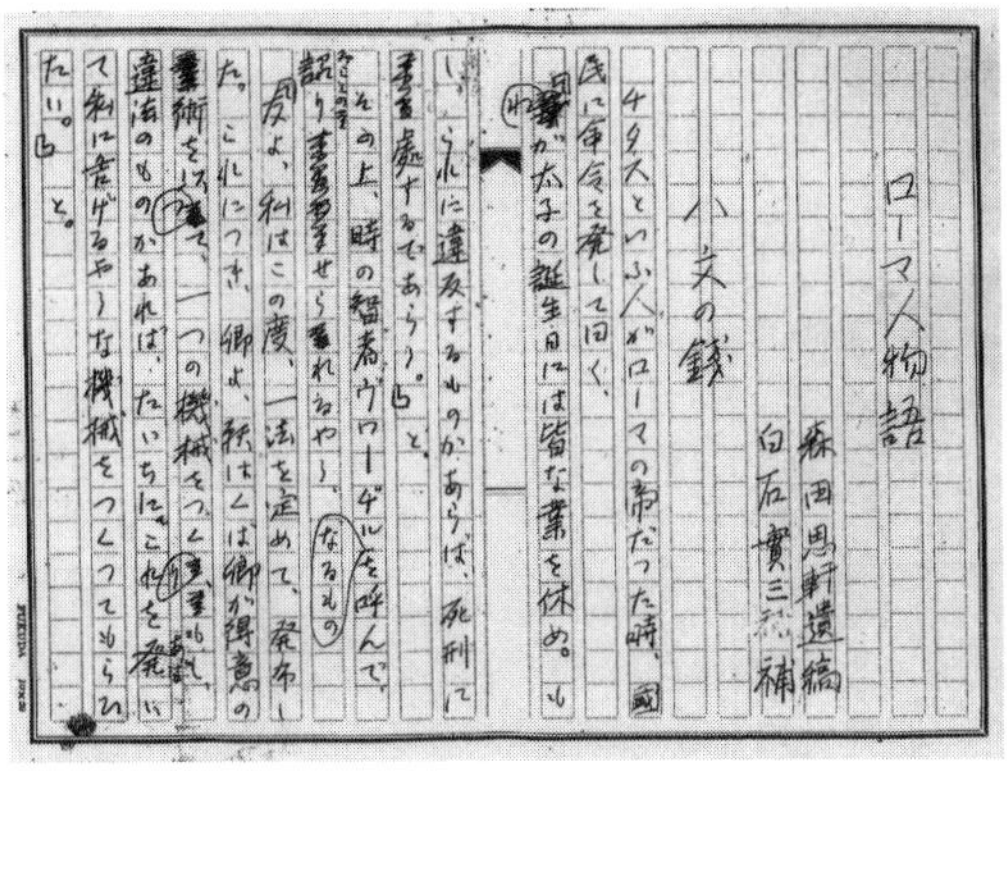

思軒訳（作者不詳）「ローマ人物語」（白石實三による補筆・清書原稿）

したのは十七より二十二まで。評者は思軒のほか、鷗外、竹二、學海、紅葉、露伴、篁村の七名。初回の「村井長庵巧破傘」の会合は5月16日、白蓮庵で行なわれる。

6月12日／18日、「南窓独語」を『萬朝報』に寄せる。

8月11日、「新小説第九巻」を同紙に寄せる。

9月、「新羽衣物語」（2日）「南窓独語」（4日）を同紙に寄せる。

10月、「近刊書籍」（8日）「新著月刊第七巻」（27日）を同紙に寄せる。「作家苦心談　思軒氏が翻訳論、及び『萬朝報』懸賞小説談、今の小説界の欠点」を『新著月刊』に発表。

11月4日、ピー・コロムほか『小説列国變局志』（春陽堂）が出版される（「肝付兼行《きもつきかねゆき》訳」となっているが、実際は第四十一章までが思軒訳、四十二章以降は水上玄洋訳）。軍事用語の校閲者の肝付（海軍大佐）が独断である宮様に題字を依頼したことに文士として憤慨、途中で筆を投じた翻訳となったからである。

11月14日、一週間前（7日）に罹患した腸チフスが腹膜炎に変症し、死亡（主治医は下谷の区医、緑川医師。鷗外とその弟篤次郎が立会う）。〔「御病床日誌」（記録者は看護人）〕同月17日午後三時に自宅より出棺。下谷坂本の世尊寺（真言宗豊山派／台東区根岸三丁目一三番地二二号）で葬儀が営まれる。鷗外・露伴の助言の下、戒名「白蓮院浄明思軒居士」が与えられる。喪主下子。葬儀の世話人に弟章三郎、友人の岡倉天心、黒岩涙香、藤田隆三郎らがあたる。出席できない母親直のため、天心の指示により「葬列図」（寺崎廣業画）が作成される。弔辞は依田百川（學海）による「森田思軒ヲ祭ル文」（漢文）を遅塚麗水が代読する。（会葬者五〇〇余人と伝えられる。）〔章三郎『思軒森田文藏小傳』、（無署名）「追悼　森田思軒氏」『新小説』〕

多摩墓地での白石下子埋葬式の日、墓前で
白石男也（右）、小林好夫（左）

白石男也〔大正4～平成5〕思軒の一人娘下子と白石實三の長男。早稲田大学政経学部卒業後、東芝に入社。戦争中、中支に出征。戦後、東洋精密機械に移り、定年まで勤務。退職後、思軒と實三の遺品の整理に当たった。

小林好夫〔明治27～平成2〕私立興譲館中学校（旧制）卒業。三備石灰工業所、小林織物工場、三備商会などの経営に当たる。昭和43年「森田思軒顕彰会」を設立、顕彰に尽力し、資料の収集と執筆を行なった。

森田家・白石家家系図（抄）

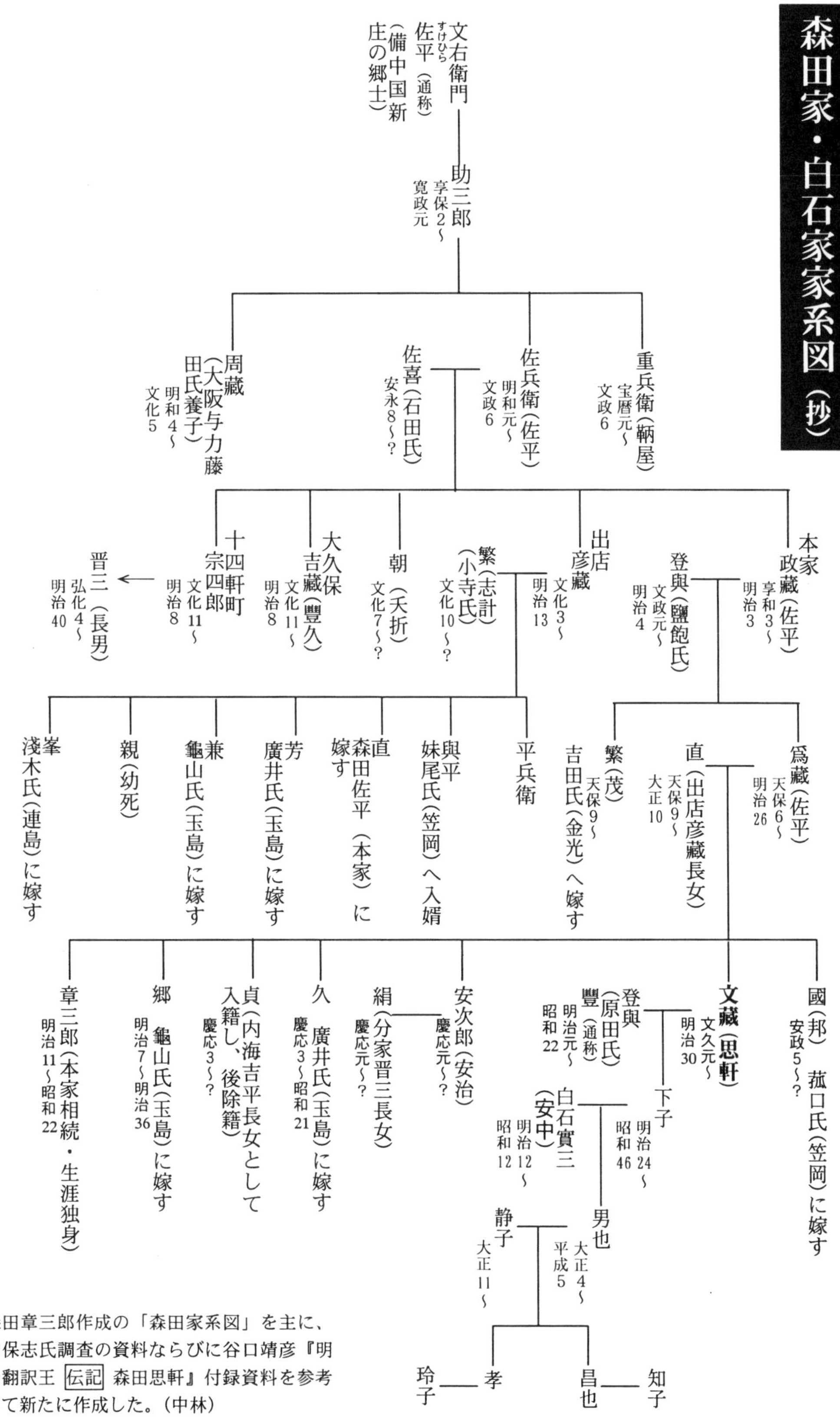

＊森田章三郎作成の「森田家系図」を主に、岩山保志氏調査の資料ならびに谷口靖彦『明治の翻訳王 伝記 森田思軒』付録資料を参考にして新たに作成した。（中林）

参考文献

1 思軒履歴ならびに関係資料

森田佐平「命名書」（白石静子蔵）

森田思軒「(自筆年譜)」「履歴書（草稿）」（白石静子蔵）

森田思軒「南窓渉筆」「消夏漫筆」「尤憶記」『國民之友』（稲垣達郎編『根岸派文学集』（明治文学全集26）筑摩書房、昭和56（一九八一）・4）

森田思軒「作家苦心談」『新著月刊』明治30（一八九七）・10〔「作家の苦心」と改題して、伊原青々園・後藤宙外編『唾玉集』春陽堂、明治39・9に再録〕

森田思軒『思軒文稿』『思軒詩稿二』（未刊／小林好夫旧蔵）

「森田思軒関係書簡」（岡山県立博物館蔵）

「思軒書簡（一）」（白石静子蔵）

「思軒書簡（二）」（小林好夫旧蔵）

「慶應義塾入社帳」「慶應義塾勤惰表」（慶應義塾大学蔵）

2 伝記研究関係資料（刊行年代順）

徳富蘇峰「思軒君を悼む」『國民新聞』明治30（一八九八）・11・16

（無署名）「森田思軒氏逝く」『新小説』　明治30（一八九七）・12

伊原青々園「故思軒居士の面影」『早稲田文學』　明治40（一九〇七）・6

白石實三「根岸派の人々」『明治文學篇』日本文学講座　第11巻　昭和9（一九三四）・1

森田章三郎『思軒森田文蔵小傳　付一瓢と三逕』私家版　昭和15（一九四〇）・5

吉原眞子・湯田純江「森田思軒」『近代文学研究叢書』第3巻　昭和女子大学光葉会　昭和31（一九五六）・6

森　於菟「森田思軒の滞欧私信」『明治大正文學研究』（季刊）第22号　昭和32（一九五七）・7

柳田　泉「森田思軒伝（記稿）」『明治初期翻訳文学の研究』（「明治文学研究」第5巻）春秋社　昭和36（一九六一）・9

丸山　信「近代文学の先駆者　森田文藏（思軒）」（「慶應義塾出身名流書誌（7）」）『三田評論』第599号　昭和36（一九六一）・11

小林好夫「森田思軒について」『笠岡史談』第3号　昭和44（一九六九）・7

藤井淑禎「森田思軒の出発――「嘉坡通信報知叢談」試論」『國語國文学』昭和52（一九七七）・4

藤井淑禎「森田思軒年譜」『若松賤子・森田思軒・櫻井鷗村集』（日本児童文学大系2）　ほるぷ　昭和52（一九七七）・11

富岡敬之「森田思軒関係書簡」『研究紀要』第1号　岡山県立博物館　昭和53（一九七八）・10

富岡敬之「森田思軒未発表書簡について」『日本文学論究』第39冊　國學院大学国語国文学会　昭和54（一九七九）・7

富岡敬之「森田思軒試論――明治十八年の活動を中心にして――」『國學院雑誌』第80巻第12号　國學院大学　昭和54（一九七九）・12

手塚昌行編「(年譜) 森田思軒」『根岸派文學集』（明治文学全集26）筑摩書房、昭和56（一九八一）・4

富岡敬之「森田思軒の社会的背景――備中玉島の一族について――」『日本文学論究』第41冊　國學院大学国語国文学会　昭和56（一九八一）・11

小森陽一「森田思軒における「周密体」の形成」『成城文藝』第103～104号、昭和58（一九八三）・3～8〔改題「〈記述〉する「実境」中継者の一人称」『構造としての語り』新曜社、昭和63（一九八八）・4〕
谷口靖彦「森田思軒の生涯」『みさご』　昭和63（一九八八）・7～平成2（一九九〇）・7
富岡敬之「お郷の遊学——森田思軒の書簡二通と明治の女子教育——」『書簡研究』第1号　岡山手紙を読む会　昭和63年（一九八八）・11
手塚昌行「錦城学校における森田思軒」他『泉鏡花とその周辺』武蔵野書房、平成元（一九八九）・7
富岡敬之「三田慶應義塾時代の森田思軒——最初の失意をめぐって——」『書簡研究』第4号　岡山手紙を読む会　平成3（一九九一）・12
富岡敬之「備中興譲館時代の森田思軒——退塾に関する新資料をめぐって——」『書簡研究』第5号　岡山手紙を読む会　平成5（一九九三）・1
川戸道昭「明治翻訳文学再考」『明治翻訳文学書全集　目録Ⅳ』　ナダ書房　平成8（一九九六）・1
中林良雄「ディケンズの翻訳と翻訳者のこと——西欧文学受容史のために」『ディケンズ集』（明治翻訳文学全集《新聞雑誌編》6）　大空社　平成8（一九九六）・6
川戸道昭「原書から見た明治の翻訳文学——ジュール・ヴェルヌの英訳本を中心に——」『ヴェルヌ集Ⅰ』（明治翻訳文学全集《新聞雑誌編》27）　大空社　平成8（一九九六）・6
川戸道昭「明治時代のヴィクトル・ユゴー——森田思軒の邦訳をめぐって——」『ユゴー集Ⅰ』（明治翻訳文学全集《新聞雑誌編》24）　大空社　平成8（一九九六）・10
谷口靖彦「森田思軒の肖像」『中国新聞』井笠版（90回連載）　平成9（一九九七）・1・14～10・22
三浦　叶「森田思軒と漢文学」（第五章「明治の文人と漢文学」）『明治漢文學史』汲古書院　平成10（一九九八）・6
谷口靖彦『明治の翻訳王 伝記 森田思軒』山陽新聞社　平成12（二〇〇〇）・6
川戸道昭「森田思軒と黒岩涙香——『レ・ミゼラブル』の邦訳をめぐって——」『黒岩涙香集』（明治翻訳文学全集《翻訳家編》7）　大空社　平成15（二〇〇三）・3
川戸道昭「若き日の森田思軒——矢野龍溪との交流を中心に——」『森田思軒集Ⅱ』（明治翻訳文学全集《翻訳家編》6）　大空社　平成15（二〇〇三）・7
川戸道昭「白石家所蔵／森田思軒関係資料解題（一）」『翻訳と歴史』第19号　ナダ出版センター　平成16（二〇〇四）・1

3　同時代人の回想ならびに伝記資料（著者名五十音順）

大江孝之『敬香遺集』〔刊行年不明／柳田泉『明治初期翻訳文学の研究』に拠る〕
岡倉天心「天心書簡」『岡倉天心全集』第5巻・第6巻・別巻　平凡社　昭和54（一九七九）・12／昭和55（一九八〇）・11／昭和56（一九八一）・7
小栗又一『龍溪矢野文雄君傳』春陽堂　昭和5（一九三〇）・4
尾崎行雄「人物回顧録」『尾崎咢堂全集』第7巻　公論社　昭和30（一九五五）
塩谷　贇『露伴と遊び』蒼樹社　昭和47（一九七二）・7

清水　茂「官報局時代の二葉亭――さしあたり『出版月評』をめぐって――」『國文學 解釈と鑑賞』　昭和38（一九六三）・5
關根默庵『藝苑講談』いろは書房、大正3（一九一四）・10
高野悦子『徳富蘇峰とその時代』中央公論社　昭和63（一九八八）・5
遅塚麗水「記者生活三十七年の回顧」『苦樂』　大正15（一九二六）・3～5〔稲垣達郎編『根岸派文学集』（明治文学全集26）筑摩書房、昭和56（一九八一）・4に抄録〕
坪内逍遙「回憶漫談」其一・其二『逍遙選集』第12巻　昭和2（一九二七）・7〜8〕
徳富蘇峰「追懐一片」〔坪内逍遥・内田魯庵編『二葉亭四迷――多方面より見たる長谷川辰之助君及其追懷』易風社　明治42（一九〇九）・8〕
原抱一庵「王子村舎雑話」『少年園』明治27（一八九四）・1
原抱一庵「吾の昔」『文藝界』　明治36（一九〇三）・7～12〔稲垣達郎編『根岸派文学集』（明治文学全集26）筑摩書房、昭和56（一九八一）・4に抄録〕
牧村史陽『川上音二郎』中巻（史陽選集17・18合巻）　史陽選集刊行会　昭和40（一九六五）・2
森潤三郎「年譜及び著述目録」『鷗外森林太郎』丸井書店　昭和17（一九四二）・4
柳田　泉『幸田露伴』真善社　昭和22（一九四七）・11
山田美妙「明治文壇叢話」『改進新聞』明治23（一八九〇）・1
依田學海『学海日録』第5巻〔明治14～17年〕　岩波書店　平成4（一九九二）・5
依田學海『学海日録』第7巻〔明治19～22年〕　岩波書店　平成2（一九九〇）・11

4　その他（刊行年代順）

木村　毅「解題」（〔ユゴー〕『死刑前の六時間』（明治文学名著全集第6篇）森田思軒訳）東京堂　大正15（一九二六）・2
饗庭篁村『竹の屋劇評集』（明治文学名著全集第12篇）東京堂　昭和2（一九二七）・10
秋庭太郎『日本新劇史』上巻　理想社　昭和30（一九五五）・12
『朝日新聞の九十年』大阪・朝日新聞社　昭和44（一九六九）・3
山下敏鎌編『興譲館百二十年史』同史記念刊行会　昭和48（一九七三）・10
野田宇太郎「思軒の故郷（吉備）」『山陽文学散歩』　文一総合出版　昭和57（一九八二）・7
大日方純夫『自由民権運動と立憲改進党』早稲田大学出版部　平成3（一九九一）・9
『笠岡市史』第3巻　笠岡市　平成8（一九九六）・3
広島県立歴史博物館編『医師・窪田次郎の自由民権運動』（春の企画展）広島県立歴史博物館友の会　平成9（一九九七）・4
『（日本キリスト教団）笠岡教会百二十周年記念誌』　平成17（二〇〇五）・3

（作成　中林良雄）

編集後記

本図録の編集意図は、森田思軒の全体像を提示し、あわせて明治文化の形成期において思軒が果たした役割を明らかにすることにある。森田思軒という一人の文学者を翻訳家としてのみならず、ジャーナリストとして、批評家として、劇評家として、多面的に活動した文学者として評価しようと試みた。また、文明開化という歴史的コンテクストのなかで、文学や演劇の改良のみならず社会の改良にいかに本質的な役割を果たしたかを見ようとした。

明治の文化創造の現場に立ち会う形でそれを編集し再検討するために、私たちは、伝記的手法を採用するとともに、横のつながりを重視し、明治文化の担い手としての、共同の創造者としての師友のつながりの解明に多くの労力を割くよう努めた。その結果、師友のうちの主たる人物としての龍溪、蘇峰、天心、鷗外、そして涙香の存在が大きく浮かび上がることになった。多くの新資料を得て、文学者思軒を出来るだけ立体的に捉えるようにした。とはいえ、これで思軒研究が完了したわけでもない。むしろこの「図録」を出発点として、今後の詳細な研究が進展することを私たちは願っている。

＊

ところで、編集委員のうち、東京に住する者たちの年来の夢がこのような形で早くも実現できたことを率直に喜びたい。思軒の故郷笠岡での地道な資料の収集ならびに研究が、今ここに、東京での思軒翻訳の複刻ならびに新しい視点からの研究と手をつないだのである。もっとも岡山県立博物館が思軒遺族の手から失われて久しい多量の「思軒書簡」を英断により購入されることがなかったらどうだったろうか、疑問である。書簡に基づく伝記的研究が精力的に進められたことは、思軒研究の飛躍的発展をもたらすことになった。笠岡の故小林好夫ならびに谷口靖彦、岡山の富岡敬之、この三氏によって与えられた学恩に感謝したい。

もう一つ、私たちの夢を現実のものにするうえで大きな力となったのは、思軒直系の遺族の方との出会いであった。明治・大正・昭和・平成の四代にわたって大事に保持してきた思軒の遺品のすべてを自由に閲覧し、利用することを快諾された白石静子氏に感謝申し上げたい。生の資料を手に取って調査する喜びは、研究者といえどもなかなか得られない貴重な体験であった。

最後に「図録」作成にあたり援助の手を延べられた関係機関、わけても笠岡市教育委員会に対して深甚の感謝を申し述べたい。（中林）

＊

同じ時代の文化の創造に深く関わりながら、何かの加減である者は国民的ヒーローとして後世に名を残し、ある者は歴史の闇の中に消えていく。そういうことは歴史上よくあることだが、それがあまり極端になると、われわれの歴史解釈にも影響を及ぼしかねない。たとえば、本図録集の十頁に取りあげた明治二十年代の「小説名家一覧表」をみると、当時の人気作家のトップ・スリーは、鷗外、露伴、思軒の三人である。それが、今日ではどうだろう。最初の鷗外、露伴、六番目の二葉亭は、今でもまぎれもなく文学界のヒーローだが、三番目の思軒はほとんど忘れられた存在となっている。いかに旧文学を代表する作家であったとはいえ、その背後には彼の「漢七欧三」の教養が紡ぎ出す雄勁な文章に酔いしれた無数の読者の存在があったはずだ。その読者まで無視するというのでは、明治文化そのものの否定につながりかねない。鷗外、二葉亭の作品が全集として後世に伝えられていく一方で、それとパラレルな関係にあった思軒の作品は日の目をみずに歴史の闇に消えていく。そんなことがあってなるものかと三代にわたって必死に守ってこられたのが白石家所蔵の思軒関係資料である。それを、同様な思いを懐く四人の編者が長年かけて収集してきた情報をもとに一冊の本にまとめたのが本図録集である。そのねらいはただ一つ。一人でも多くの人が、思軒という日本の文化史上の稀有な存在に目を向けてほしいということ以外にない。（川戸）

監修者

白石静子（白石男也夫人）

編集委員

川戸道昭（中央大学教授）

榊原貴教（書誌研究家）

谷口靖彦（森田思軒研究家）

中林良雄（玉川大学教授）

資料提供協力者・関係機関

白石静子

定平壽夫

名雲純一

笠岡市教育委員会

笠岡市立図書館

興譲館高等学校

慶應義塾福澤研究センター

大阪樟蔭女子大学

錦城学園

東京大学明治新聞雑誌文庫

鴻巣文庫

森田思軒とその交友

――龍渓・蘇峰・鷗外・天心・涙香

二〇〇五年十一月三十日　初版発行

編著者　森田思軒研究会（代表　川戸道昭）

発行者　森　信久

発行所　株式会社　松柏社

〒一〇二―〇〇七二　東京都千代田区飯田橋一―六―一

電話　〇三（三二三〇）四八一三（代表）

ファックス　〇三（三二三〇）四八五七

Eメール　info@shohakusha.com

装幀＝熊澤正人＋熊谷道子（パワーハウス）

製版・印刷・製本＝モリモト印刷（株）

ISBN4-7754-0106-8

定価はカバーに表示してあります。